21世紀型スキル

学びと評価の新たなかたち

Assessment and
Teaching of
21st Century Skills

P.グリフィン／B.マクゴー／E.ケア 編
三宅なほみ 監訳
益川弘如／望月俊男 編訳

ATC21S

北大路書房

Translation from the English language edition :
ASSESSMENT AND TEACHING OF 21ST CENTURY SKILLS
edited by Patrick Griffin, Barry McGaw, Esther Care

Japanese translation published by arrangement with
Springer Science+Business Media B.V.
through The English Agency (Japan) Led.

日本語版出版によせて

この本はSpringerから初期に出版された*Assessment and Teaching of 21st Century Skills*の翻訳です。この重要な書籍の翻訳を企画・実施した日本のグループのみなさんに祝意を表したいと思います。彼らが翻訳することを選んだのはその一部分ですが，そこには，学校の先生方，教育政策関係の方，そして研究者の方にとって重要かつ有益な内容が含まれています。

この書籍が書かれ，プロジェクトが立ち上がった背景には，教育が変化していることが認識されるようになったことがあります。雇用や学習スタイルのあり方の変化が大変速くなっていく中で，教育は子どもたちに対して，それに対応する準備をさせる必要があります。私たちは，まだ姿も形もない新しい職業に向けて，子どもたちに準備させる必要があります。いまだ発明されていないテクノロジが出てくることでしょう。デジタル時代のテクノロジが社会に与える影響によって，今まで考えたこともない生き方，考え方，学び方が生まれることでしょう。学校や大学を卒業する時に，子どもたちは，デジタル情報時代によりふさわしいスキル・態度・価値観を身につける必要があるでしょう。教育は，創造性，批判的思考，問題解決，意思決定のできる新しい考え方を，子どもたちに身につけさせようとしています。子どもたちはコミュニケーションやコラボレーションスキルが必要な新しい働き方の準備をしなければなりません。また，子どもたちは新しいテクノロジの潜在可能性を認識し，その性能を十分に引き出す能力を含め，働くための新たなツールをよく知っておく必要が出るでしょう。さらに，子どもたちは，多面的な世界の中で生きることは，能動的で責任のあるグローバル市民として生きることであることを学ばなければなりません。

この子どもたちの将来の雇用環境では，おそらく，批判的思考と熟達者の考え方のスキル，それに複雑なコミュニケーションの仕方を身につけることが，ますます必要とされるようになるでしょう。実際，多くの国々では，この種の労働力を育てることなく，経済状況に大きな問題を抱えることになっています。未来に働く人々の中で特に報奨されるであろう人々は，高度な問題解決と対人コミュニケーションスキルをもつ必要があるでしょう。情報を獲得し，その情報が何を意味するのかを理解し，行動を起こすためにその意味を他者に納得できるよう説明するために，人々とコミュニケーションすることができるエキスパートになる必要があります。

これは，読み書き・計算の基礎スキルが重要でなくなるということをいっているわけではありません。新しい読み書き，新しい計算の基礎スキルが生まれてきています。それは個人が数字のデータを使って作業をするスキルではありません。情報源に含まれる数字にアクセスし，解釈し，それを使うというスキルであり，これからも常に重要なものでしょう。テクノロジに恵まれた環境で問題解決するスキルは，ますます重要となるでしょう。コミュニケーションし，コラボレーションし，創造する能力はいうまでもないでしょう。

世界はますます複雑となり，国境を跨いで統合された活動が展開されていくようになる中で，一人ひとりが，共有された情報や，新しい知識を使ってコラボレーションできるようになることが必要でしょう。自分たちや他の人々にとって意味のある形で情報や知識を関連づけて新たな構成要素を生み出すかたちで，問題を解決していくことができるようになる必要があるでしょう。

グローバルな世界が複雑になればなるほど，一人ひとりがコラボレーションし，知識を共有して一緒に構築していくことが，ますます必要になります。私たちが検索しアクセスできるコンテンツが多くなればなるほど，選択できる人や説明できる人がますます重要になってきます。

21世紀においては，30～40年にわたって同じ職場で働くことができる，いわゆる正規労働の考え方が消滅していこうとしているのは間違いありません。21世紀は，子どもたちは学校や大学を卒業してから，その職業人生の中で10～15の様々な仕事を経験することが予想されます。そうした形で職場にうまく入っていくには，広く深い理解に加え，学ぶ能力と学び直す能力をもたなければならなくなるでしょう。彼らは，ある１つの領域のマスターではなく，職業生活の中で様々な領域を横断的に学び，それを使えるようになる能力をもたなければならなくなるでしょう。

ATC21S プロジェクトの重要性は，どれだけ誇張してもし過ぎることはありません。私たちは，この本が研究者の方，教育政策関係の方，学校の先生方だけでなく，保護者の方々や産業界の皆さんにも，自分たちの従業員，卒業生，友人，仲間たちが仕事でさらに成功を収め，デジタルの文脈の中で生活していけるようになるためにどうすればよいかを考える一助として役立つことができればと願っています。

2013年12月

パトリック・グリフィン
ATC21S プロジェクト・エグゼクティブディレクター
メルボルン大学大学院教育学研究科・副研究科長　評価研究センター・所長

監訳者巻頭によせて

21世紀型スキルとよばれるものは，私たちが今，つくり上げているスキルです。新しい課題を新しい情報やツールを使って解かなくてはならない日々の仕事の中で，苦労しながら少しずつ身につけ，使ってみてそのよさを判断して，よさそうなものは繰り返し使ってちょっとだけうまくなったり，自分ではどうにもなりそうにない時にはもっとうまくやれる人がいないか探してつじつまを合わせたりしながら，つくり変え続けているものです。私たちの生活を離れたどこか別世界からその定義が「与えられ」，私たちの期待とは無関係に「育成される（あるいは育成させられる）」ものではありません。ATC21Sという耳慣れないプロジェクトについての2009年４月の最初の会議でなされた話し合いで１つはっきりしていたことは，21世紀型スキルとは何か，どう育成したらよいかという２つの問いへの答えは私たち一人ひとりがつくり上げていくべきものだということでした。だからこそ，この本の中で繰り返し説明されていくように，「21世紀型スキルの育成」に定まったゴールはなく，ゴールがあるらしいとみんなが合意する付近に近づいていくにつれその先のゴールを見いだしていくことになります。本気で21世紀型スキルを育成しようと思ったら，新たなゴールを見い出しつつそのゴールを越えるために学び続けるありとあらゆる仕掛けが必要になってくる，そういうことなのだと思っています。

21世紀型とよばれるスキルは，今の世界の経済的技術的発展の先端を見据え明確にそれを牽引しようとする高度に知的なスキルとして提唱されています。コミュニケーション，Ways of thinking など，一見具体的なようですが，これほど抽象度の高い表現もないだろうと思えるほど「具体的には何をしたらよいのか決まらない」表現です。way とか thinking とかいった英語の単語は，対応する訳語が見つからないほど抽象度の高い言葉だと感じます。例えば「問題を一緒に解く」といっても，具体的にどんな状況で誰と一緒にどこまでの解を出したらよさそうだという話なのか，何もはっきり示されていません。「問題を解く力」を教室で身につけて，将来何も詳細が決まっていない状況で使えるようにするためには，「教室で先生が与えた問題を先生が主導して解かせる」経験をいくら積んでもらってもおそらく足りません。「『一緒に』と書いてあるから，１人じゃなくて，みんなで解かせればいいかしら？」というほど単純なものではないということになります。当然 PISA2015で新たに問われることになっている協調問題解決（CPS：Collaborative Problem Solving）課題とよばれる新分野の問題も，将来必要になってくる協調的な問題解決スキルのごくごく一部を扱うものにならざるを得ません。「問題が解けた子にまだ解けていない子を教えさせ」たり，「ある問題についてどうやって解いたらいいか，自分で好きな新聞や本を調べ，気づいたことを発表させる」といった「教え合い」や「グループ作業」は，複数の人がいた方が必ず有利というわけではないので，「たまたま友だちと一緒にやったらいつもより面白かった」で終わって後は普通のいつもの教室でのいつもの勉強に戻ってしまって，「やっぱり学校って，先生がいろいろ教えてくれた方が効率いいものね」と思う子どもたちが減らないまま，かもしれません。学校の教室で21世紀型スキルを育成しようと思ったら，まずここを変える必要がありそうです。

協調的な問題解決スキルを将来詳細の定まらない状況でも使えるスキルとして育成するには，まず問題を解く場面で「どうしても他人がいないと起きない活動」を経験することが必要だろうと思います。そういう活動を通して「他人がいると，自分１人で解くより答えの質が上がる」ことを繰り返し経験することによって，他人と一緒に問題を解くにはどうしたらいいかがわかってきます。そういう経験を繰り返すうちに，そもそもどういうタイプの問題なら一緒に考えてくれる人を探した方がよくて，どういうタイプの問題なら１人で解いてもよくて，問題の中には実は自分ではなくて他の人たちに任せてしまった方がよいものもあることがわかってくるはずです。なぜここで「はず」だ，ときっぱり言えるのか。それは，私たち知識経済社会を生き延びようとしている大人が苦労しながらではあっても何とかそういうことをやって，何とか成果を上げているから，です。21世紀型スキルの育成は，私たちができないことを子どもたちにはできるようになってほしいということではありません。私たちが苦労しながら何とかやれるようになってきたことを，子どもたちがもっとうまく，柔軟にやれるようになって，今の世界を彼ら自身のために今より生きやすくしてほしいから，今の学びを変えようとしているのだと思います。ただ，いったんそう決心してみると，変えなくてはならないことの根の深さは相当なものです。日本の教育現場で21世紀型スキルの育成をどう実現するかは，その根の深さを見つめ直して今私たちが学びに何を求めるか，一人ひとりの判断に懸かっています。この本が，その判断の一助になればと願っています。

2014年１月

三宅なほみ
東京大学　大学総合教育研究センター
大学発教育支援コンソーシアム推進機構 CoREF

本書を読む前に（編訳者からのメッセージ）

本書は，ここ2，3年日本国内でも話題になっているATC21S（21世紀型スキルの学びと評価）プロジェクトが提案した「21世紀型スキル」の原典にあたる本の翻訳書です。原著は，ATC21Sプロジェクトが2010年に5冊のドラフト版「白書（White Papers）」としてWeb公開した内容を若干修正したものに，編著者らによるオリジナル章（第1章）を加えたうえで2012年に出版されました。

原著は全部で6章構成でしたが，編著者らによる許諾の下，4つの章を選択し翻訳しました。本書では，編著者らによる第1章と21世紀型スキルワーキンググループ，学習環境ワーキンググループ，教育政策ワーキンググループが執筆した章（第2，3，4章）を掲載しています。これらの章は，編訳者が主催する学習科学勉強会に参加していた気鋭の若手研究者を中心に集めて翻訳しました。それに加え，日本の教育と21世紀型スキルとの関係や事例，展望に関する書き下ろしを第5，6章に加えました。これらの章は，ATC21Sプロジェクトの最初の会議に参加された東京大学の三宅なほみ氏と国立教育政策研究所の白水始氏に依頼しました。未翻訳は方法論ワーキンググループとテクノロジワーキンググループの章で，それぞれ大規模教育評価の方法や，テクノロジを活用した評価（eアセスメント）の現状と可能性をまとめたものでした。現状に関しては他専門書でも紹介されており，また，他章と内容が一部重複するため，ページ数の都合上，割愛することにしました。

どのような未来を日本は描いていくべきなのでしょうか。本書では21世紀型スキルを一部の人がもつスキルではなく，すべての人がもつべきスキルとして定義しています。しかし，今の日本の教育システムにおける「学び」と「評価」では必ずしも充分とは言えないでしょう。いかにして21世紀社会で活躍できる人を育てていくのか，教育関係者のみならず幅広い人が知恵を出し合い考えていく必要があるでしょう。そのため，社会の未来を方向づける教育政策関係者，学校現場の第一線で活躍されている先生方，学校だけでなく，高等教育で教育改善に取り組む教職員の方々，新たな学びや評価の実現に向けて取り組む教育研究者，教員養成や教員研修をする立場の方，21世紀の社会を支える企業関係者，そして子どもの将来を支える保護者の方々など，できるだけ多くの人に読んでいただきたいと考えています。

本書を読み進めるうえで，イメージが湧きにくい言葉がいくつかありますので，簡単に本章の内容を紹介しながら解説しておきます。

本書のタイトルにもなっている「21世紀型スキル（21st Century Skills）」という用語が一般的になったのは2002年にアメリカで設立された「21世紀型スキルのためのパートナーシップ（Partnership for the 21st Century Skills，以下 P21）」のプロジェクトからです。2003年に出された P21の報告書では21世紀型の学び（21st Century Learning）を提案し，その中で21世紀型スキルについても紹介されています。その後，ATC21S プロジェクトが立ち上がりました。ATC21S では多様な研究領域の知見と共に P21の概念も取り入れ世界各国が共同で定義したこと，そして評価の姿についても深く検討したところに特徴があります。

また本書の副題は「学びと評価の新たなかたち」ですが，原語は Assessment and Teaching です。teaching は本来「教授」「教える」を意味していますが，本書全体を通して，児童生徒の学習者の立場から，いかに学びを実現できる学習環境（教室内・教室外含めて）を構築していくかに焦点が向けられているため，「学び」としました。また「評価」と訳している assessment（アセスメント）ですが，この評価は evaluation（評定・査定）とは異なります。評価と聞くと，数値化による順序づけや選抜をイメージされる方も多いと思いますが，本書における評価とは，対象者自身の状態を把握し，次の学習につなげるために判断する活動としての assessment のことをさしています。

本書では，21世紀型スキルを育成する授業と評価を実現するうえで「ラーニングプログレッションズ（Learning Progressions）」を考慮すべきだという説明が度々登場します。ここ数年話題になっているキーワードで，山口・出口（2011）の解説論文によると，ある学習テーマについて適切な教授が行われた場合に，比較的長期間（たとえば小学１年生～高校３年生）にわたって，学習者の概念や思考がどのように変化するのかが示されたモデルです。特徴的なのは，人が普段の日常生活場面を通して成長していく学習発達と学校等の意図的な学習環境に支えられて成長していく学習発達を結びつけて，学習の変化のプロセスを連続的なモデルとして示そうという考え方です。また，その変化のプロセス自体は単線型のものではなく，教授開始前に学習者が獲得している概念や思考，知識には複数あり，概念変化や思考発達のプロセスも複数のタイプが存在するとしています。そのため，効果的な教授も単一ではなく複数のバリエーションが存在するという考え方をしているのも特徴的です。現在わが国の教育課程では，各教科で扱う内容は，その教科の専門家が考えた教えるべき内容を基準に学習指導要領などで画一的に定義されていますが，必ずしも人の日常生活を通した学習発達と絡めた形で定義されているわけではありません。

現在この研究は，理科の分野で先行しており，特にアメリカではカリキュラム内容が浅く広く精選されていない現状の反省から，重要な概念や思考方法を精選し，人の学習発達と関連づけた形で再構築する研究が進められています。21世紀型スキルを育成する学習環境を検討する時も，「児童生徒は今，何ができていて，何ができないか」を考慮せずに教授側が「教えたいスキル」を勝手に定めて無理やりさせるのでは学習者は受動的になってしまいます。そうではなく，児童生徒一人ひとりの現状から自発的にスキル発達・知識創造を積み重ねていくことができるような授業や評価を考えていくことが重要です。

加えて，本書では「コンピテンシー」という用語が頻繁に登場します。21世紀型スキルの示す「スキル」もそうなのですが，なかなか適切な日本語の訳が見当たりません。能力，能力概念，資質能力と呼ばれているもので，「社会生活において人が本来もっている知識をどれだけ実際に行動に移して活用していくことができるかの力」と定義することができます。日本でコンピテンシーという用語が広く知られるようになったきっかけは，OECDのデセコプロジェクト（DeSeCo : Definition and Selection of Competencies）で提唱された「キー・コンピテンシー」の概念の提唱でしょう（Rychen & Salganik, 2003／立田（監訳）2006）。そこでは，「自律的に活動する能力」「異質の集団で交流する能力」「相互作用的に道具を用いる能力」の3つをキー・コンピテンシーとしています。また，松下（2010）の「新しい能力」についての議論もコンピテンシーをとらえるうえで参考になるでしょう。

第3章では，学習環境をデザインするうえでの2つの視点として「学習目標から後戻りする方法（working backward from goals）」と「新しいコンピテンシーの創発（emergence of new competencies）」という対立軸を提示しています。学習目標から後戻りする方法は，現在多く用いられている授業設計方法で，学習目標に達するための下位目標を立てて，それらの目標に向けてステップを踏ませ，達したかどうかを評価する考え方です。ただこの方法では，学習目標に到達することが最終的なゴールとなってしまい，その目標を上回って，21世紀型スキルとされる自分なりに新しいものを生み出すことや，新しい学習目標を発見するような土台は提供されません。新しいコンピテンシーの創発では，児童生徒自身が，今できることから学習活動が始まるような授業をデザインし，そこで新たな創造や目標をつくり出していく過程を通して21世紀型スキルを発揮させ，その過程を評価して，（目標として定義されなかったような）新しい能力や資質を獲得させていく考え方です。第3章筆頭著者のスカーダマリアは最近，「新しいコンピテンシーの創発」を「前向きに進む方法（working forward）」とも呼んでいます。学習目標は明確に定義しつつも，そこでの学習活動は一人ひとりの主体性を重視し，児童生徒の「今現在」から前向きに広げていく授業展開が大事だとしています（詳しくは第5章，前向きアプローチと後戻りアプローチの項を参照してください）。

新しいコンピテンシーの創発を実現する学習環境として，複数の章で「ナレッジフォーラム（Knowledge Forum）」というソフトウェアが紹介されています。ナレッジフォーラムは，児童生徒が考えたことや調べたことをコンピュータネットワーク上に記録・共有することで児童生徒の知識構築を支援するシステムです。こうしたシステムを使うと，児童生徒が考えたことがその時その場で記録されるので，学習活動に埋め込まれる形で教師や児童生徒が「いま，ここ」で学習状況を形成的に評価して，次の学びを方向づける「変容的評価（transformative assessment）」を行うことができます。具体的な画面は，第5章の図5.1で紹介していますのでご覧ください。日本国内でも10年以上にわたってナレッジフォーラムを用いた授業実践が積み重ねられています。詳細は，大島（2004），村山（2010），竹中ら（2005）の報告をご覧ください。ナレッジフォーラムを含め，このようなソフトウェアを用いて新しいコンピテンシーの創発を目指した研究領域がCSCL（コンピュータに支援された協調学習：Computer Supported Collaborative Learning）です。『デジタル教材の教育学』の望月（2010）の章でいくつかシステムが紹介されていますが，CSCLで強調されているのは，いわゆるe-Learningのように学習者に直接学習コンテンツを伝達するシステムではなく，学習者同士の相互作用から知識構築活動を引き起こすことを支援することを目的としている点です。他にも最近国内で今の教室環境でも取り組める，新しいコンピテンシーの創発を実現する授業形態として広がっているのが第6章で紹介している「知識構成型ジグソー法」です。具体例とともにその原理も説明しています。

また，私たち自身が21世紀型スキルの本質を見つつ新たな学びと評価を実現していく方法として，第3章では「デザイン実験」という手法を，第4章では「パフォーマンス評価」という手法を紹介しています。

「デザイン実験」とは，現場の教師が，教育や教科，テクノロジの専門家，そして必要な場合には校長や教育委員会も一緒になって，革新的な授業をデザイン実践し，そこで引き起こされた学習プロセスを評価するサイクルを通して新たな学びと評価をつくり出していく研究手法です（益川，2012）。この方法は学習科学と呼ばれる研究領域では主流で，学習科学に関しては『学習科学ハンドブック』（Sawyer，2006／森・秋田（監訳）2009），『授業を変える』（Bransford et al., 2000／森・秋田（監訳）2002）が参考になります。今後私たちが21世紀型スキルの概念を深めていくうえで，デザイン実験というボトムアップアプローチの研究手法は，教育の利害関係者がトップダウンアプローチによって世の中の声を集め，会議等の議論を通して21世紀型スキルの定義を明確化していく動きを補完します。デザイン実験では，知識創造活動をしている時にあらわになる児童生徒の姿を丁寧に分析していくことで21世紀型スキルが発揮されるプロセスの詳細を知るこができます。そこで得られた知見を，21世紀型スキルの概念の深化に反映させていくことが可能になります。

そして「パフォーマンス評価」とは，課題を文脈から切り出されたいわゆる「テスト」という状況で単純な記憶や転移を測定するのではなく，学校の授業活動の一部としてなんらかのパフォーマンス（例えば，ある調査活動をし，発表や報告をする）をする中で，総合的にその活動の様子から学習の状況を評価していく方法です。画一的な解答を求めるのではなく，一人ひとりの多様な思考や表現を大事にした方法だと言えます。第 4 章ではオーストラリア，フィンランド，シンガポール，イギリスの 4 か国を取り上げ，評価が，学校で実施するパフォーマンス評価にシフトしていることを紹介しています。

今回，第 5 章と第 6 章として，あえて書き下ろし章を加えました。日本における新たな学びの実現に向けて ATC21S プロジェクトの各ワーキンググループがまとめた内容を比較対照しつつ，日本でいかに取り組んでいくべきかについての提言や課題の話を加えています。第 5 章では，21世紀型スキルの具体的な姿を再定義したうえで，日本において「確かな学力」の中で言われている「習得・活用」との関係や「指導と評価の一体化」との関係についてまとめています。また2015年に実施予定の PISA2015の「協調問題解決（CPS）」の課題例を材料に批判的に検討し，日本国内で21世紀型スキルの教育と評価を実現するために「私たちができること」として提言をまとめました。第 6 章では，21世紀型スキルの「新しさ」について改めて見直したうえで，国内での学習理論に基づいた具体的な取り組みを紹介します。そのうえで，実際に21世紀型スキルを育成する授業をデザインし実践するときに，無意識のうちに授業を非効果的にしてしまう教師の動きなども紹介します。最後に，今後私たちが新たな学びの実現に向けて取り組むべき課題についてまとめました。第 6 章の後半では，従来の評価方法ではとらえきれなかった一人ひとりの学習プロセスを評価する新しい手法の可能性についても提案しています。

2014年現在でも ATC21S プロジェクトは継続しており，Web サイト（http://www.atc21s.org）にアクセスしていただければ，最新の情報を入手することができます。現在 5 冊の白書（うち 3 冊を本書で掲載）に加え，2 つの概念フレームワーク文書（Conceptual framework papers）が公開されています。1 つは「デジタルネットワークを使った学習の評価」，もう１つが「協調的問題解決スキルの教授フレームワーク」です。これらは本書の続編，『21世紀型スキルの学びと評価第２巻：方法とアプローチ（*Assessment and Teaching of 21st Century Skills. Volume 2：Methods and Approaches*）』としてSpringerから出版予定となっています。興味ある方は是非アクセスしてみてください。

2014年１月

益川弘如
静岡大学大学院教育学研究科
学習科学研究教育センター RECLS

望月俊男
専修大学ネットワーク情報学部

【参考日本語文献】

Bransford, J. D., Brown, A. L., & Cocking, R. R.（2000）. *How people learn：Brain, mind, experience, and school*. Washington, DC：National Academy Press. 森　敏昭・秋田喜代美（監訳）（2002）. 授業を変える―認知心理学のさらなる挑戦―　北大路書房

益川弘如（2012）. デザイン研究・デザイン実験の方法　清水康敬・中山　実・向後千春（編）　教育工学選書３　教育工学研究の方法　ミネルヴァ書房　Pp. 177–198.

松下佳代（2010）. 新しい能力は教育を変えるか―学力・リテラシー・コンピテンシー―　ミネルヴァ書房

望月俊男（2010）. 議論の中で学ぶ：Computer Supported Collaborative Learning　山内祐平（編）　デジタル教材の教育学　東京大学出版会　Pp. 41–58.

村山　功（2010）. 協調学習に対するデザイン実験アプローチ―小学校における長期的な実践研究からの知見―　科学教育研究，*34*（２），61–70.

大島　純（2004）. 学習環境を総合的にデザインする　波多野誼余夫・大浦容子・大島　純（編）学習科学　放送大学教育振興会　Pp. 154–164.

Rychen, D. S., & Salganik, L. H.（Eds.）（2003）. *Key competencies for a successful life and a well-functioning society*. Göttingen, Germany：Hogrefe and Huber. 立田慶裕（監訳）（2006）. キー・コンピテンシー―国際標準の学力をめざして―　明石書店

Sawyer, R. K.（Ed.）（2006）. *The Cambridge handbook of the learning sciences*. New York：Cambridge University Press. 森　敏昭・秋田喜代美（監訳）（2009）. 学習科学ハンドブック　培風館

竹中真希子・稲垣成哲・山口悦司・大島　純・大島律子・村山　功・中山　迅（2005）. CSCLシステムを利用した小学校の理科授業に関する実践的研究―オンライン上の相互作用とオフライン上の相互作用の分析―　日本教育工学会論文誌，*28*（３），193–204.

山口悦司・出口明子（2011）. ラーニング・プログレッションズ―理科教育における新しい概念変化研究―　心理学評論，*54*（３），358–371.

はしがき

生活のあらゆる場面にテクノロジが存在する世の中になり，人々の働き方，生き方，遊び方が変わってきています。現代社会では，人々はICTを使って情報を検索し，物を買い，仕事を探し，意見を共有し，友人や親族と連絡を取り合っています。ビジネスでは，チームで作業するために，新しいアイディアや商品，サービスを創造するために，それらを同僚や顧客，そしてより幅広いオーディエンスと共有するために，テクノロジを使います。と同時に，現代社会では，無数の問題を抱えており，それに取り組んでいかなければなりません。例えば，永続的な貧困問題，エイズ，食料安全保障，エネルギー問題，世界的な気候変動，環境破壊などです。このような中，複雑な問題に柔軟に対応すること，効果的にコミュニケーションすること，情報をダイナミックに扱うこと，チームで一緒に解決に向けて活動し創造すること，テクノロジを効果的に使うこと，新しい知識を継続的に生み出し続けることなどが，必要不可欠になってきます。それらスキルの全てが，21世紀には必要とされているのです。

テクノロジは，21世紀のビジネスや日常生活の変化に深い影響を与えていますが，現在の教育制度の多くは，20世紀初頭のままで動いています。現在のビジネスや社会で様々な活動をしている人々が，協調的に関わり合いながら複雑な問題を解決したり新しいアイディアを創造し共有しています。その一方で，伝統的な授業実践やその評価では，児童生徒に，学校の教科という狭い範囲で，事前につくられた問題に解答させるような，事実を再生させたり，単純な手続きを行わせる活動を，個人で行わせています。また生徒児童に，いろいろな本やコンピュータ，ソーシャルネットワークなどの学習リソースを使わせていません。学校活動が，ただ教師が児童生徒と対峙するだけで，教師によってのみ評価されるのでは，児童生徒に対してフィードバックしたり，学校を変えていこうと考える機会は限られます。今，世界各国で教育の大きな改革が必要とされています。何が学ばれ，どのようにそれが学習され教授され，どのような学校の姿になるのでしょう。どうすれば教育と社会が，より普通の形で，生産的で創造的な労働者や市民が必要とするコンピテンシーやスキル，経験を高め，測定できるようになるのでしょうか。教育改革は，教育に直接影響を及ぼす教育評価に「特に」必要となってきます。

評価は，児童生徒に学ぶ動機づけを与え，教師が授業を改善し授業実践力を向上させるのを助け，教育制度を改善するために重要な機能をもっています。評価はまた，児童生徒の学習成果を証明し，教育プログラムの成果を評価し，教育制度の改善の進捗を評価し，教育制度同士を比較するためにも使うことができます。最もよく使われるのはナショナルアセスメント（全国統一テスト）です。一方，国際学習到達度評価（PISA）や，国際数学・理科教育調査（TIMSS）といった国際的な評価プログラムでは，世界各国の児童生徒のパフォーマンスを相互に比較することができ，そこから自国の教育制度を見直し改善していくことができます。

しかし評価は，正しさを測定する時に使われるだけではありません。私たちが直面するグローバル経済や変化の速い世の中で生きていくために重要な，高次なスキル，知識，態度，自律的・協調的に学習する特性，といったものは，伝統的な評価方法では，おおむね測定に失敗しています。これらのスキルは，特徴を記述して測定するのは難しいのですが，これまでになく非常に重要なものです。伝統的な評価方法では，たいてい紙と鉛筆が用いられ，短時間で実施して簡単に採点できるようにデザインされています。このように，何を測定することが重要か，ということよりも何を測定すれば簡単か，ということに合わせて調整されています。またそのすべては，チームの結果ではなくて個人の結果を測定しています。これは，すべての児童生徒のポテンシャルを十全に発達させる必要がある現在の経済社会では，もはや容認できるものではありません。

こうした評価は現代社会と経済のニーズに対して不十分なのですが，一方で，こうした評価が教室における授業を決定づける最も強力な決定因子となっており，教育利害関係者の説明責任のための評価として使われることで，それがさらに強まり，テストの成果があがらない教師は解雇され，学校が閉鎖される，ということにもつながっています。それにもかかわらず，こうした評価の利用によって，意図せず，伝統的な授業実践を強固なものとし，学校における革新を低減させています。教師は，事実の再生と単純な手続きの使用を重視する評価テストに児童生徒が解答できるようになるために，直接的な指導とドリルと練習を集中的に行います。そして，前々から教育改革に向けて善意のある堅実な取り組みも試みられているのですが，前世紀の教育のためにデザインされた標準テストで改善成果を提示できなかったり，児童生徒が成果をあげられないおそれがあるために教師が取り組みを拒否したりして，つまずいているのが現状です。

評価の改革それ自身を主要な課題として取り組むには，政府機関だけでなく，産業界や学術研究機関，それに非政府組織による努力と，リソースと，専門性が必要です。そのような理由で，シスコシステムズ，インテル，マイクロソフトの3社がそれぞれ共同して，世界の教育を改善するための研究開発を促進するために尽力することになりました。3社は，高いクオリティの教育が，社会と世界経済にとって重要であると考えています。各社は，教育改善のための支援活動をかなりの数にわたって行っています（www.intel.com/education；www.cisco.com/education；www.microsoft.com/education）。そして同時に，ユネスコや世界経済フォーラム，その他のパートナーと共同で，ユネスコによる教師のICT能力スタンダード（the UNESCO ICT Competency Standards for Teachers）の開発や，グローバル教育イニシアティブ（Global Education Initiative）の支援を行っています。

政府や学術研究機関のディスカッションをもとに直接的な支援を要望し，2008年の夏に，教育における様々な課題，論点，機会についてレビューするため，3社で共同して教育に関するタスクフォースが立ち上がりました。このタスクフォースは，世界中の教育システムの変容を引き起こす鍵となる要因として，評価の改革を選択しました。タスクフォースは，3社の先導的な教育の専門家が参加しました。シスコシステムズからはビル・ファウラー（Bill Fowler）とアンドリュー・トンプソン（Andrew Thompson），インテルからはマルティナ・ロス（Martina Roth）とジョン・K・プライス（Jon K Price），ララ・ティルマニス（Lara Tilmanis），マイクロソフトからはグレッグ・バトラー（Greg Butler）とスティーヴン・コラー（Stephen Coller），レーン・ジョンソン（Rane Johnson）です。ロバート・コズマ（Robert Kozma）博士は，タスクフォースを明確に示すための「行動への呼びかけ（The Call to Action）」と，評価の改革をサポートする共同事業の初期プランを作成する仕事を任されました。タスクフォースは，教育界や社会の一部だけでは，評価の改革はとても難しいチャレンジだと理解していました。そのため，評価測定の専門家，教育政策関係者，教育の専門家，技術力，資金，そして各機関の協調によって，実現させることにしました。

そしてタスクフォースは，政策立案者，学術研究機関の主要メンバー，評価の業務を行う組織，たとえばOECD生徒の学習到達度調査（PISA）や国際到達度評価学会（IEA）の関係の専門家といった人々から助言を受けました。その結果，メルボルン大学のバリー・マクゴー（Barry McGaw）博士が代表理事となって，「21世紀型スキルの学びと評価（Assessment and Teaching of Twenty-First Century Skills：ATC21S）」プロジェクトとして立ち上がりました。初年度は，5つのワーキンググループが作られました。21世紀型スキルワーキンググループはWestEdのセンタ・ライゼン（Senta Raizen）博士が代表を，方法論ワーキンググループはカリフォルニア大学バークレー校のマーク・ウィルソン（Mark Wilson）博士が代表を，テクノロジワーキンググループはセゲド大学のベノ・チャポ（Beno Czapo）博士が代表を，学習環境ワーキンググループはワシントン大学のジョン・ブランスフォード（John Bransford）博士とトロント大学のマリーン・スカーダマリア（Marlene Scardamalia）博士が共同代表を，教育政策ワーキンググループは，スタンフォード大学のリンダ・ダーリング＝ハモンド（Linda Darling-Hammond）博士が代表を務めました。ワーキンググループでは，特定の領域で評価の改革を進める上で阻害する問題や，評価の改革を推し進める潜在的なソリューションを特定するという問題など，様々な課題を分析しました。この協議には，世界中から250人以上の著名な研究者が関わって行われました。加えて，この試みに参加した6か国が，このイニシアティブの理事会で政府代表者として先頭に立って参加しました。諮問委員会として，PISAのディレクターや，TIMSSを始めたIEAの代表者が参加しました。シスコシステムズ，インテル，マイクロソフトの教育・業務部門の副社長が，ATC21Sの理事会の議長を務める形でリーダーシップをとり，コミットしました（Michael Stephenson, Cisco Corp, 2009；Anthony Salcito, Microsoft Corp, 2010；Shelly Esque, Intel, 2011）。

メルボルン大学のパトリック・グリフィン（Patrick Griffin）教授は，2010年から現在の研究開発フェーズまで，代表を務めています。メルボルン大学のエスター・ケア（Esther Care）准教授もまた，国際研究コーディネーターに任命されています。

本書は，ATC21Sプロジェクト全体の第1フェーズをまとめたものです。白書は，21世紀型スキルの評価を形作り，開発していく，今後のプロジェクトワークの基礎となります。今後のプロジェクトのフェーズでは，国際的なコミュニティが一緒になって，次のような機会・課題・問題・壁を見出すことで，価値を高めていこうとしています。

・全てに共通する機会・課題・問題・壁
・最も優先度の高い機会・課題・問題・壁
・一つひとつのプロジェクトでは取り組むことができない機会・課題・問題・壁

このプロジェクトの目的は，評価のための評価を開発することではありません。このプロジェクトは，スキルを定義して幅広い評価改革を進めるために，課題・問題・壁に臨んで，幅広い知識を共有し，効果的な解決方法を描いて創造することができるような国際コミュニティの仕組みを提供しようとしています。プロジェクトによって作成されたすべての成果は，共有可能な公共の場に掲載していきます。

私たちは，読者の皆さんをご招待するために本書を提供します。ぜひ，このプロジェクトのウェブサイト（http://www.atc21s.org）にもアクセスしてみてください。

ロバート・B・コズマ
マルティナ・ロス

目　次

第 1 章

教育と学校の役割の変化

パトリック・グリフィン（Patrick Griffin）
エスター・ケア（Esther Care）
バリー・マクゴー（Barry McGaw）

要 約

多くの国が産業基盤の経済から情報基盤の経済に変化していく中，教育制度も変化にこたえなくてはならないという認識がなされるようになりました。そこで，2009年１月にロンドンで開催された「学習とテクノロジの世界フォーラム」において，「21世紀型スキルの学びと評価プロジェクト（Assessment and Teaching of Twenty-First Century Skills Project（ATC21S））」が立ち上がりました。本プロジェクトは，世界でも有名なテクノロジ企業，シスコシステムズ，インテル，マイクロソフトの３社がスポンサーして始まり，2010年にはオーストラリア，フィンランド，ポルトガル，シンガポール，イギリス，アメリカが参加国として加わりました。メルボルン大学との間で学術的な協力関係をつくり，大学内の評価研究センター内に研究開発の本部を置きました。このプロジェクトでは，これまで評価や教育の目的で，深く検討されてきたことがなかった２領域がターゲットになりました。それは，「デジタルネットワークを使った学習」と「協調的問題解決」です。そして，これら２領域に関して，すべての国々が参加でき，テクノロジによってあらゆるデータを評価に使うことができるような，大規模評価の方法を調査しました。そして，児童生徒が21世紀型スキルをどの程度習得できたかを示す，発達的なラーニングプログレッションズに関するデータを提供することが期待されました。このプロジェクトは，学校教育と教育政策の未来に大きな影響を与えていきます。

先進国では労働市場が変化し，様々な職種で要求されるスキルが変わってきています。職場にはICT（情報通信技術）をはじめとするテクノロジが大幅に増加し，労働者が取り組むべき課題は見通しの利かない不明瞭なものが多くなり，多くの場合，それに対処するために，様々な領域の人材を集めたチームで働いています。多くの会社経営者は，新人社員が労働力としてのスキルをもち合わせていないことに不満をもっています。そこでシスコシステムズ，インテル，マイクロソフトは協力して，数年間の国際プロジェクトにスポンサーとして参加することになりました。そこでは，業務の観点から必要となるスキルを定義し，ICTを使った評価に向けて何が方法論的・技術的にハードルがあるかを見きわめ対応し，児童生徒の到達度について，教室における授業実践での評価から全国調査・国際調査といった大規模調査にいたるまで，幅広いニーズに対応できる形で実施する方法を検討するためです。このプロジェクトの成果は，世の中に公表していきます。

歴史的に見ると，教育は，社会の中の様々な力関係に対応しつつ，そうした力に支えられてきました。西洋の先進諸国では，農業から工業，情報経済と変化してきた社会の動きと強く関連しながら，教育は発展してきています。このように産業化を通して富を増やそうという資本主義社会の動きの中で，「大衆教育」につながっていきました。大衆教育の政策は，多くの先進諸国で採用されました。そして発展途上国は，このプロセスと方法をそのまま採用しようとしてきました。しかしながら，先進諸国の中では，発展途上国がこれから発展を遂げていく筋道は，これまで自分たちが発展を遂げたそれとは同じではないかもしれない，と考えるようになってきました。

テクノロジの導入が進んだ国々が工業経済から情報基盤の知識経済へと移行していくのと同時に，多くの異なる経済の仕組みが世界中で生まれてきています。農業を経済の中心とする国々はまだ存在していますが，その数は減ってきています。工業経済の国は知識経済へと置き換わりつつありますが，まだ必要不可欠です。情報基盤経済の国は増加しつつあり，多くの発展途上国では，これらの経済基盤を複合した形態となるものがみられるようになりました。

農業生産から工業生産へのシフトによって，現場の労働者にも労務管理者にも，新しい特別なスキルの獲得が求められました。この変化によって，人々の生活や仕事の方法が変わり，人々の考え方が変わり，仕事で使う道具の種類が変わりました。いったん新しいスキルや思考の方法，生活の方法，働く方法が認識されると，それを提供する新しい教育システムを形成することが求められました。同様に，そうしたスキルを発達させるための製品やテクノロジがよりデジタル化されるようになると，別のマネジメントスキルや生産スキルが必要とされるようになりました。より発展的な，デジタルリテラシーや計算能力，新しい思考の方法です。これらは，ますます不可欠なものとして定義されていくでしょう。加えて，これらの新しいスキルを教えるよう，教育制度に対してプレッシャーがかかっていくでしょう。すでに，私たちの生活は，工業経済から情報基盤経済にシフトした結果，変わってきています。つまり，働き方は変わってきていて，思考の方法も変化しており，私たちが仕事で使う道具も50年前に使っていたものと比較すると，ほとんど別物になっています。さらに50年経つと，より大きなシフトが起こると予想できます。グローバル経済が物質的なものから情報とコミュニケーションの取引に変わっていくとともに，新しいスキルを教育する需要が高まり，農業時代から工業時代へシフトした時と同じような次元で，教育の変化が求められることになるでしょう。

テクノロジを基盤とした情報時代が始まるとともに，社会における情報の役割は変わってきており，それとともに労働環境も変わってきました。熟練したスキルをもつ工業労働者はまだ大切ですが，新しい種類の職業が生まれてきています。労働者を直接使わなければならない職業の多くは，姿を消してきています。一方で，情報スキルを必要とする新しい職業が生まれてきています。ちょうど，工業経済が，製品を生産・販売・消費する職業に依存してきたように，情報時代と知識経済は，情報の生産・販売・消費を基盤とした職業を必要としています。

教育は，情報社会に必要とされる情報スキルを，世の中の人々に提供するという，新たなチャレンジに直面しています。教育制度は，社会の変化に合わせて，工業生産を基盤としたスキルよりも，情報やテクノロジに関するスキルにフォーカスしていかなければなりません。

工業生産に関連するスキルにまだ需要があるのだとしても，情報を生み出し，情報を売り，情報を消費しながら働くスキルをもたずにいることは，これからとても不利になるでしょう。マネジメントやアドバイザーの役割を担うには，情報スキルが必要とされるようになりました。デジタル情報環境の中で学び，協調的に問題を解決することは，きわめて重要になってきました。オーターらの研究結果（Autor et al., 2003）では，図1.1に示すように，労働力の構造は大きくシフトしてきています。1960年から現在にいたるまで，見通しが利かない抽象的な課題に取り組むことが増えてきているのに対して，定型的な仕事や肉体労働を伴う仕事は，両方とも減少してきています。

教育の本質や役割が変わってきている中で，教育を測定したりモニターしたりする方法を再考する必要も出てきています。経済協力開発機構（OECD）は現在，各国が義務教育を何年かけて終えているかよりも，獲得したスキルをどの程度使うことができるかを検証しています。これは，国際学習到達度調査（PISA）を

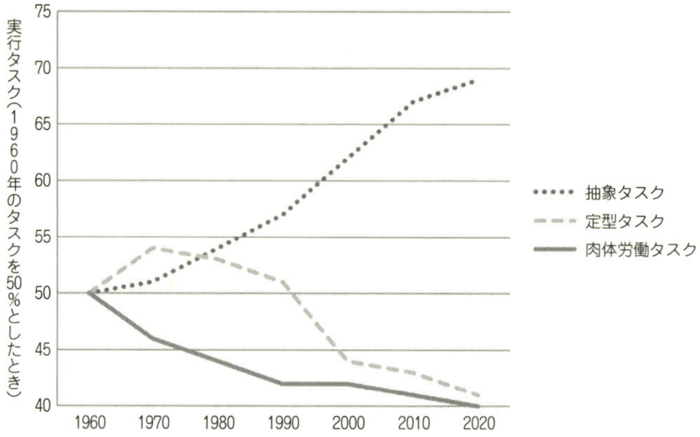

○図1.1　**仕事タスクの動向**（Autor et al., 2003より）

通して実施しています。OECDはまた，成人を対象にした複数のリテラシー調査を国際的に行っており，新たな成人能力国際調査（PIAAC）や，既存の高等教育学習成果評価（AHELO）を使うことが計画されています。

このシフトは，現在の情報・知識基盤の経済の中で，資本（capital）の意味がどのように変わったかを示しています。工業時代には，物理的な資本に力や影響力がありました。会社や国，社会がもつ価値は，物的資産を評価することで直接的に計算することができました。しかし，情報化時代で価値を評価する手段として考えられているのは，人的資本です。これは，組織の資産は，長い時間をかけて得られる収益と価値ある生産活動によって成り立っているという認識によるものです（Becker, 1993）。この見方によれば，教育と健康に対する支出もまた人的資本への投資とみなすことができます。なぜなら，それによって彼らの収入が増え，健康状態を改善し，個々人の生活の質を上げていくことになるからです。つまり，教育に投資することで，生産性が向上し，そして株式配当につながるのです。最初は，人的資本の評価は，フォーマルな（学校での）教育を修めた年数という観点から測定されていました。というのも，教育成果のクオリティを比較するための指標がなかったからです。しかし，今では，OECDや国際教育到達度評価学会（IEA）によって提供されている国際調査が，教育の質を比較可能にしています。多くの国々が，それぞれの国内で，政府が中心となって学校で教えるリテラシーや，ニューメラシー（基本的計算能力）など多様な成果を，人的資本の測定を目的にモニターしています。当初行われていた人的資本の測定（フォーマルな教育を受けた年数）が，今では，一人ひとりのリテラシーのレベルと，情報にアクセスして処理・評価・利用する力，問題を解決する力を測定するものに変わっているのです。

教育制度やカリキュラムの変革は，情報・知識基盤型の経済が求める水準にはまだ到達していません。学校教育を終えて働き始めてからも人々は学習しており，OJT（On the Job Training）を受けています。教育が前提とするレベルか，職務が要求するスキルかに関係なく，たいていフォーマルな（学校での）教育が終わった時点では，高卒か大卒かにかかわらず，仕事ができる状態にはありません。人々は，労働力となるにあたって，自分の仕事を遂行するために，会社で提供されるにせよ社外で自分たちで学ぶにせよ，何らかのトレーニングプログラムをさらに受けています。学習はますます生涯にわたるプロセスになってきています。これは知識基盤の経済の中で私たちの学び方，思考の方法，働き方が変わってきた結果です。家庭や職場でテクノロジがますます取り入れられるようになり，新しいスキルを身につける必要性が加速的に増大しています。

ベッカー（Becker, 1993）によれば，新しいテクノロジが進展しても，そうしたテクノロジを扱うことができる技術をもった労働者が少ない国々では，その価値はほとんどありません。新しい知識と人的資本のシナジーが，経済成長をもたらします。ですから，大きな経済成長を遂げた国々は，教育の提供がかなり増え，知識の進展に見合ったトレーニングが行われるようになったのです。情報・知識基盤の経済において，21世紀型スキルを開発していくうえで情報を基盤とした教育を進めていくことについては，疑う余地はないでしょう。

21世紀型スキルの学びと評価プロジェクト

21世紀型スキルとは何でしょうか。21世紀という海原を航海していくために不可欠なスキルはすべて，21世紀型スキルとして分類されるでしょう。21世紀型スキルの学びと評価プロジェクト（ATC21S）の文脈の中では，情報を操作し活用するうえで必要なスキルも21世紀型スキルとして分類しなければならず，実際，それが最初に取り組むことでした。ATC21Sの考え方としては，定義するスキルが新しいものである必要はありません。むしろ，21世紀型スキルは，今の21世紀において必要とされ，使われるスキルです。いくつかのスキルはすでになじみのあるもので，通常，学校で教えられたり評価されているものでしょう。しかし，必要不可欠な新しいスキルもあるでしょう。

工業時代では，職業の分類は，製品を開発し，販売し，消費する能力に基づいていました。情報化時代には，職業の分類は，情報の生産・流通・消費に焦点を合わせることができます。これは，教育の成果とも密接な関係があります。人々は新しい働き方，生活の仕方，学び方，思考の方法と対応したスキルを伸ばしていく必要がますます出てきています。情報を基盤とした仕事をするための新たな道具を使いこなすスキルも必要になります。例えば，職場の中で情報にアクセスして処理する必要があるということは，情報の適切さを評価して知的に活用するという，情報の信頼性や有用性を分析するスキルの必要性が，ますます切迫していることを示しています。

労働市場におけるこのような変化によって，先進諸国や情報関連製品の生産委託を受けている国々では，多くの仕事で要求されるスキルの変化をもたらしています。多くの経営者たちは，新人社員が労働力としてそのスキルをもっていないことに不満をもっています。

これらの問題に取り組むために，世界で主要なテクノロジ会社3社である，シスコシステムズ，インテル，マイクロソフトは協力して，業務上必要となるスキルを定義し，ICTを使った評価に向けて方法論的・技術的な壁に対処し，教室における授業の評価から全国調査・国際調査にいたるまで，幅広いニーズをふまえて児童生徒の到達度評価を実施するために，数年間の国際プロジェクトにスポンサーとして参加することになりました。3社は，「行動への呼びかけ（The Call to Action）」というペーパーを作成し，教育の関係者と政府の政策立案者に，テクノロジが雇用・生活・社会の中の様々な相互作用を変化させており，それに対応していく必要があることを提示しました。

プロジェクトは，アクションペーパーによる呼びかけから始まり，3社からの特別チームによって構成され，インテル社のマルティナ・ロス博士が指揮をとりました。特別チームには，元SRIインターナショナルのロバート・コズマ博士が参加し，「行動への呼びかけ」のドラフト原稿を書き，計画の詳細を作成しました。3社によって最終計画が採択され，プロジェクトは2009年の1月にロンドンで行われた「学習とテクノロジの世界フォーラム（Learning and Technology World Forum）」で正式に発足しました。

3社は，オーストラリア，フィンランド，ポルトガル，シンガポール，イギリス，アメリカの6か国の政府と交渉し，2010年からプロジェクトの起案国として参加するように働きかけました。学術的な協力はメルボルン大学と行うことになり，大学内の評価研究センターに研究開発プログラムの本部がつくられました。そして研究チームを参加国のメンバーで構成しました。国家プロジェクトマネージャーという役割がつくられ，6か国中4か国では，国としての約束を取りつけました。また，事務局長，国際研究コーディネーター，3社それぞれの副社長，および起案国の政府代表者による理事会が設けられました。また諮問委員会もつくられました。これは，OECD，IEA，ユネスコ，世界銀行，米州開発銀行，全米科学アカデミー，国際テスト委員会といった，グローバルな問題に関連した組織の代表者で構成されました。2年目，3年目でプロジェクトに参加した国々は，諮問委員会に代表者が参加しました。

プロジェクトの初年度の主要な成果物は，白書（white papers）とよばれるコンセプト文書でした。一連の白書では，先行研究を調査し，研究開発のための論点を整理しました。そして，新しい評価のための戦略を定義し，多くの国の現場で実際にテストされて検証され，その評価戦略を下支えする発達的なラーニングプログレッションズ（developmental learning progressions）を定義することを，最終成果物とすることにしました。プロジェクトで生まれた，児童生徒たちの評価や教育のための様々な成果物は，誰でも自由に使えるパブリックドメインとして公表する予定です。評価方法や試作した課題は，試作版ですが，オープンソースとして公開しています。

白　書

プロジェクト初年度の2009年は，プロジェクトで取り扱う定義やパラメータを決めることに注力しました。そして5冊からなる一連の「白書」を作成しました（本書の第2章，第3章，第4章はその一部です）。初期段階では，情報と知識が中心となる経済へシフトしていく中で生まれる変化と，この経済のシフトによって人々の生き方や学び方，思考の方法や働き方，仕事の場で使われる道具や手続きがどのように変わっていくのか，といったことを描写しようと試みました。教育のあり方と21世紀に求められるスキルの変化に関連するように，本プロジェクトの構成概念は整理されました。

思考の方法（Ways of thinking）は，「創造性とイノベーション」「批判的思考・問題解決」「学び方の学習とメタ認知の発達」が含まれています。働く方法（Ways of working）は，「コミュニケーション」「コラボレーションとチームワーク」が含まれるように概念化されています。働くためのツール（Tools for working）には，「情報リテラシー」と「ICTリテラシー」を含めました。世界の中で生きる（Living in the world）では「地域とグローバルのよい市民であること（シチズンシップ）」「人生とキャリア発達」そして「個人の責任と社会的責任」の変化が強調されています。さらに，これら10個の概念，１個ずつの構成要素を，知識，技能，態度，価値，倫理（Knowledge, Skills, Attitude, Values, Ethics の頭文字をとって KSAVE とよびます）にグループ化して整理しました。これら10個のスキルにフォーカスした評価方法を開発する過程の中で「学び方」と「教え方」を考えていこうということになりました。

シスコシステムズ，インテル，マイクロソフトの３社は，本プロジェクトの予算の大部分を提供してくれました。プロジェクトを立ち上げた国々と，協力国も金銭的に貢献しました。そして，以下の問題に取り組むために，５つのワーキンググループがつくられました。

・21世紀型スキルを見定め，定義すること
・適切な評価の方法論を開発すること
・教育におけるテクノロジの影響について検討すること
・教室における授業実践の変化について検討すること
・規模拡大および教育政策展開の問題に取り組むこと

各ワーキンググループのリーダーに加えて，プロジェクトの作業に多数の研究者が参加するようになり，その数は増えていきました。2009年４月にサンディエゴで行われた最初のプランニング会議では，60人以上の研究者が参加しました。この会議に参加できなかった多くの研究者も興味を示し，会議後に始まった作業に関わりました。OECD と IEA もこの作業に参加しました。ユネスコ，世界銀行，米州開発銀行のスタッフも諮問委員会のメンバーとして参加し，どのように本プロジェクトに参画可能かを検討しました。他にも多数の組織が諮問委員会のメンバーとして参加する機会をもちました。これらの組織は，プロジェクトに関連する特定の問題に対して専門的知識や予算を提供することで，参加してきました。

評価の開発

ATC21S プロジェクトは，複数年にわたって，多国間で産学官のパートナーシップをもとに運営されるプロジェクトとなりました。このプロジェクトでは，現代のテクノロジを用いて，教育評価の営みを，より ICT を活用したアプローチに

変えていくことをめざしています。本プロジェクトでは21世紀型スキルは何なのかを示すとともに，それと見合うように教育評価のかたちを変えていくことをめざしています。そのやり方として，テクノロジを活用した大規模で革新的な方法論を評価に取り入れます。これには特別なプロジェクト構造，ガバナンス，専門家による諮問委員会，教育現場で働く人々が必要でした。プロジェクトのスタートでは，まず，現在の社会・教育・経済の変化で注目されている2つの大きなスキル領域「協調的問題解決」と「デジタルネットワークを使った学習」を明確化していきました。また，様々なテクノロジがある中で，評価開発のための新たな方法論のための新しいフレームワークを探究していきました。それと同時に，評価のこうした変化が，潜在的に教育の未来に対してどのように影響するかについても調べていきました。

このプロジェクトでは，評価の考え方を変えることが中心的な課題となりました。評価を新規に開発することになった2つのスキル（協調的問題解決と，デジタルネットワークを使った学習）は，評価の対象でも，教える対象でもなく，これまで研究されてきませんでした。そこでATC21Sが採ったアプローチは，意図的に曖昧状況をもち込んだり，解決すべき問題に関する情報や定義を与えなかったり，被評価者である生徒たちの間で相互作用を伴うようなやり方を評価に導入することでした。つまり，児童生徒と一緒になって評価をすることを教師に奨励するのです。評価のための課題は，11歳から15歳の児童生徒を対象に開発されています。児童生徒が一緒に学ぶようすや，自己評価あるいは相互評価の中でどのように振り返りの課題を行っていくのかをモニターできるように，データ収集のプロセスが設計されています。

評価されるスキル

「協調的問題解決」は，大きな5つの要素からなるものとして概念化しています。いずれも個人の能力として，①グループ内の他の人の考え方を理解できる力，②メンバーの1人として，建設的な方法でメンバーの知識・経験・技能を豊かにすることに貢献するように参加できる力，③貢献の必要性やどのように貢献すればよいかを認識できる力，④問題解決のために問題の構造や解決の手続きを見いだす力，⑤協調的なグループのメンバーとして，新しい知識や理解を積み上げ，つくり出す力です。協調的問題解決の問題シナリオを開発し実証実験するプロセスの中で，様々なタイプのシナリオや課題が開発され，試行されています(図1.2)。

「デジタルネットワークを使った学習」は，次のような要素を含んだものとして概念化されました。それは，情報の消費者としての学習，情報の発信者としての学習，社会的な資本（人間関係，社会関係等の構築）を開発する中での学習，知的な資本（知識）を開発する中での学習です。こちらも同様に，いくつかのおおまかなシナリオが開発されており，最大4人の生徒が一度に参加して，学習・成長できるようにするための手順や，協調のためのツールを開発しています（図1.3)。

この2つのスキル領域の学習のために，現場で働く教師たちと一緒になって，課題が現実的か，児童生徒が学習活動できるようなものか，課題が能力のレベルの高低を区別できるか，課題解決を支えるスキルを教えることができるかを，チェックしてきています。対象となる子どもたちを代表するようにサンプリングされた児童生徒に協力してもらって，小規模の認知実験を行っています。具体的には，考えていることを発話してもらってその発話を分析することで，自動的に

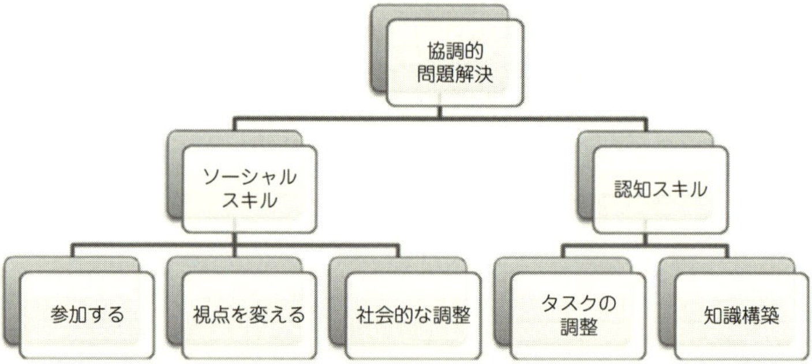

○図1.2　協調的問題解決の概念フレームワーク（Griffin et al., 2010）

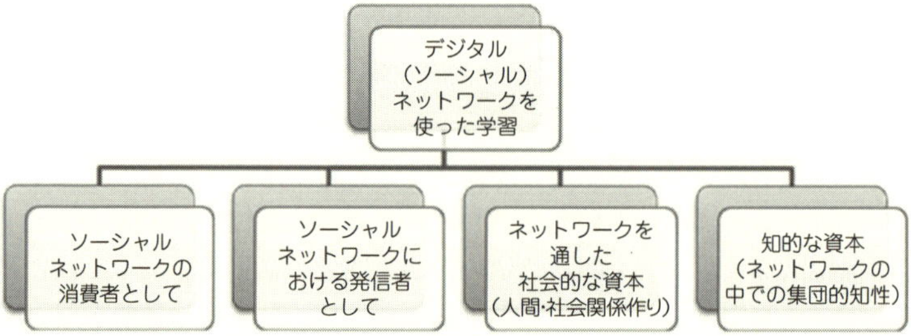

○図1.3　デジタルネットワークを使った学習の概念フレームワーク（Griffin et al., 2010）

達成度を分類して評価する基礎をつくっています。さらに実際に評価を実施し管理していくための，技術上あるいは管理上の要件を決めるために，ごく普通のクラスを対象に，少数ながら，小規模のパイロットスタディを行っています。こうしたパイロットスタディは，6か国で行われることになる大規模な試行のリハーサルとなっています。様々な国から横断的に集めた児童生徒のサンプルをつくるため，マトリックスに基づくサンプリング方法を使って試行のデータを集めており，これにより，精度の正確さを最大限に高めています。

これらのプロセスは，フィンランド，シンガポール，オーストラリア，アメリカ，それから協力国であるオランダとコスタリカの教師および児童生徒とともに行われており，本シリーズの第2巻で報告される予定です。

教育観，授業観に対する影響

ATC21Sプロジェクトの中で，21世紀型スキルを教えるのに関連した重要なポイントの1つは，学習の発達的なモデルを創ることです。学習の不足を補う「補充型アプローチ」と「発達的アプローチ」の差異を明確にしておくことは重要です。補充型アプローチは，人々が現在できないことに焦点を当てて，それを1つずつ修正していくという見方です。発達的な学習モデルは，一人ひとりの児童生徒がもつ知識の基盤に対して，新しい知識を積み上げげたり，足場かけを提供しようとするものです。これは，目の前の子どもたちがより高次で，深いレベルの学習に進めるようにするアプローチです。また，発達的なモデルは，子どもたちの学びがどの段階にあるのかをエビデンス（証拠）に基づいて検討し，学習を始めるにあたっての準備がどの程度できているかにも焦点を当てます。それは児童生徒の発達に関して包括的に取りまとめた研究に基づいています。これは，学校カリキュラムの中で，教えなければいけない知識が膨大に増えていく「知識爆発の問題」に対処できる1つの方法を示しています。

21世紀型スキルを育成するにあたっては，人々に，より高次の思考を使って問題解決に取り組むことを求めることになるでしょう。高次の思考，推論，コラボレーションの力を発揮できる人たちが一緒になって仕事をし問題解決をしていくようなチームが必要となるでしょう。これらのことは，いかにこうしたスキルを教育し評価するか，ということにも影響します。教師は，子どもたちの発達的な学習に関するエキスパートになるために，授業中の子どもたちの活動に対する支援を意思決定していくうえで評価のデータを活用していくスキルを習得することが必要になります。教師は，発達的な学習における評価の専門性と，授業における協調学習の方法に関する専門性と，発達的な学習のモデルを明確に理解する専門性が求められるでしょう。

発達的なフレームワークでは，クラス全体への一斉教授，個々人に対する教育的支援は普遍的に同じものだと考えられている現状を壊していく必要があります。教師は，一人ひとりの子どもたちの個別の発達と学習に対して，ますます注意を向けていかなければならなくなるでしょう。また，教師たちは1人ではなく，同僚とともに協調的に仕事をしていかなければならなくなるでしょう。その中で，子どもたちが「何を知り，理解し，考え，感じているか」を推測するのではなく，子どもたちが「何をして，発言し，つくり，書いたか」というエビデンスをもとに，授業中に提供する支援の方法や，具体的な教材を決めていかなければならなくなるでしょう。

教師が授業実践で発達的なモデルを採用すると，教師がもつ教授行動や心理学の理論や考え方は，発達的な評価と学習を実質的に展開してきた理論家・研究者に近づいていきます。ヴィゴツキー（Vygotsky, 1978）の言う「発達の最近接領域」を見いだすような教師の力とは，一人ひとりの児童生徒の学習を改善するために，教師自身がどこで支援を提供するかを決めるための基盤となる考え方です。こうした力を21世紀型スキルとともに身につけるには，子どもたちの理解と学習がかなり長い時間をかけて発達的に進んでいくという「ラーニングプログレッションズ」のモデルが，教師たちの中につくられなければなりません。これがATC21Sプロジェクトの最重要目標です。ヴィゴツキー心理学あるいは発達的なアプローチの中では，教師たちが子どもたちの学習を進捗させ，それをモニターしていくために，学習過程の中で子どもたちがどのように学んでいるのか，そのエビデンスをつかみ，使っていくことが必要です。

ATC21Sの下支えになるのはどの発達的な理論なのかはまだ決まっていません。しかしあらゆるスキル領域において，一人ひとりの発達的な学習を最大化していく授業がなされるとなれば，その理論的な基礎を何にするのかは，教員養成・教員研修を含む，あらゆる教師教育を行ううえで重要な側面といえます。

学習の発達的モデルを採用すると，教師は教室での授業を見直し，一人ひとりの子どもたちのニーズにあった学習環境をつくっていかなければなりません。学習環境をつくることは重要なスキルです。教師が学級運営，子どもの支援方略，そして学習を促すための教材をどのように関連づけていくのかは，常に重要な課題です。その方略は，子どもたちの学習の発達的なフレームワークをもとにして，導いていかなければなりません。

評価に対する影響

全国統一テストや国際調査テストなどのプログラムでは，教育関連の利害関係者に対する説明責任が強調されることに教師たちが苦悩を感じています。これは，様々な場所で耳にしますし，多くの調査でも明らかにされています。こうしたプログラムは，学校で改革を進めたり，国や州レベルで政策を立案・実行していくうえで効果的です。しかし，教師たちにとっては，教室の授業や学習の改善にそのデータを使ってください，といわれても，どうしてよいかわからなくなってしまいます。というのも，教師がデータ分析の結果を受け取るまでのタイムラグが大きすぎて，そのような評価データを形成的な目的で利用するのは，ほとんど成功していないのです。そのため，テストをすることや，テスト結果を直接授業を改善するのに役立てることに，関心がもたれなくなってきました。ATC21S プロジェクトは，これまでとは異なる大規模評価の方法を開発しています。これは，集めた評価データを即座に学校や機関に対して伝えることができるようにすることで，一人ひとりの生徒のデータを使って教師や生徒に直接フィードバックすることを重視して，レポートを提供しようとしています。そのようにすると，教師教育や教員研修の現場に対して，授業改善目的での評価データの活用についてより直接的に指導するように，プレッシャーをかけることになるかもしれません。

しかしながら，こうした変化によって，教員だけでなく，教員研修を行う人々に対しても幅広い研修が必要になるでしょう。教員養成段階では，評価や教育測定の授業が公式に設けられていることはあまりありません。「評価（アセスメント）」というトピックは，いまだ多肢選択テストのイメージを想起させます。「テスト」は，読み書きのリテラシーやニューメラシー（基本的計算能力）といった力の標準的な測定や，クラス単位でカリキュラムに基づいて行われる「測定しやすい」内容のテストをイメージさせます。教育測定における標準化に関する議論は，しばしば，必修事項は何か，ラベリングをどうするか，順位づけ，あるいは標準偏差といった話題になりがちです。測定のしやすさは教科に依存するという信念があるため，測定しにくい科目は無視されます。評価や測定が実施しやすいように，学習内容とカリキュラムを次々と減らすということも見受けられます。でも実際は，測定が困難なことは何もありません。サーストン（Thurstone, 1959）

が言ったように,「存在するものは測定可能であるし，測定不可能なのであればそれは存在しない」のです。すべては，測定というものがどのように定義されるのか，より難しい「学習」という概念のエビデンスをどう揃えるのか，にかかっているのです。もちろん，読解・数学・理科といった主要な科目は1世紀以上測定されています。そして，習得することが重要だと考えられていることと測定されるスキルはお互いに密接に関連しています。政府や教育機関が他のスキルを重要だと考えるようになれば，その領域に対して教育のリソースやスキルの測定のための配分がなされるようになるでしょう。ATC21Sは，これからの社会で学ばれることが重要だと考える領域を，そのリストに加えようとしています。21世紀型の新しいスキルは，大規模評価のためにリソースを投入し，教師に対して教員研修を行うのに値するものであることを，政府や教育者たちに対して説得していかなければなりません。そのためにするべきことが数多くあります。

教育測定は技術的な専門能力を必要とします。この領域の専門家は一般的に地域内，国内，あるいは国家間のレベルでの大規模テストプログラムに携わっています。一方，評価は，部分的には教育測定と同様のスキルの組み合わせを必要としますが，異なるスキルが必要で，教師の教え方や支援と結びついた形でなされるものです。しかしながら，教育測定は，概念的な視点から評価を下支えしなければなりません。しばしば，学校や教師教育レベルで，測定や評価が，カリキュラムの中身にまで介入してくるのではないかと思われるようになってきています。発達的学習のフレームワークにおける測定の評価は，何に関心をもって測定・評価するのかという構成概念自体に,再び焦点化していく必要があるでしょう。ウィルソンら (Wilson et al., 2011) はこの点を強調しています。また評価はカリキュラムの一部ですが，測定に加えて系統立てられた教育的対処が別に必要で，教育者たちは，それに関連するスキルの基盤をつくらなければならないということが議論されています。子どもたちが21世紀型スキルに熟達するよう支援するならば,教師は適切な支援をいつ，どのように提供するかを意思決定するために評価データが必要ですし，評価データの意味を解釈するスキルをもたねばなりません。

これをするには，子どもたちがラーニングプログレッションズのどこに位置しているかを教師たちが見いだすことが必要になるでしょう。それはつまり，こうしたラーニングプログレッションズのモデルを定義する研究にATC21Sプロジェクトが着手する必要があるということになります (Wilson et al., 2011)。教師は，子どもたちのスキルを評価して，ATC21Sプロジェクトが示すラーニングプログレッションズに沿って成長させることの重要性を，しっかりと理解しなければならないでしょう。

評価が教育政策に及ぼす影響

授業で教えることを対象にして，子どもたちのスキル発達の中で，どこでどのように教師が支援するかという問題に重点的に取り組むプロセスで必要なのは，支援の方略とそこで使う教材およびクラス運営を合致させていくことです。そして，これらすべてをコーディネートして，授業実践とその効果の評価を行う必要もあります。その効果が示されると，普及や政策レベルの問題を見直していくことが必要となります。これは学級，学校，そして地域レベルでの政策決定過程として見ることができます。図1.4に示したような5ステップのそれぞれで，時間，人員，教材，空間配分の役割を理解したうえで，意思決定が行われます。

図1.4では，3つのループと5つのステップを見て取ることができます。第1のループ（①）は，測定と支援を直接結んでいます。第2のループ（②）は，リソースと教育政策を結んでいます。第3のループ（③）は，評価と教育政策を結んでいます。5つのステップはそれぞれ，測定，一般化，支援，リソース配置，教育政策です。第1ループの2つ目のステップがなくなると，教師は授業のある時点での状況を把握するために評価を使うことになりがちです。テストがステップ2なしで行われると，授業では必然的に，児童生徒ができないことを教えるというアプローチを取るようになります。これは学習の不足を補うモデルです。2

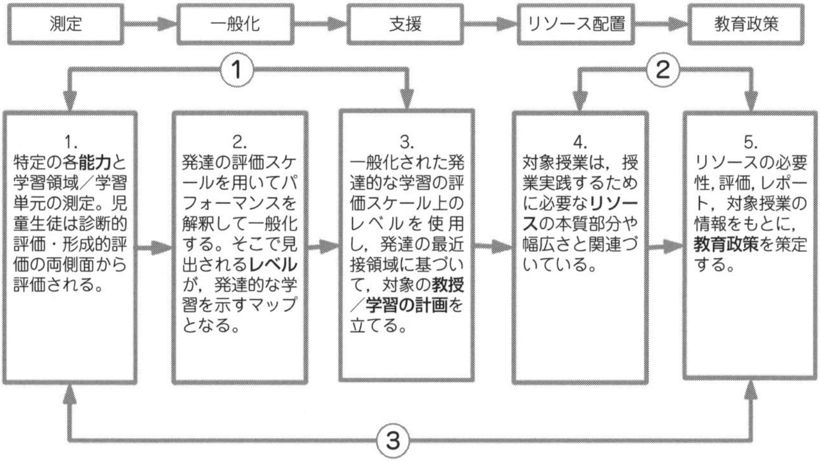

○図1.4　評価から教育政策へ

つ目のステップ(一般化)が含まれると，発達的なアプローチの中の要素に向かって教授するプロセスと，支援の内容を考えることが直接結びつきます。図の右側では，リソースと教育政策の間のつながりが示されています。これは，教育制度と政府にとっては典型的なアプローチです。リソースは，教育政策の焦点です。3つ目のループで評価と教育政策が結びついています。普通は，学習と教育政策づくりを結ぶ5つのステップを次々に進める形で関連しています。進み方は，発達的なフレームワークの中での評価，一般化された発達レベルの抽出，リソースとレベルおよび支援方略との関連づけ，規模の拡大と政策策定，という形になります。

これらの形成的評価の実践を行うのにあたって，教師たちは児童生徒たちの学習ニーズに合わせて自分たちの実践を変えていくために評価データを使うスキルを身につけていきます。教授と学習を改善していくうえで，これが効果的な実践であることは，数多くの研究が示しています(Black and Wiliam, 1998；Pressley, 2002；Snow et al., 1998；Taylor et al., 2005；Griffin et al., 2010)。評価データはテストの成績ではなくスキルに基づいたものでなければなりません。また，達成度を見たり，学習不足の点を明らかにするのではなく，この先学習を続けていくためのレディネスに反映させていくようなものでなければなりません。21世紀型スキルを教えることと評価を結びつけること—これがATC21Sプロジェクトの目標なのです。

ATC21Sプロジェクトのプロセス

ATC21Sプロジェクトは研究開発プロジェクトです。これまでにない評価と授業の姿を示しています。このプロジェクトでは新しいアイディアやスキル，新しい評価へのアプローチ，新しいスキル評価の方法を探究してきました。また，生徒たちが学習を深めて，より高次のパフォーマンスに到達するよう支援することをめざした授業での介入と，新しいスキル評価の方法を結びつけようとしてきました。このプロジェクトは，5つの主要なフェーズで計画されています(図1.5)。

最初のフェーズは，21世紀型スキルを概念化するもので，これは2009年に完了しました。この成果は，KSAVEフレームワークと，5つの白書でした。このフェーズは2010年の1月に終わりました。ロンドンでのミーティングでは，これから開発しなければならない幅広いスキル領域が見いだされました。それは，協調的問

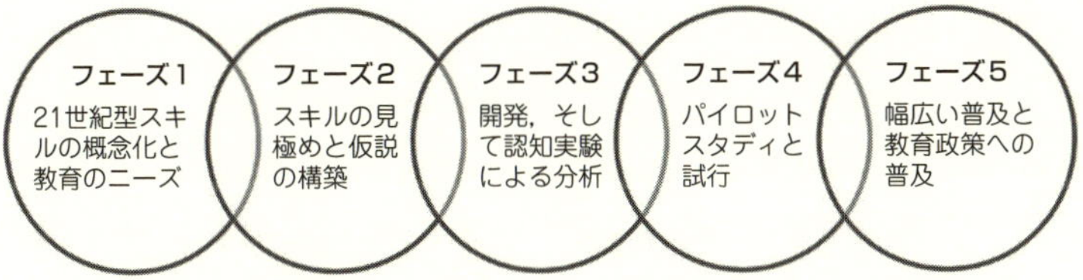

◎図1.5　ATC21Sプロジェクトのフェーズ（Griffin et al., 2010より）

題解決と，デジタルネットワーク上での学習でした。

第2フェーズは「仮説構築」でした。研究者のエキスパートチームを新たに世界中から集めて結成し，「協調的問題解決」と「デジタルネットワークを使った学習」に関する観察可能な学びについて仮説をつくりました。仮説を構築していく中で，研究者チームは作業を円滑に進めるために，次のような疑問に焦点を当てました。

1．スキル構成の理論的フレームワークは何か？
2．このスキルセットを評価する目的は何か？
3．このスキルセットの機能は何か？
4．このスキルセットは教えることができるか？
5．このスキルセットの学習は（単調なものではなく）発達的に進行するか？
6．このスキルセットをカリキュラム領域に埋め込む意味合いや潜在可能性は何か？

プロジェクトの第3フェーズでは，上記の疑問に答えるべく，評価課題のプロトタイプの開発が行われました。この開発フェーズでは，2つのステップが用いられました。それは，21世紀型スキルの構成概念のチェックと，認知実験です。

21世紀型スキルの構成概念のチェックの目的は，教師たちがドラフト段階の評価課題を，参加国のカリキュラムの重要な学習領域と結びつけることができるかどうかをチェックすることでした。このチェックは，本格的な課題づくりに入る前に行われることが重要でした。認知実験の段階では，児童生徒や教師一人ひとりに対して，課題を遂行するときに発話思考法（被験者が考えた事をすべて口に出しながら作業をするデータ収集方法）を行ってデータを集めるとともに，グループディスカッションで話された内容を分析しました。認知実験の目的は，自動採点やデータの抽出のために必要となりそうな分類のためのカテゴリを決めるためでした。

プロジェクトの第4フェーズでは，評価の精度を高めるとともに，測定に必要な変数を決めるために，評価のパイロットスタディと，現場での大規模な試行を行います。パイロットスタディの主要な目的は，リソース，プラットフォーム，管理方法，時間配分，児童生徒の望ましい参画レベルといったニーズを同定することです。現場での試行は，測定のための変数と評価課題の精度を決めるとともに，発達的なラーニングプログレッションズのモデルが有効かを実証するためです。発達的なラーニングプログレッションズのモデルが教授学習環境の中で実際に役に立つかどうかをドラフト段階で検証するには，教師が次のような問題を一人ひとりの児童生徒について考えていかなければならないでしょう。

1. 児童生徒の発達の最近接領域を同定するうえで，教師が納得するようなエビデンスは何か？
2. 児童生徒にとって何を学習目標とするのがよいか？　それが適切な目標であるかどうかがわかるには，どんなエビデンスが必要か？
3. 児童生徒がその学習目標に到達できるようにするために，どんな教授方略や教育的なアプローチが使えるか？
4. どんな教材リソースが必要か？
5. 児童生徒を前進させるために，教師はどんなスキルをもつべきか？　教師はどんなスキルを身につける必要があるか？

プロジェクトの第5フェーズは，普及にフォーカスします。分析の最後には，普及，実施だけでなく，規模を拡大していくためにプロジェクトのアウトプットと成果をまとめ，教育政策提言までを支援することに焦点を当てる必要があります。この段階では，成果物とそのプロセスを改善するために必要な様々な資料をつくることになります。

課　題

評価課題と概念フレームワークの開発に加えて直面するものとして，戦略的・技術的・大局的な課題があります。児童生徒たちの学力を大規模に評価することは比較的一般的です。ATC21S プロジェクトが焦点を当てるのは，まだ一般的にはよく理解されていないスキルなのです。このことは，教師たちが21世紀型スキルの根底にある構成概念をどの程度理解できるか，スキルをどの程度向上させることができるかに影響してきます。これらのスキルを評価するための公知の基準がないので，本プロジェクトはその重要性を正当化する上で，開発している評価課題の定義と妥当性に依存しています。多くの技術革新と同様に，プロジェクトに関わる人たちのコストと，享受するであろうメリットの間のバランスも課題です。プロジェクト成功の基本的な評価基準は，評価課題が大規模評価に役立ち，かつ，教室での教授学習プロセスに貢献するかどうかにかかるでしょう。

評価は，変革を引き起こすことに対しては貢献するかも知れません。しかし，1つの糸口をつかむだけ，1つのきっかけだけでは，十分ではありません。テクノロジベースの大規模評価が「より深く教育の変革を促す触媒」（Beller, 2011）として役割を果たすだろうという考え方は，よく検証してみる必要があります。変革のための評価と現状を認識するための評価の間のバランスもあります。変革のための評価は，学習と教授に対して情報をもたらしますが，現状を認識するための評価は，政策に対して情報を提供します。通常，それぞれの目的のために必要なデータの性質は異なります。私たちは，これら両方の目的のために情報を提供するうえで，単一の評価アプローチを使えるように，様々な努力をしているのを見てきました。いずれか一方もしくは両者の目的の評価の機能をやめるという妥協をせず，これを実現できるかどうかを，はっきりさせていく必要があります。ATC21Sの喫緊の課題の1つは，教師が使う「前に進むための情報」と，総括的に教育政策の分析をまとめていくための「後ろを振り返る情報」の両方を提供することです。

本プロジェクトで想定しているのは，21世紀型スキルを評価することで，これらスキル自体に注目を集めて，学校カリキュラムの中に入れ込むことができるのではないか，ということです。私たちは，全国統一テストの実践を通して，評価によって必ずしも児童生徒の学びをもたらさない授業をさせてしまう，ということを見てきました。「生きるためのスキル」の評価を含めることは同様の結末をもたらすかどうかは，これから見きわめていく必要があります。教育行政が行うハイステイクスな大規模テストプログラムは教育実践を壊し，理解のための授業からテストのための授業に変えてしまう可能性があることを，私たちは知っています。教師たちは無意識的にスキルの改善ではなく，スコアの改善をめざそうとしてしまいます。どのようにしたら，新しいシステムがそうした教室実践の変化をもたらさないことを保証できるでしょうか。そして，評価のプログラムによって得られた結果を，教師たちが自分たちの授業改善のために使う方法を理解することを，どのように保証したらいいでしょうか。教師たちが建設的な方法で学習や授業に参加しようとするならば，不可欠なのは，彼らが21世紀型スキルの概念に精通し，読み書き算数の力と同じく，子どもの可能性を広げるスキルとして考えることなのです。これらはATC21Sプロジェクトが，発達的な学習という考え方や，21世紀を生きる子どもたちの権利として学ぶことのできる学習ツールを反映した評価課題，子どもたち一人ひとりの発達的なプロセスに対する教師のコミットメントに焦点を当てる，ということの核心でもあります。

ICTや真正性の高い課題を組み合わせて行う評価の取り組みは，国家レベル，国際レベルで多数行われていますが，どれも評価に対して伝統的なアプローチを継続しており，葛藤や欠点があります。授業改善のために評価データを使おうとする動きは他にもありますが，大規模レベルでは，私たちはまだ評価の本質を実質的に変えてはおらず，いまだ，伝統的なアプローチで複数のニーズを満たすことができると考えているように思われます。新しいツールが登場する時，その価値を注意深く検討する必要があります。自分たちが受けた教育のことを思い返してみましょう。何が最も違ったでしょうか？　自分の読んだテキストが違ったのでしょうか。それとも教えてもらった先生が違ったのでしょうか。テキストや評価はツールです。私たちは働く人，それもツールの使い方を知っているだけではなく，働いていることの本質と今日の学習者が21世紀で扱っていることの本質を理解することが必要になっています。

これらは，私たちが学習のループの中に個人別のフィードバックを行える大規模評価を行おうとするうえで，ATC21Sとして取り組む問題の一部です。21世紀型スキルの教育への影響を探る中で，本プロジェクトは多くの教師や，教育制度，政府，プロジェクトの委員と諮問委員会を代表するグローバルオーガナイザーと緊密に作業を進め，これらのスキルをカリキュラムの新しい領域や，既存の学問領域ベースの重要な学習領域と結びつけようとしています。それは，これまで定義されていなかった新しいスキルの評価と教育という，パイオニア的な，大規模で複雑な事業なのです。

第2章

21世紀型スキルを定義する

マリリン・ビンクレー（Marilyn Binkley）
オラ・アースタッド（Ola Erstad）
ジョーン・ハーマン（Joan Herman）
ゼンタ・ライゼン（Senta Raizen）
マーティン・リプリー（Martin Ripley）
メイ・ミラーリッチ（May Miller-Ricci）
マイク・ランブル（Mike Rumble）

要約

前の章でも指摘しましたが，先進諸国の経済は，工業サービスから情報，知識サービスへと大きく移行してきています。知識それ自身は，より専門的な内容が増え，急速に広がってきています。ICT は，仕事の取り組み方の本質的な部分と，社会的関係のもつ意味を変えていっています。意思決定の仕組みを分散化したり，情報を共有したり，チームワークをしたり，イノベーションを起こしたりすることは，今日の企業活動にとって大変重要です。もはや，子どもたちも，マニュアル通りに働くとか，ありふれたスキルを利用した，機械でもできるような仕事で，ミドルクラスの成功を望むことはできないでしょう。むしろ技術職，専門職を問わず，複雑な問題を解決するために情報を伝達したり共有したり利用したりできるかどうか，新しい要求や変化する環境に即して適応したり革新したりできるかどうか，新しい知識をつくり出すためにテクノロジの力を集めて拡張することができるかどうか，人々の能力や生産性を拡張できるかどうかが，成功への鍵なのです。

最近10年間の研究では，新しいデジタル技術が使われることが増えてきたことで，とりわけ若者の間で，新しい社会実践がどのように広がっているかが明らかになってきています（Buckingham and Willett, 2006）。こうした実践によって，キーコンピテンシーやスキルの考え方が再定義されてきています。これは，社会の仕組みレベルではなく，社会の中での人々の具体的な日常生活から定義されています。１つの例は，コンピュータゲームやオンラインコミュニティに関する研究です（Gee, 2007）。そこでは問題解決が，実践の重要な構成要素であると定義されます。私たちは評価課題の設計やキーコンピテンシーの定義をしていくうえで，若者の間で日常的に行われる問題解決の活動を参考にする必要があります。したがって，児童生徒の能力としての新しいスタンダード（新たに標準とするもの）は，これまでに期待されてきたような基礎スキルや基礎知識と置き換えられなければなりません。この変化に合わせて，児童生徒が仕事や生活において成功するために必要となる思考やスキル，例えば教養のある考え方，柔軟な問題解決の力，コラボレーションやコミュニケーションのスキルなどを獲得できるように，学校も大きく変わる必要が出てきます。本章の主題である教育のスタンダードや教育評価に関する新しい考え方は，現在求められている上記のような変革を成し遂げるための重要な方略です。このような教育のスタンダードや教育評価は，現在求められている能力に焦点を当てるとともに，教育制度の変革に対して影響を与えたり，評価したりするためのデータも提供してくれます。また，テクノロジはこの変革に対して影響を与えるとともに，大きな推進力となります。本章は以下の構成で進めていきます。

・学習を促進するうえでのスタンダードや評価の役割に関する研究の知見を統合する。
・教育実践の変化を支援しうる評価システムの特徴について述べるとともに，次世代の評価を設計するうえでの原則をつくるためにこれらの評価システムを利用する。
・評価システムと学習を変革するためのテクノロジ利用について解説する。
・21世紀型スキルを評価するためのモデルを提案する。

教育スタンダードや教育評価の新しい未来を考えていくうえで，まずは過去の事例から学んでいきたいと考えています。ここでは，多くの国々にある知見から，今日重要と思われる12のフレームワークを選び，それらを分析したうえで，21世紀型スキルのリストを提案しています。これらは，21世紀型スキルの評価をどのように考えればよいかの事例となります。教育に関わる人々が，自分たちに関わりのある学校や児童生徒に合う形で評価を設計する場合には，ここに提案するモデルを，自分たちの文脈に合うように適用する必要が出てくるかもしれません。

私たちは，10のスキルに整理して，それらを大きく４つに分類しています。

思考の方法

1．創造性とイノベーション

2．批判的思考，問題解決，意思決定
3．学び方の学習，メタ認知

働く方法

4．コミュニケーション
5．コラボレーション（チームワーク）

働くためのツール

6．情報リテラシー
7．ICT リテラシー

世界の中で生きる

8．地域とグローバルのよい市民であること（シチズンシップ）
9．人生とキャリア発達
10．個人の責任と社会的責任（異文化理解と異文化適応能力を含む）

学習を促進するスタンダードと評価の役割

学習を促進するスタンダードの重要性

世界各国の研究によって，カリキュラムスタンダードや評価の重要な役割が確立されてきました。それは，学習に対する新しい期待にこたえるという役割です。当初，スタンダード主導の教育改革に関する言説は，アメリカにおける説明責任（アカウンタビリティ）や改革を進める団体と結びついたものでした（例えば，National Center on Education and the Economy, 1998；No Child Left Behind Act, 2001）。しかしながら，現在は様々な国の教育制度で，このアプローチが広がっています。いくつかあげますと，イギリス，ドイツ，ノルウェー，シンガポール，オーストラリアなどがそれにあたります。こうした説明責任および学校改革システムの基本的な考え方は，次の 3 つの原則に依拠しています。

・スタンダードの確立によって期待していることを明確にする。
・スタンダードに基づいて，ハイビジビリティな（注目度の高い）評価（ハイステイクス評価（重大な影響をもたらす評価）ともいわれる）を開発する。
・ステークホルダーに責任があることを伝えるために，評価を利用する。また，意思決定を伝えるためデータを公開するために，評価を利用する。

このようなスタンダードに基づく評価は，教育の成果を判断するための実証的なエビデンスを提供し，様々な意思決定の目的（説明責任，選抜，クラス分け，評価，診断，改善）に貢献することができます。それだけでなく，まさに評価の存在そのものと，それによって集まる注目によって，社会的にも，動機づけにも，政治的にも，重大な影響がもたらされます。

そうした評価を研究している各国の研究者は，評価がもたらす影響について，同じことを見いだしています。これは多数の事例から報告されています。例えば，アメリカにおける12以上の州で実施されている州レベルでの説明責任の評価の研究，イギリスにおけるAレベル試験・GCSE試験・Key Stage試験の研究，オーストラリア・中国・イスラエル・日本・ニュージーランド・スリランカや中央アジア地域・東ヨーロッパ地域における言語テストや大学入学試験です（例えば，Cheng et al., 2004；Herman, 2008；Wall, 2005を参照）。これらの研究結果を要約すると，次のようになります。

- **評価は，カリキュラムと授業で何を優先しているかを示す。つまり，ハイビジビリティな評価は，授業内容を絞るはたらきをする。**学校の管理職や教師は，何がテストされるかに注意を払い，テスト結果を分析します。そしてそれに従ってカリキュラムと授業を合わせるのです。
- **教師は，ハイビジビリティなテストを反映した教育方法を採用する傾向がある。**ハイビジビリティな評価が多肢選択式問題から構成されていれば，教師は授業においても多肢選択式のワークシートに頼ることが多くなり，低次の認知的スキルを重視するようになります。しかしながら，評価方法として論述式とパフォーマンス評価の両方またはいずれかが採用されている場合は，教師はそれらと同様の学習活動を授業に取り入れるようになるのです。
- **カリキュラム開発者，とりわけビジネスに関心があるカリキュラム開発者は，重要なテストが求めていることへ対応するために，既存の教科書や教材を修正したり，新しい教科書や教材を開発・販売したりする。**これらの教科書や教材は一次資料となって，授業実践だけでなく，テストが求めていることに対する教師の理解に影響を与えるかもしれません。これは実際には授業を生産的に変化させる効果があるという研究結果もありますが，一方でそれがかなりネガティブな結果をもたらす可能性があることも示されています。
- **学校と教師は，スタンダードや学習目標そのものに何があるのかよりも，テストされる内容に注目してしまい，テストされない内容については無視してしまう傾向がある。**テストされる分野が広がれば広がるほど，重要だけれどもテストされない教科は軽くあしらわれるようになります。アメリカやイギリスや他の国々では，複雑な思考や複雑な問題解決はテストの中では相対的にあまり重視されておらず，低次の学習に焦点が当てられる傾向にあります。そして，これは授業実践の中でも同様のことが起こってしまうのです。

・**学習そのものよりもテストそのものに焦点を当てることにより，1回だけの成績を重視したり，伝達型の授業をしたりすることが促されてしまう。**学習することよりもテストでよい成績をとることが目標になった時，学校は知らず知らずのうちに児童生徒が達成指向になるように促すかもしれません。それは，児童生徒が継続的に学習やメタ認知，自己制御に取り組むのに支障となってしまうことがあります。とりわけ教師は，多肢選択式のハイビジビリティなテストで高得点を取らせるため，児童生徒に概念の理解をさせたり，問題解決能力を身につけさせるよりも，特定の内容知識を獲得させることに注力してしまいます。

・**授業の時間は，特定のテスト対策の活動へと変わってしまう。**学校は，市販のテスト対策パッケージや特別授業や宿題を使い，テストに出題されそうな特定の課題やテスト形式のための練習を児童生徒にさせます。こうした活動は，児童生徒の学習を促進するというよりも，むしろ，児童生徒がテストでよい成績をとれるようにすることをめざしています。学校と成績を向上させようとする外部圧力しだいでは，数週間かそれ以上の授業時間がテスト対策の活動へと変えられることさえありうるのです。

これらの研究結果で警鐘が鳴らされることで，21世紀型スキルを促進する評価の利用について，重要な課題が浮き彫りになってきます。まず，これらの研究は，測定されるものが何であろうと重要で，教師はハイビジビリティな評価の内容や形式をカリキュラムや授業の中に合わせて模倣し，かなり多くの授業時間を特定のテスト対策に使う傾向があることが明らかにされています。しかしながら，ありふれた問題やすぐに答えの見当がつく問題がテストの大部分を占めている国も一定数あります。それらは簡潔な問題であったり，解答するための親切なヒントがあったりすることが多く，結果として，児童生徒が知識やスキルを活用したり，こんにちの世界で求められる幅広い能力を活用したりすることに対する期待を減少させています。例えば，アメリカにおいて毎年実施されている州のスタンダードに基づくテストを分析すると，低次の認知しか必要としない問題が圧倒的多数で，複雑な思考や問題解決が犠牲になっていることがわかります（Webb, 1999を参照のこと）。一方で，もっと前途有望な事例を提供している国もあります。

例えば，バカロレア，マトゥーラ，アビトゥールといった中等教育卒業資格試験や大学入学資格試験は，児童生徒に獲得してほしい内容やスキルを詳細に測っています。これらの試験は児童生徒に対し，面接や筆記，プロジェクト活動といった様々な形式で，みずからの知識やスキルを表現するように求めます。北欧諸国では，各地域により応じた評価スタンダードと一般的な評価スタンダードの普及を促進するために，プロジェクト活動をカリキュラムに取り入れる伝統があります。これらは，児童生徒に現実社会で求められるような重要かつ真正なパフォーマンスをさせています。そうであっても，これらの試験のための評価スタンダードは，いまだ情報化時代やイノベーションの時代に求められることを反映する形には改訂しきれておらず，21世紀型のテクノロジを活用してもいません。児童生徒は，新しいメディアの使い方を学んで，その力を使いこなせるようになる必要があるのと同時に，テクノロジは，費用対効果の高い形で，新しい時代の評価設計や評価利用の世界を切り拓いてくれるでしょう。

学習を促進する評価システム

アメリカ型のアカウンタビリティ試験と中等教育卒業資格試験・大学入学資格試験を比較してみると，評価方法として有望な中等教育卒業資格試験・大学入学資格試験で注目すべきなのは，授業外ではなく授業中に行われる活動に埋め込まれており，教授学習プロセスの一部として統合されていることです。中等教育卒業資格試験・大学入学資格試験は，意義のある目標を示しており，この目標に基づいて授業中の学習課題や評価が設定されます。これらの学習課題や評価は，児童生徒の学習の進捗を評価したり進捗に対応したりするために，ふだんから利用されます。形成的評価とよぶ，継続的に行われる評価は，児童生徒の学習，とりわけ能力の低い児童生徒の学習に大きな効果をもたらします。このことは，研究を通して明らかにされています（Black and Wiliam, 1998；OECD, 2005）。

形成的評価において，評価の情報を利用することは重要です。形成的評価というからには，評価のエビデンスは評価後の授業に向けて何かしら情報を提供するよう決められなければいけません。形成的評価は，児童生徒の学習の現状と学習目標との間にあるギャップを埋めるための情報を見つけ，その情報を提供することにより，過去に何が学習されたのかに焦点を当てるよりも，むしろ，これから学んでいくうえで進むべき道筋を示すことに役立ちます。さらに，評価後に行われる教授学習に向けた情報提供となるエビデンスを１つ以上の情報源から得て，綿密に設計された形成的評価は，学習と認知の原則を取り入れることによって，学習プロセスを直接的に支援することができます（Herman and Baker, 2009；

Bennett and Gitomer, 2009)。

例えば，形成的評価において，児童生徒に自分が考えていることを頭の外に出させることで，児童生徒がみずからの誤概念と向き合い，みずからの理解を洗練・深化し，より高度な熟達レベルへと進むのを促す足場かけを提供できます(Shepard et al., 2005；Herman and Baker, 2005)。評価課題の中で，児童生徒に説明させたり，様々な真正の文脈の実践を提供したりすることで，児童生徒が新しい知識を既有の知識構造に結びつけ，転移する能力を身につけるのを促します（例えば，Sweller, 2003；Holyoak, 2005；Ericsson, 2002；Gick and Holyoak, 1983を参照のこと)。また，形成的評価では，学習目標を明確にし，児童生徒に自己評価をさせることで，児童生徒がみずからの学習における主体性を発揮することを促し，動機づけや自主性やメタ認知を高め，同時に学習を促すことができます（Black et al., 2006；Shepard, 2007；Harlen, 2006；Gardner, 2006)。形成的評価にみられるこうした特徴は，児童生徒の学習の価値を高めるために，アカウンタビリティ評価に取り入れることも可能です。

学習の質を評価するシステムの特徴

学習ベースの評価システム

新しい時代の評価をつくり出すためには，評価の設計と開発において，児童生徒の学習に関する豊富な研究成果と，心理統計学の最新の理論を使ってどのようになされたのかを結びつけなければなりません。アメリカにおける有名な委員会では，次のように述べられています。

> あらゆる評価は，（中略）３つの柱に依拠しています。第１に，児童生徒がどのように知識を表象し，教科領域における能力をいかに発達させるかの認知モデル，第２に，児童生徒のパフォーマンスを観察可能とする課題や状況，第３に，得られたパフォーマンスの観察から推論するための解釈方法です。(Pellegrino et al., 2001, p.2)

図2.1では，この一般的なモデルを応用して，学習の質の評価がスタートで，明確で意味のある学習目標がゴールであることを表現しようとしています

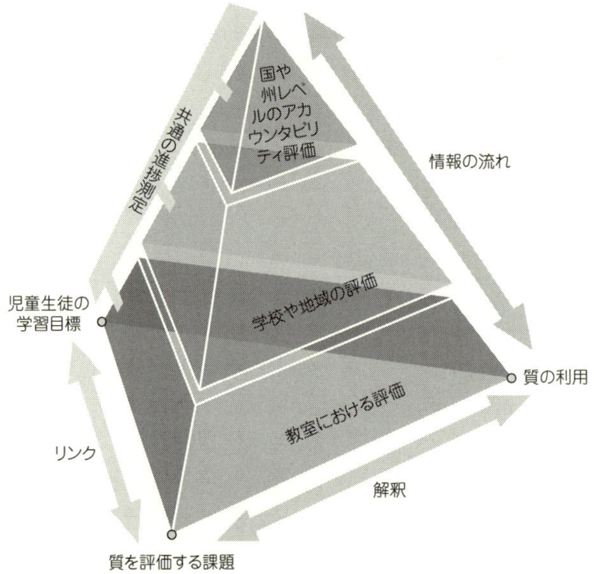

○図2.1　評価の統合システム

(Baker, 2007；Forster and Masters, 2004；Wilson and Sloane, 2000を参照のこと)。評価課題の頂点は学習をベースにしたあらゆる評価が児童生徒の理解の質や，意図された学習目標を構成する知識やスキルを獲得した場面のいずれか，または両方を明らかにするような児童生徒の反応を引き出すものでなければならないことを示しています。図中にある解釈のリンクは，評価課題に対する児童生徒の反応が，評価の利用目的と結びついた妥当な推論を解明・支援するように，詳細に分析されたり総合的に扱われたりしなければならない，という考え方を補強しています。

「質の利用」の頂点は，評価結果が学習目標につながる児童生徒の学習のために利用されなければならない，ということを強調しています。評価の質は，３つの頂点すべてと相互のつながりの関係によって決まります。すなわち，学習目標と学習の進展の評価に利用される学習課題との間にある関係，分析の枠組みや得点化の枠組みが教育目標として意図された理解やスキルの重要な次元をいかによりよく捉えるのかという関係，評価の結果の利用をいかによりよく支援し，学習を改善するためによりよく利用されるかという関係です。ここでも評価が内在しているのは，児童生徒の学習の解釈の妥当性，正確性，公平性，そして，とりわけ，学校の外部が行うテストやハイステイクステストでは，解釈や推論をするためのエビデンスという，より伝統的な側面です。

図2. 1に示されているように，教室の授業や学習に対して情報提供して，それらを豊かなものにするために取得する「現時点での評価データ」（本書の第3章を参照）から，教育制度（例えば，学校，区，郡，州，国）の上位レベルで教育政策あるいは実践上の意思決定を支援するための「定期的なデータ」にいたるまで，様々な意思決定の目的のために，多様なレベルでデータが収集されたり利用されたりします。重要なことに，例えば，大規模な国際・国内・州・郡の評価は，学校がどれだけ児童生徒の学習促進を進めているかを判断し，リソースを割り当てたり，支援が必要な場所を見いだしたりするなどのための総合的な指標として，政策立案者に提供されます。学校や教師は，自分たちの教育プログラムの評価，カリキュラムの改善，改善計画の立案，特別な配慮が必要な児童生徒の同定といった目的に，同じデータを利用することはできます。しかし，教授・学習を最適化するために，「今，ここ」で行う意思決定を支援するために，教師は，より連続的で絶え間のないデータを必要とします。図2. 1は，評価システムが教育機関内外のすべての関係者の意思決定のニーズを満たすように意図的に設計された，一連の明確な共通学習目標に基づいていることを示しています。このようなシステムは，児童生徒の将来を成功させうるであろう21世紀型スキルに足並みをそろえる必要があります。大規模評価は，これらのスキルがどういうものであるかを世間に伝えていくうえで，重要な役割を担うことができます。同様に，これらのスキルをいかにして評価できるかの重要なモデルも提供するでしょう。

評価システムの質を改善する

このシステムの考え方は，評価の質を検討するうえで，これまでとは違うところから展望する必要があります。教育制度の様々なレベルで必要となる各種の意思決定のニーズを支援するのに使える妥当性のあるエビデンスを提供するうえでは，単一のテストに焦点を当てるよりも，評価システムの質を考える必要があります。バランスのとれた評価は，最も重要な基準と思われます（Bell et al., 1992）。例えば，ペレグリーノたちは（Pellegrino et al., 2001），教室の授業と学習を改善することと同じように，説明責任と教育政策目的に資するような，バランスのとれた評価システムを構築することを強く訴えています。ペレグリーノによれば，バランスのとれたシステムとは，「**一貫性，包括性，連続性**」という3つの原則に立脚したものをいいます。

・**一貫性**のある評価システムは，体系化された理論的知見，つまり，期待されるラーニングプログレッションに基づいてつくられます。この理論的知見は，大規模評価と教室での評価それぞれの基盤になります。この基盤は，教育制度の行政や管理のレベル，そして学校における学年も横断して，一貫性があり，かつ，相補的でなければなりません。
・**包括性**のある評価システムでは，意図した構成概念を十分に測定し，かつ，教育システムの各レベルにおける意思決定のニーズに対して寄与するような様々な粒度の測定を保証するように，多様な評価方法を利用します。本来，包括的な評価システムは，説明責任を果たすとともに，多様なレベルで改善のための意思決定をするうえで，適度な粒度の生産的なフィードバックを提供することができます。
・すべてのレベルの評価は，個々の児童生徒の進捗と教育プログラムの進展の両方を長期間にわたって追跡して集まった，連続的なエビデンスの一部として捉えられます。評価における**連続性**とは，この原則をとらえたものです。これは，例えば，学年の最初から最後まで，学年を跨いで，といったような長い時間の中でも，評価対象となる構成概念の定義が一貫している場合にのみ可能となります。

これら 3 つの原則に加え，評価システムにとって最も根本的な原則となるのが「**公平性**」です。あらゆる評価は，個人の特性という評価される内容とは関係のない要素に不公平に妨げられることなく，できる限り多くの児童生徒が自分の知っていることを評価の中で発揮できるよう設計されるべきです。例えば，テストに使用されている言語が堪能でない生徒は，数学の能力を発揮することを難しく感じるでしょう。ある文化の中で育った児童生徒は，よく知らない別の文脈について書かれた文章を読解するのに必要な背景知識が不足しているでしょう。障がいのある児童生徒やきわめて学力の低い児童生徒は，テストが基準とする学習の閾値を下回っているかもしれません。公平な評価システムでは，特別な措置を必要とする児童生徒に配慮がなされ，評価対象集団にふさわしい児童生徒の能力や発達レベルの範囲に対して感度が高いです。

21世紀型のスタンダードと評価の原則

大規模に行われる州や国，地域や国際的な評価は，児童生徒の学習を支援するシステムの一部にすぎないと認識されるべきだということは明白です。同時に，それぞれのレベルの評価は，より広範なシステムでめざすべき重要な学習目標を示すとともに，教育政策の決定や授業実践のために価値があり活用できるデータを提供する，有意義な機会です。さらには，各レベルの評価を慎重につくり上げることで，それらは次世代の評価のモデルになります。その設計と利用を通して，学習を支援することができます。これらのことを実現するために，私たちは，文献レビューを通して，21世紀型のスタンダードと評価は次のようなものであるべきだと提案します。

- **有意義な21世紀型の目標をつくり，それと合致したものにすること。**学習を支援する評価は，期待される学習の性質を明確に伝えるものでなければなりません。スタンダードや評価は，児童生徒に理解と応用を期待する，幅広い21世紀型の知識とスキルを完全に示さなければなりません。それに加え，理想的には，初心者のパフォーマンスから熟達者のパフォーマンスへと発達するために，いかなる知識やスキルの習得が期待されるのかをスタンダードや評価が表すことが望まれます。
- **適応可能性と予測不可能性を組み込むこと。**21世紀に人々が求められる顕著な特徴の１つは，進化する環境に適応する必要性と，事前の行動が予測不能な反応を起こし，その反応がその後の方略や選択肢に影響を与えるような状況下で意思決定や行動を起こすことができる必要性です。このような不確実性を扱うことは必須です。まさに，カリキュラムと評価の新しい挑戦を表しています。
- **主としてパフォーマンスベースのものにすること。**21世紀型スキルの重要なポイントは，内容知識を統合・結合し，新たな状況に対して創造的に応用する必要性です。結果として，21世紀型の評価は，児童生徒が教育のプロセスを通して，内容知識を批判的思考・問題解決・分析課題に応用することを体系的に求めなければなりません。そうすることで児童生徒がみずからの能力に磨きをかけるとともに，よい学習とは正確な情報を手に入れるのと同様にプロセスが大事なのだと理解できるように支援できるのです。
- **教授学習の価値を高めること。**評価課題が学習・認知の原則に基づいてつくられていれば，評価課題を解くプロセスで児童生徒の学習をよりよくすることができます。例えば，評価課題の中に転移を求めたり，真正性の高い応用問題を含めることができます。児童生徒は，説明したり多様な表現方法を使うことを通して，理解したことを整理したり深めたりする機会をもつことができます。
- **児童生徒の思考を可視化すること。**評価は，児童生徒の理解や問題解決に使う概念的方略を観察できるような手段を提供するべきです。さらに，児童生徒の思考を可視化することで，評価は質の高い実践のためのモデルを提供します。

・**公平であること。**公平な評価は，あらゆる児童生徒が自分の知っていることを表現できるようにします。また評価目的とは別の理由で，テストにアクセスし答えることが困難な児童生徒に対して手立てを提供します。

・**専門的根拠に基づくこと。**評価データは，様々な意思決定の目的のために，正確かつ信頼ある情報を提供しなければなりません。測定に合理的な正確性がなければ，結果をもとに推論したり意思決定する中で，誤りを犯す危険性があります。使用目的に照らし合わせて評価に正確さが必要だということは，使用目的と使用者が明確にされていなければならないし，専門的な質保証がそれぞれの使用目的ごとに設定されなければならないことを意味します。21世紀型スキルを評価するための革新的なアプローチについて，その質保証を確固とするためには，新しい心理統計的なアプローチが必要になるかもしれません。

・**目的に合わせること。**児童生徒が21世紀型スキルを獲得できるように学校が支援できているかを示す指標として評価を使うことを意図するならば，スキルおよびテスト結果は，教育の側面からみて精度が高く，一般化可能でなければなりません。すなわち，教育の側面から見て精度が高いテストは，授業の質の善し悪しに影響を受けます。質の高い授業を受けた児童生徒は，そうでない生徒よりもテストの成績がよくなります。そうでないテストは，学校がコントロールできない児童生徒の基礎能力や一般的な知性が，パフォーマンスに反映されます。一般化可能な結果は，日常生活における他の場面に転移します。

・**すべての評価利用者に対して意思決定の指針となる情報をつくり，生産的で活用できるフィードバックを提供すること。**教師は，評価が児童生徒のどのような思考を明らかにするのかを理解できるようにする必要があります。学校の管理職，政策立案者，教師は，児童生徒のよりよい学習機会をいかにしてつくり出すかを決めるのに，評価情報を利用しなければなりません。

・**すべての評価利用者に対して生産的で活用可能なフィードバックを提供する。**当然のことかもしれませんが，教師，管理職，児童生徒，保護者，一般市民といったステークホルダーが評価結果を利用することを期待されるのであれば，ステイクホルダーたちが正確で，理解可能で，かつ利用可能な評価レポートにアクセスできなければなりません。

・**教育関係者と児童生徒の能力を高めること。**児童生徒，教師，管理職，他の教育提供者にとって，評価からのフィードバックは，児童生徒のパフォーマンスの特徴や学習の進捗を妨げる問題を理解するのに役立ちます。教師や児童生徒は，このプロセスから学習できるようになる必要があります。
・**教育システムのすべての階層において，学習の改善を支援するように設計された，包括的で整備された評価システムの一部となること。**

テクノロジ利用による変容的評価と学習

以下では，大規模評価について扱っていきます。なお，本書の第 3 章では，教室における評価をより詳しく扱っています。

ICT で実現可能となる評価の優先事項

本節では，21世紀型スキルを評価する可能性を ICT が飛躍的に高める 3 つの領域に着目します。ICT は，伝統的な評価のためのツールとしてだけでなく，以前は測定が困難だったスキルを評価する新たな可能性を示すものとして考えることができます。また，ICT は，21世紀に重要となる新しいスキルを育成します。私たちは必要とされるスキルを明確にする必要がありますが，それと同じく，児童生徒がどれだけそのスキルを獲得することができたのかを測定する方法を明確にする必要があります。過去10年間のいくつかの取り組みによって，様々な教科領域において，多様な方法で ICT を評価目的に利用できることが明らかにされています。以下の議論は，この分野における関連研究のレビューに基づいています。

教育評価は研究成果の蓄積が十分にある分野ですが，ICT を利用した評価が研究分野として出現してきたのは，この10年のことです（McFarlane, 2003）。学校における ICT のインフラが整備され，教師や児童生徒がハードウェア，ソフトウェア，ブロードバンドのインターネットを利用できるようになったことが 1 つの要因です。現在の研究では，ICT が従来の評価方法にどういう影響を与えるか，ICT が評価やスキルについてどのように新しい問題を提起するか，の両方が検討されています。例えば，第 2 回国際情報教育調査（Kozma, 2003）の一部として，ICT によって支援された革新的な教育実践が分析されています。いくつかの国々の教育実践では，ICT が導入されたことで，形成的評価法がこれまでよりも頻繁に利用されるようになった変化が示されています（Voogt and Pelgrum, 2003）。しかしながら，大半の教育実践では，新しい評価方法と古い評価方法が混在しています。というのも，学校は自分たちがコントロールできない国のスタンダードや教育制度とうまく折り合いをつけなくてはならない一方で，同時に，自分たちの目的のために別の評価方法を開発しなくてはならないからです。

ここ数年で，e アセスメントという用語が，広く知られるようになりました。e アセスメントに賛同する人々はよく，効率性というメリットやそれによる利得に注意を向けます。これらのメリットは，テスト作成のコスト，いろいろな場所でテスト問題を再利用できること，検出力の高い適応型テストの開発，あるいは児童生徒が受験したい時にいつでもテストを提供できるテスト管理システムの改善，などと関連しています。しかしながら，「e アセスメントを利用した効果的な教育実践（*Effective practice with e-assessment*）」という報告書（Whitelock et al., 2007）では，著者たちが，e アセスメントは「すでに今やっている方法の代用ではなく，それをはるかに超えたものだ」と結論づけています。この報告書は，e アセスメントが評価するスキルや知識の幅を広げること，これまでになかった診断情報を提供すること，学習の個別化を支援すること，などを，エビデンスや事例を示しながら説明しています（Ripley, 2007）。このように，e アセスメントには，教育を革新し，複雑な問題解決やコミュニケーション，チームワーク，創造性とイノベーションのような21世紀型スキルの開発を支援するためのテクノロ

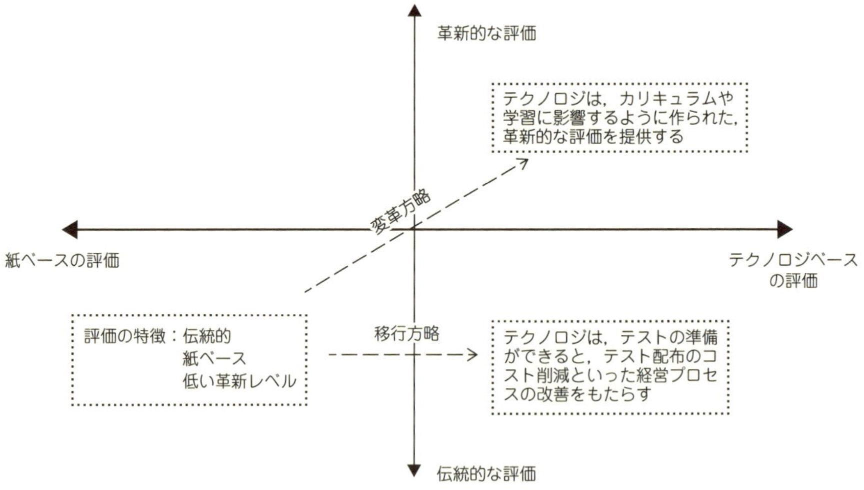

◯図2.2　e アセスメントの革新の次元

ジ利用のポテンシャルがあると考えています。

図2. 2は，経営効率と教育変革という2つの駆動力の対比を表現しています。左下の象限は，従来の評価を示しています。従来の評価とは，典型的には，年度ごとに実施される紙ベースの評価です。ほとんどの学校や大学で行われる評価はこのタイプです。左下の象限から右下の象限への変化は，紙ベースの評価がコンピュータスクリーンベースのものに移行するという移行方略を表しています。テストの配布はより効率的になりますが，評価は質的には変化していません。これに対して，右上の象限への変化は，変革方略を表しています。ここでは，カリキュラム設計や学習における革新に影響を与える（少なくとも革新を反映する）ようにつくられた革新的な評価を支援するためにテクノロジが利用されます。

ICT を利用した評価の移行方略

21世紀型スキルという概念には，私たちがよく知っている，情報処理や，探究，批判的思考，問題解決といった，何年もの間，学校での学習の中心であったスキルが含まれています。問題は，ICT がこれらのスキルとその評価をどのぐらい拡張あるいは変化できるのか，ということです。実際のところ，過去10年間に行われた評価の ICT 利用に関する研究は，その多くが，従来のスキルの評価の改善を扱ってきました。ここでいう改善とは，大規模テストの配布や採点処理に関する可能性や，パフォーマンスに対するフィードバックに学習者が簡単にアクセスできるようにする可能性，といったことでした。例えば，各教科領域における多肢選択式のテストの多くは，いまやオンライン上で行われます。ここでは，推論スキルや情報処理の伝統的なテスト，記憶，事実・情報の再生に焦点が当てられます。オンラインテストを利用することで，費用対効果がよくなり，テストにかかる時間を少なくできます。しかしながら，とりわけ，セキュリティ，不正行為，妥当性，信頼性など，オンライン環境において伝統的なスキルを評価するうえで浮上する懸案事項があります。

多くの国や州では，コンピュータベースのテストと紙ベースのテストの両方が含まれる「複式」のプログラムを採用しています。レイクスとハーディング（Raikes and Harding, 2003）は，アメリカのいくつかの州で行われている複式プログラムの事例を述べています。この事例では，児童生徒は，コンピュータベースのテストと紙ベースのテストを切り替えて回答します。レイクスとハーディングは，学校の技術的なキャパシティに影響されることなく公平に評価が実施される必要性があることを指摘し，時間をかけてパフォーマンスを比較できるようにするために突然の中断を回避する必要性を主張しています。それには，伝統的な外部試験において，コンピュータベースのテストと紙ベースのテストが同時に実施されるという移行期間が必要だと思われます。レイクスとハーディングは，従来の試験がコンピュータ化される前に，費用，テスト形式の等価性，セキュリティ，学校文化や環境の多様性，技術的信頼性といった問題を解決しなければならないと述べています。ベネット（Bennett, 2002）は，アメリカの複数の州で行われた先駆的な事例をメタ評価し，大半の州では，紙とペンで行うテストから，単純な評価課題でつくられたコンピュータベースのテストへと移行し始めていることを示しています。しかしながら，ベネットは「コンピュータを使う場合に多肢選択式のテストしかできないのであれば，これからの授業の中でのテクノロジの利用のあり方と評価とを十分に一致させることはできないであろう」（pp. 14-15）と結論づけています。

最近の評価実践の進展は，評価におけるICTの潜在的可能性をより直接的に示すものとしてみることができます。1つの事例は，オランダのスタンダードに基づく全国統一テストにおけるコンピュータの利用です。このテストは，単純な多肢選択式テストを上回るものとなっています。評価の領域は理科で，物理のテスト全体の40％に，モデル化，データのビデオ，データ処理，自動制御技術といったコンピュータの機能を使って問題を解くというテストが取り入れられています（Boeijen and Uijlings, 2004）。

紙とペンでのテストとコンピュータベースのテストを比較した研究のいくつかでは，後者のほうに問題点が多く，特にテストの妥当性についての問題があるといっています（Russell et al., 2003）。しかしながら，個々の問題レベルでは成績が大きく異なるため詳しい調査の必要がありますが（Johnson and Green, 2004），これらの研究は，2つの試験方法で生徒の成績にあまり差がみられないことも明らかにしています（Poggio et al., 2005）。児童生徒の事前のコンピュータ利用経験が違っていたり，コンピュータテストでは内容領域によって問題が異なる形で表現されたり実行されたりする可能性があります。これらは，テスト成績の妥当性に異なる影響を与えます（Russell et al., 2003）。紙とペンでのテストとコンピュータベースのテストのいずれにおいてもテストの成績が等しいという結果を出している研究がある一方で，コンピュータベースのテストが紙ベースのテストよりも難しい傾向にあるとする研究もあります。パムリッチ（Pommerich, 2004）は，紙ベースのテストをコンピュータ上で再現することが難しくなればなるほど，2つのテストモードの差異がより生じやすいと結論づけています。主に懸念すべき事項は，コンピュータベースのテストがすべての児童生徒のニーズに等しく合致するかどうかと，テストの方法論によって誰かが利益を得て別の誰かが不利益を被るかどうかです。

British Journal of Education Technology においてeアセスメントを取り上げた最近の特集号には，児童生徒の伝統的なスキルを様々な方法で評価した研究がいくつか掲載されています（Williams and Wong, 2009；Draper, 2009；Shephard, 2009）。

ICTの導入により，生徒の学習の進捗を形成的にモニターして評価する方法への関心をますます高めています。ファイル管理や，多様な表現のモードを利用できる可能性は，プロジェクト活動のような形成的評価に使える方法に対する関心の高まりをもたらしています（Kozma, 2003）。多くの国々においてデジタルポートフォリオの利用が増加していることは（McFarlane, 2003），いかに形成的評価の重要性が高まっているかを示す事例です。ポートフォリオ評価の利用は新しいものではなく，ICTがなかった時から行われています（ポートフォリオと達成の記録を取り上げた *Assessment in Education* の特集号1998, Koretz et al., 1998を参照）。しかしながら，デジタルツールの利用によって，ファイルの電子的送付や，他の資料へのハイパーリンク作成，文章・アニメーション・シミュレーション・動画などを組み合わせた多様な表現の可能性といった新しい質的な変革がもたらされ，この種の評価がさらに成熟してきています。形成的評価のツールとしてデジタルポートフォリオと紙ベースのポートフォリオを比較すると，デジタルポートフォリオによって，教師は容易に文書を記録し，児童生徒の学習の進捗を把握し，児童生徒の宿題にコメントすることができます。さらに，デジタルポートフォリオは，児童生徒がつくった成果物や進渉のドキュメンテーションとして，総括的評価にも利用することができます。これにより児童生徒の学習を報告したり表現したりする際の選択や多様性を高めます（Woodward and Nanlohy, 2004）。この研究は，コラボレーション（チームワーク）や自己制御学習のスキルの向上も示唆しています。関連研究では，多くの国々のカリキュラムで児童生徒のコンピテンシーの1つとして強調されている批判的思考を取り上げています。ICTを評価へ応用する際に必要なのは，妥当性と信頼性のある方法で児童生徒の到達を可視化する新しい方法を探究することです（Gipps and Stobart, 2003；また，Thai school project, critical thinking skills, Rumpagaporn and Darmawan, 2007も参照のこと）。

まとめると，より伝統的なスキルの測定に関しては，研究開発は大規模テストの配信において，学校教育の様々な段階における知識のレベルの情報を管理したり，それらの知識をマッピングする方向で進められています。この意味で情報リテラシーは，それ自体でコンピテンスの重要な領域になってきています。インターネット上の情報源との関連については，なおさらです。ICTは，期待されるスキルの測定を伝統的な方法でより効果的にするのと同じように，評価をより効率的にする重要な道具とみなされています。

ICTを利用した評価の変革方略

変革をもたらすｅアセスメントの事例はほとんどありませんが，この種の評価について研究・投資する必要性に関して説得力ある事例を提供する研究プロジェクトがあります。そこではICTを利用することで評価を変革し，ひいては学習をも変革するという，刺激的で優れた事例があります。ｅアセスメントの領域で変化しているのはユーザビリティ（使いやすさ）です。以前はｅアセスメントを行うために第三者や技術専門スタッフが多くの準備作業を行う必要がありましたが，利用者に対して自分でｅアセスメントを作成して実施できるようなソフトウェアがしだいに多く提供されるようになってきています。また，新しいテクノロジは，メタ認知，創造性，コミュニケーション，学び方の学習，生涯学習スキルといった「アクセスできないものを評価する」（Nunes et al., 2003）ことへの関心をつくり出しています（Anderson, 2009；Deakin Crick et al., 2004）。以下では，従来のテストでは評価が困難だった，あるいはまったく評価しなかった複雑なスキルについて，その評価に取り組んでいる研究をレビューします。

イギリス情報システム合同委員会（Joint Information Systems Committee：JISC）によって始まった，「先進的なｅアセスメント技術のレビュープロジェクト」では，まず何が先進的な技術を構成するのかを検討することから始まりました。「先進的」とは，ある領域で使われている技術を，評価ツールをつくる目的でうまく適用することができたものをさします。「先進的」とは，「新しさ」を必ずしも含むわけではありません。このプロジェクトは100以上にものぼる「先進的」なｅアセスメント開発プロジェクトをリストアップしました。そして，徹底的なレビューを通して，これまでほとんど知られていなかった先進的なｅアセスメント開発プロジェクトが日の目を浴びることになったのは驚くべきことでした。ｅアセスメントを利用する専門家のコミュニティは小さいのですが，ｅアセスメントの普及やさらなる革新的アプローチを発展させることに影響を与え続けるでしょう。イギリスにおいて開発された先進的ｅアセスメントの簡単な説明を，図2.3に示しておきます。

ｅアセスメントの進展の重要な側面の１つに，ICTによって評価・測定する対象に新たな展開がもたらされたことです。例えば，マルチモダリティ（多様な情報手段，文字，音，画像など），あるいは，ガンター・クレス（Gunter Kress, 2003）

4つのICTスキルが評価されます。
1. いろいろなことを調べる―適切な情報源を選択して，目的に合致した情報を入手する，あるいは，調べた情報のもっともらしさや，価値を問う
2. アイディアを出して，それを実行する―ICTを利用して出来事を測定・記録したり，出来事に対応したり，出来事を制御したりする
3. 情報を交換・共有する―Webパブリッシングやビデオ会議のように，ICTを利用して情報を共有・交換する
4. 進捗中の作業をレビュー・修正・評価する―自分自身や他者のICT利用について批判的に振り返る

児童生徒がテストに回答するためのシミュレーション環境を提供します。児童生徒が使うソフトウェアやツールを備えたデスクトップ環境，ICTを利用した問題解決において，成果よりもプロセスを重視して児童生徒のパフォーマンスを得点化する新しい方法，あらゆる児童生徒がテストにアクセスできる新しい方法が備わっています。1つの例をあげます。地元のニュースWebサイトの編集長から送信されたという状況設定で，児童生徒に電子メールが届きます。電子メールの内容は，地元の求人情報を調査したり，Webサイトの求人ページをつくったりすることを依頼するというものです。この課題を達成するために，児童生徒は，Web検索したり，求人情報を送ってもらうために架空の会社に電子メールを送ったりする必要があるでしょう。入手できる情報の範囲と質は多様ですが，現実のWeb情報を反映しています。課題に取り組む間，児童生徒には，編集長からさらなる依頼が届きます。おそらく，締め切りを変更したとか，依頼内容が追加されたとかという内容でしょう。児童生徒が課題を遂行するために行う作業は，自動的に採点されます。

このプロジェクトは，21世紀型スキルのコンピュータベースの評価を開発するうえで，それが実際に可能であることを示すとともに，次のような大きな壁やチャレンジすべき課題があることを明らかにしました。
・児童生徒の回答を測定するための心理統計アプローチを開発すること。児童生徒の学習プロセスに関する情報を収集するように評価は設計されるので，データを収集したうえで，これらのプロセスに関する要約記述をつくったり，分析を行うための方法が必要になる。
・広範囲のハイステイクスなコンピュータベースのテストを支援するように，学校の技術インフラを合致させること。
・多数の専門家，教師，児童生徒，保護者，政策関係者に対して，新しいアプローチを導入するために効果的にコミュニケーションをすること。これらの人々はすべて，テストを評価することについて古典的な考え方をもっているためです。

◯図2.3　イギリスにおける14歳のICTスキルの革新的な評価

が言うマルチモーダル・リテラシーについて考えてみてください。ICTによって提供される様々なモードやモダリティを利用することで，創造性，問題解決，批判的思考のようなスキルはいかに多様に表現されるでしょうか。今までのところ結論を出すような研究はまだ出ていませんが，可視化やシミュレーションの利用の増加は，ICTが様々なスキルの測定にいかに影響を与えるかという事例です。

とりわけ，創造性は，21世紀型スキルの鍵ともいえるスキルで，重要性が高まっている研究領域です（Wegerif and Dawes, 2004, p. 57）。例えば，Web2.0テクノロジは，ユーザーが新しいやり方でコンテンツを作成したり共有したりするこ

とを可能にしています。ユーザーによるコンテンツ作成や「リミックス」(Lessig, 2008) が可能になり，学習のための情報・内容の提供や「教科書」の役割に対して変化が起こり，教師と児童生徒の間にある伝統的な関係も変わるような，創造的で挑戦的な実践が行われるようになってきています (Erstad, 2008)。教育における新しいデジタルメディアの利用は，分析的思考とは異なる創造的思考を評価することと関連してきています(Ridgway et al., 2004)。デジタルカメラや様々なソフトウェアによって，児童生徒が容易に自分たちの作品を見せたり，振り返ったりできます。しかしながら，創造性に関する議論で問題となっていることの1つに，どのような領域のスキルを必要とするのかを明確に示されることなく，たいていは単純化された素朴なイメージがもたれ，創造的個人 (Banaji and Burn, 2007) という非現実的なコンセプトで表現されてしまうことがあることです。それゆえ，児童生徒の創造性の評価は難しいことがわかっています。ハーレンとディーキン・クリック (Harlen and Deakin Crick, 2003) は，創造的思考や批判的思考のスキルを評価するためのICT利用が児童生徒や教師に対して与える影響について体系的なレビューを行っていますが，その中で，創造的思考や批判的思考のスキルが，生涯学習や，急速に変化する社会で生きる準備のために重要だと考えると，評価方法の中で創造的思考や批判的思考が無視されてしまうことが懸念されると議論しています。彼らのレビューでは，この問題に関する研究が相当欠如しており，より戦略的な研究が必要であると議論されています。

第2の重要な研究領域は，問題解決・創造的実践・コミュニケーションにおけるコラボレーションをデジタルツールが支援する方法に関するものです。多数の事例が，コンピュータベースの協調学習環境が児童生徒の学習や探究プロセスをどのように促進することができるかを示しています (Wasson et al., 2003；Laurillard, 2009)。協調的問題解決スキルは，こんにちの社会で仕事や学校で成功するために必要な要素だと考えられています。個人やチームが何をしているのかに関する情報が内容知識など認知的側面と総合的に扱われるならば，オンラインで協調的問題解決をするという課題は，そのスキルを測定する新たなチャンスとなります。児童生徒は文書やファイルを相互に送り合うことができますし，そうして共同で課題に取り組むことができます。しかし，オンラインの測定を下支えするインタフェースデザインの機能や，オンラインの文脈において協調的問題解決を評価する方法といった検討課題が出てきています (O'Neil et al., 2003)。Web ベースの相互評価方略に関する研究事例もあります (Lee et al., 2006)。相互評価は，児童生徒が学習者と同時に評価者という立場に自分の身を置く，革新的な評価方法だと考えられています (Lin et al., 2001)。これは，ライティング，経営学，科学，工学，医学といった様々な分野において利用され，成功を収めています。

第 3 の研究領域は高次思考スキルで，これはICTがいかに評価を革新するかについて重要な示唆をもたらしています。リッジウェイとマッカスカー（Ridgway and McCusker, 2003）は，コンピュータが評価に対していかに特別な貢献ができるのかを示しています。彼らは，コンピュータが時間の経過とともにいくつかの変数の変化を動的に表示することができるので，新しい種類の課題を提供することが可能になると指摘しています。そして，こうしたコンピュータで提供される課題やツールが様々な年齢集団の複雑な問題解決活動をいかに支援するかを示すため，ワールドクラスアリーナ（www.worldclassarena.org）の事例を引用しています。その事例からは，児童生徒がバーチャル実験室や問題解決方略を検証するためのゲームといったマイクロワールドをつくり，隠れたルールや関係性を発見しようと探究するのを，コンピュータがどのように促しているかがわかります。コンピュータを使うことで，紙のうえでは作業することが難しかったタイプの複雑なデータセットを使いながら，児童生徒が作業することができるようになっています。コンピュータシミュレーションのようなツールを使えば，同様に，児童生徒が何を知っており何ができるのか，従来のテスト方法よりも詳しく理解できるようになります（Bennett et al., 2003）。リッジウェイとマッカスカー（2003）などが報告している知見は，児童生徒がコンピュータベースの課題に取り組み，そこで発揮するパフォーマンスが高いという，ポジティブなものです。ですが，リッジウェイとマッカスカーは，児童生徒がいまだ説明スキルや推論スキルではなく正解することを結果として評価する古いテスト状況に慣れているために，児童生徒がこれらの方略やスキルに適応しづらい，という知見も見いだしています。

知識構築という考え方は，これまで概観してきたことと関連して興味深い新たな研究領域です。これは，スカーダマリアとベライター（Scardamalia and Bereiter, 2006；本書第 3 章も参照）が提案した考え方です。スカーダマリアとベライターは，ナレッジフォーラム（Knowledge Forum）という協調学習のためのテクノロジを使ったプラットフォームを開発する中で，従来では評価することが困難であった児童生徒の学習プロセスを評価しています。このプラットフォームは，児童生徒がお互いのノートに自分の意見をビルドオン（貢献）することで，集団での推論や問題解決を可能にしています。しばしば，様々な地域や国々の学校間のコラボレーションの活動が，ナレッジフォーラムを使って行われます。集団での推論や問題解決に関するスキルを扱った研究や，オンラインでそれらのスキルを測定するためのツールに関する研究がありますが，以下のようなものが，その主要な研究テーマとなっています。

・個人の達成よりも共同体としての知識の発展
・正当化された信念よりも，アイディアの向上としての知識の発展
・何かについての知識ではなく，何かがわかる（できる）
・討論よりも，協調的問題解決としての対話
・信頼できる情報の建設的利用
・創発としての理解

同様のポイントを，イギリスのマーサーとワーウィックたちの研究チームも指摘しています（Mercer and Littleton, 2007）。彼らは「共同思考」に関する研究を行っており，彼らが「探究的会話」とよぶ，思考のための言語をどのように構築しているのかを研究しています。この目的を達成するために，他のリソースと一緒に使うコンピュータやソフトウェアが開発されています。ウェゲリフとドーズ（Wegerif and Dawes, 2004, p. 59）は，「共同思考」アプローチを次の4点に要約しています。これら一つひとつは，教師にとって非常に重要だと考えられています。

・授業では，思考を促進するための会話スキルの教授と学習が明確に行われる。
・コンピュータは，子どもたちがこれらの会話スキルを利用するうえで足場かけする目的で，かつカリキュラムの領域でそうしたスキルを結びつけるために利用される。
・授業の最初と最後に行うクラス全体の話し合いは，対話と思考の目的を強調するのと同時に進捗を見直すための思考のために使われる。
・グループワークにおける教師の支援は，探究的会話の手本となるように行われる。

ここまでの事例を通して，ICT が評価（とりわけ形成的な評価）の開発において変革方略をいかに表しているか，複雑な ICT ツールによって紙とペンでは評価が困難であったスキルの評価をどのように可能にするかを概観してきました。マクファーレン（McFarlane, 2001）は，「ICT の利用は，問題解決能力・批判的思考スキル・情報処理能力といった，優れた学習者が備えると望ましい様々な特性に対して，よい影響を与えると考えられます」（p. 230）と述べています。そ

うしたスキルは，伝統的なテストや紙ベースの評価が測定してきたスキルよりも，情報化社会で必要とされることや，生涯学習に重点を置くことと，深く関連しているといえるでしょう。

21世紀型スキルのフレームワークと評価モデルへの到達

本節では，21世紀型スキルの大規模評価を開発するモデルとして使えるフレームワークを説明します。このフレームワークのモデル化のため，入手可能な数々のカリキュラムと，21世紀型スキルや世界中で開発されている様々なスキルを評価するためのフレームワークを比較しました。私たちはそれらがどの程度異なるかだけでなく，どの程度これらのフレームワークが21世紀型の学習成果を測定可能な形で記述しているかを見るために分析を行いました。分析結果に基づき，21世紀型スキルに必要なものとして具現化した10個の重要なスキルを見いだしました。各スキルの**知識**，**技能**，**態度・価値・倫理**の側面を考慮し，定めたフレームワークがどの程度スキルを測定可能な形で記述しているかを，分析しました。このフレームワークを，Knowledge, Skill, Attitude, Value, Ethics の頭文字を取って **KSAVE** フレームワークとよぶことにしました。以下でより詳細に見ていきます。

既存の21世紀型スキルのフレームワーク

世界中の多くの組織が，それぞれ21世紀型スキルに対するフレームワークを開発しています。その分析のために，私たちは次ページの表でリスト化されたフレームワークを検討していきました。現在実施されている21世紀型カリキュラムがどれくらいの数存在し，どこまで射程に入れているかを調査するため，10個のKSAVE スキルの側面がナショナルカリキュラムに組み込まれている教育制度に関して，広範囲な調査を行いました。調査は「ナショナル」カリキュラム，「21世紀型の学習」への言及，「スキル」や「コンピテンシーに基づく」スタンダードへの言及を対象として行いました。ナショナルカリキュラムを詳細に定義している国は比較的少ないのですが，多くの国では，国家の目標や教育制度がめざすことは述べられています。自分たちのナショナルカリキュラムを詳しくレビューしている国は徐々に増えています。逆に，ナショナルカリキュラムの作成に初めて取り組んでいる国は少ないです。「21世紀の学習ニーズ」は，新しく改訂され

◎表2.1　21世紀型スキルに関する関連資料の出典

国・地域	文書名
EU（欧州連合）	「生涯学習のキーコンピテンシー――ヨーロッパ参照枠」（2004年11月） 欧州議会と欧州連合理事会による生涯学習のためのキーコンピテンシーに関する提言（2006年12月18日） "Education and Training 2010" のワーク・プログラムの実施 http://eur-lex.europa.eu/LexUriServ/LexUriServ.do?uri=OJ : L : 2006 : 394 : 0010 : 0018 : en : PDF
OECD（経済協力開発機構）	New Millennium Learners Project：私たちのICTと学習に関する見方の変革 http://www.oecd.org/innovation/centreforeducationalresearchandinnovationceri-newmillenniumlearners.htm
アメリカ（21世紀型スキルのためのパートナーシップ：P21）	P21フレームワークの定義 P21フレームワークの概説 http://www.p21.org/storage/documents/P21_Framework_Definitions.pdf
日本	教育テスト研究センター（CRET） www.cret.or.jp
オーストラリア	「オーストラリアの若年層の教育目標に関するメルボルン宣言」 www.mceecdya.edu.au/verve/_resources/National_Declaration_on_the_Educational_Goals_for_Young_Australians.pdf
スコットランド	世界トップクラスになるためのカリキュラム―4つの能力 http://www.educationscotland.gov.uk/thecurriculum/whatiscurriculumforexcellence/thepurposeofthecurriculum/index.asp
イングランド	*The learning journey*
イングランド	「個人の学習と思考スキル―イギリスのナショナルカリキュラム」 http://webarchive.nationalarchives.gov.uk/20110223175304/http://curriculum.qcda.gov.uk/uploads/PLTS_framework_tcm8-1811.pdf
北アイルランド	「クロスカリキュラムのスキルの評価」 http://www.nicurriculum.org.uk/key_stages_1_and_2/assessment/assessing_cross-curricular_skills/index.asp
国際教育工学協会（ISTE）	「児童生徒のための全米教育工学スタンダード（NETS・S）（第2版），デジタル時代のグローバルラーニング」 http://www.iste.org/standards.aspx
アメリカ（全米アカデミーズ，21世紀の科学）	「科学教育と21世紀型スキル育成との接点を探る」 http://www7.nationalacademies.org/bota/Assessment_of_21st_Century_Skills_Homepage.html
アメリカ（労働省）	コンピテンシー・モデル： 「文献レビュー」 「労働省雇用・訓練局（ETA）の役割」（Michelle R. Ennis）

たこれらのカリキュラムの関係資料によく含まれています。表2.1に，関連資料の出典をあげています。

少数の例外はありますが，21世紀型の知識，技能，学習者の態度や属性に関する記述は，教育目標に関する包括的な記述の中に含まれています。これらは全般的に短い説明ではありますが，こうした変化が必要な理由がきちんと書かれています。例えば，新しい産業，商業，テクノロジ，経済構造に対応した教育の必要性，新しい社会的相互作用とコミュニケーションスキルの必要性，想像力や創造力や独創力の必要性，仕事を通して学び続ける必要性，国と文化の価値を維持する必要性，国際的でグローバルな環境において仕事をする必要性の増加，などへの言及です。私たちが調査した中には，国の制度によるフレームワークやカリキュラムがありますが，カリキュラムスタンダードに関する詳細な記述や明確な説明がなされたものは，ほとんどありません。同様に，もしそのフレームワークに示されたより広範な目的が実現された場合に，学習者が経験するカリキュラムが実際どのようになるのかも，ほとんど説明されてはいません。

レビューしたカリキュラムは，すべて教科の構造を維持しています。この構造がカリキュラムデザインの根幹を形成しています。教科名の下に位置づけられる学習項目の名称と分類は国ごとに微妙に違いますが，コアカリキュラム（母国語，数学，理科）という一般的な学習の原理は共通しています。多くのナショナル・カリキュラムにおいて，ICTに関するスキルはこのコアカリキュラムに位置づけられるようになってきています。一方で，歴史，特にその国の歴史や，しばしば宗教を含むその土地の文化に関する学習はそれほど優先的に考えられていません。「芸術」や「人文学」のような他の教科は，個々にもしくはまとめて記述されています。今のところ，21世紀型スキルを教えることは学校のカリキュラムを構成する教科の教育に埋め込まれています。批判的思考力や創造性などのスキルが数学や理科などの関連教科のスキルと共通の特徴をもっているかどうかは明確ではありません。ましてや科学・技術・工学・数学領域のスキルや芸術・人文分野のスキルとの共通の特徴についてはもっと明確ではありません。しかしながら，情報リテラシーやICTリテラシーなどの他のスキルについてはこれらが転移可能であるとよく議論されています。スキルの一般化と転移可能性に関するこれらの問題は，さらに深く研究すべき課題です。

私たちが検討したフレームワークの中で，21世紀型の学習目標に言及されている箇所は，たいてい，21世紀型の学習目標がいかに達成されるかについて，あるいは，個々の教科がこの達成のために何の役割を担うのかについて詳しく書かれておらず，単に，21世紀型の学習目標は教科内や教科間で教えられる，とだけ書かれています。この詳細が深く記述されなければ，前述の国々が21世紀の学習目標に関して記述したことは，児童生徒が実際に経験する学習や受ける評価には反映されないと思われます。21世紀型の学習目標を適切に評価することは，教える際に必要となりますが，優れた評価がなければ，いつ，どのようにして，多くの学習者にとって意味のある形で教育システムを変革していけばよいかを理解することは難しいです。

KSAVE モデル

21世紀型スキルのフレームワークの分析を構造化するために，包括的な概念図表を作成しました。この図は4つのカテゴリーに分類される10個のスキルを定義しています。

思考の方法

1．創造性とイノベーション
2．批判的思考，問題解決，意思決定
3．学び方の学習，メタ認知

働く方法

4．コミュニケーション
5．コラボレーション（チームワーク）

働くためのツール

6．情報リテラシー（ソース，証拠，バイアスに関する研究を含む）
7．ICT リテラシー

世界の中で生きる

8．地域とグローバルのよい市民であること（シチズンシップ）
9．人生とキャリア発達
10．個人の責任と社会的責任（異文化理解と異文化適応能力を含む）

これまでに概観してきた一連のフレームワークのそれぞれは，スキルの記述・分類の仕方は大きく違っていました。しかしながら，上述した10個のスキルは，それらを包括するような，十分に幅広い大局的なものになっていると考えています。私たちは早い段階で，21世紀型スキルのためのフレームワークの中身がかなり異なることに気づきました。いくつかのフレームワークでは，児童生徒の行動を定義しようとしています。例えば，創造性の一側面として「新しい考え方に対して柔軟で敏感であること」が含まれているかもしれません。他のフレームワークでは広範囲にわたってスキルについて言及しています。例えば，創造性は「革新的で創造的な考え方を生み出す」ための能力だと書かれているかもしれません。いくつかのフレームワークでは，新たな分類として特定の知識にふれられています。例えば，創造性については「アイディアを創造する技法に関する幅広い知識」とされているかもしれません。いくつかのフレームワークは，行動・技能・知識のカテゴリーのうち，2 種類以上のカテゴリーをカバーしています。3 種類のカテゴリーすべてを総合的にカバーしているフレームワークは，ほとんどありません。このようなフレームワークの違いをふまえつつ対応するために，我々は KSAVE モデルの中に 3 つのカテゴリーを設定しました。なおこのモデルでは，21世紀型スキルが個々の教科の中で扱われる知識・技能・態度なのか，教科を跨いで一般的に扱われるものなのかという問題を解決しているわけではありません。この点に留意してください。

知識：このカテゴリーには，10個のスキルそれぞれに要求される特定の知識や理解のために必要な内容が含まれています。

技能：このカテゴリーには，児童生徒の能力・スキル・プロセスが含まれています。カリキュラムフレームワークはこれらの能力・スキル・プロセスを育成するように設計され学習に焦点を当てたものとなっています。

態度・価値・倫理：このカテゴリーには，21世紀型スキルの一つひとつに関係するような児童生徒の行動や適性に言及しています。

21世紀型スキルのフレームワークをきちんと分析するために採用した方法は，各国のフレームワークで使用されていた語句を KSAVE のグリッドの中に入れることでした。その語句が元のフレームワークでどのように利用されていたのかがわかるように，できるだけ配慮しました。知識，技能，態度・価値・倫理の各カテゴリーと特定の語句を関連づけて，各カテゴリーに特定の語句を割り当てるかどうかについても検討しました。同じ語句であるにもかかわらず，技能のカテゴリーに割り当てられたり，態度・価値・倫理に割り当てられたりする，というケースもいくつかあります。

21世紀型スキルは大きく 4 種類に分類されます。以下では，この分類ごとにスキルを紹介しながら，分類の背後にある考え方について解説します。それに加え，何が可能かを見定めるために，どのようにしてスキルを測定し得るのか，具体例を提示していきます。これらの例を見ることで，21世紀型スキルを測定するために何が必要であるかについて，その一端をご紹介します。

思考の方法

「思考の方法」に分類されている3つのスキルは，人の思考を概念化して示しています。これらのスキルは高次の思考スキルを重視するものですが，記憶再生や推論といった単純なスキルも含まれています。かなりの集中力と深い内省が必要になるという点がこれらのスキルの大きな特徴になっています。

●創造性とイノベーション

表2.2は創造性とイノベーションの操作的定義を示したものです。創造性とイノベーションは論理的には同じものとして分類できますが，これらは異なる学派から生まれています。創造性は，認知心理学者の関心が集められています。一方イノベーションは，経済学のように，改善，発展，新しい製品やアイディアの提供といった目標をもつ学問とより密接に関連しています。創造性とイノベーションは双方とも測定することが非常に困難です。測定にはインタラクティブな環境を必要としますが，大規模評価の中で割り当てられる短時間では実行できず，評価課題に対する児童生徒の反応や回答に対するよい評価基準もありません。

創造性は1つの思考スキルだと説明されることが多く，少なくとも，伸ばすべき重要な思考の側面といわれます（Wegerif and Dawes, 2004, p. 57）。テクノロジ，学習，創造性の間の関係の文献レビューの中でラブレス（Loveless, 2007）は，テクノロジを使うことで，子どもたちは多様なメディアを使って創造性を発揮する機会を与えられ，すばやく，簡単に質の高い成果をつくり出すことがどれだけできるようになったかを示しています。ラブレスによると，教室で創造性を発揮するよう促すために，教師は，子どもたちが安心して自分たちのアイディアで遊んだり，リスクを取っても大丈夫と感じる雰囲気をつくる必要があるといいます。

ここまで述べたように，創造性の評価が困難なことは明らかですが，新しいデジタルメディアの利用は，分析的思考とは異なる創造的思考の評価と関連してきます（Ridgway et al., 2004）。例えば，デジタルカメラや様々なソフトウェアを使って，児童生徒は容易に作品を他の人に見せたり，振り返ったりできます。学校のカリキュラムの多くの教科で，児童生徒は様々な成果物を求められます（Sefton-Green and Sinker, 2000）。例えば，美術における絵画，英語における創造的な作文，演劇における演技，音楽における収録，メディア研究におけるビデオ，複数の教科におけるマルチメディアでの「デジタル作品」などです。ICTがこれらの成果物の評価にどのように影響を与えているかについての事例はそう多

○表2.2 思考の方法—創造性とイノベーション

知識	技能	態度・価値・倫理
他者と一緒に創造的に考えたり創造的に働いたりする ・いろいろなアイディア創造の技術を知る（ブレインストーミングなど） ・自国内や自文化の中で過去になされた発明・創造性・イノベーションがあることを知っている。過去に国境を越え，異文化間でなされた発明・創造性・イノベーションがあることを知っている ・新しいアイディアを採用する際には現実的な制約があることを知る。また，より受け入れやすい形でアイディアを表現する方法について知る ・失敗に気づく方法を知ること。どうやっても克服できない失敗と，乗り越えることができる困難を区別する方法について知る イノベーションを実行する ・どこでどのようにイノベーションが影響を与えるのか，どの分野でイノベーションが起きるのかを意識して理解している ・イノベーションや創造性に対する歴史的，文化的な壁に気づく	創造的に考える ・新しく，価値のあるアイディアを創造する（漸進的なアイディアと急進的なアイディアの両方） ・創造的な活動を改善して最大限に高めるために，自分自身のアイディアを詳しく説明し，洗練し，分析し，評価できるようになる 他者と創造的に働く ・他者に対して効果的に，新しいアイディアをつくったり，実行したり，伝えたりする ・イノベーションと創造性に対する歴史的，文化的な壁に敏感になる イノベーションを実行する ・インパクトがあって採用されるような，革新的で創造的なアイディアをつくる	創造的に考える ・新しく，価値のあるアイディアに対して，偏見をもたないでいる（漸進的なアイディアと急進的なアイディアの両方） 他者と創造的に働く ・新しい見方・考え方や多様な見方・考え方に対して柔軟かつ敏感であること。グループで学んだこととフィードバックを自分たちの取り組みに取り入れる ・失敗を学習の機会とみなすこと。創造性とイノベーションは小さな成功と頻繁な失敗が長期にわたって繰り返されるプロセスであると理解する イノベーションを実行する ・新しいアイディアを粘り強く提示したり推進したりする

くはありません。

eSCAPE

eSCAPEプロジェクトは，創造性とイノベーションを直接テストするわけではありませんが，その領域のいくつかの側面をテストしています。特に，インパクトがある形で革新的で創造的なアイディアをつくる能力や，新しいアイディアを粘り強く提示・推進する力をどのようにテストできるのかを垣間見ることができます。

イングランドでは長年，16歳の生徒が対象の学校試験には，「デザインとテクノロジ」という選択評価が含まれています。伝統的にこの試験では，生徒に対して100時間を越えるデザイン・プロジェクトを課し，それを完成させてレポートを提出させます。このレポートが評価されます。

2001年，資格・カリキュラム局（the Qualifications and Curriculum Authority）はロンドンにあるゴールドスミス大学のテクノロジ教育研究部（the Technology Education Research Unit（TERU））に対し，紙を使った伝統的な評価方法の代わりになる，テクノロジを使った評価方法の開発を依頼しました。その結果，6時間で評価することができる方法が生まれました。それは，デザイン・ワークショップで，生徒が3人1組または4人1組となって作業するというものです。6時間のコースの最中，生徒は評価に関する指示と情報を，1人1台配られるポータブル・デバイスを通して段階的に与えられます。このデバイスは，ビデオ，カメラ，声，スケッチパッド，キーボードを用いて，評価のためのエビデンスを集める道具としての役目も果たします。6時間の間，生徒はデザインのプロトタイプをつくり上げていきますが，その際にこのデバイスが進捗状況，他者とのやりとり，自分自身の振り返りの記録を提供してくれます。

評価の最後では，そのためのエビデンスが順番に，簡単なマルチメディアポートフォリオとして並べられます。採点者が一人ひとりの生徒の成績を付けるため，このポートフォリオを見ます。eSCAPEのディレクターは，生徒の作品の善し悪しを総合的に判断するために，サーストン（Thurstone, 1927）の論文を調べて，2つの作品を比較しながら採点するという方法を開発しました。この方法は，たくさんの作品の評価をするうえで，評価者を支援します。その結果，評価の信頼性は，多肢選択式テストの信頼性と同等もしくはやや上回るほどになりました。

●批判的思考・問題解決・意思決定

表2.3は批判的思考と問題解決の操作的定義を示したものです。批判的思考と問題解決は世界各地のカリキュラムの中でますます重要な要素になってきています。イギリスには，批判的思考に関する高校の資格試験があることが，よく知られています。アメリカでは，アメリカ哲学協会が批判的思考に関する「デルファイ報告書（Delphi Report）」を出版しています（Facione, 1990）。この報告書では，解釈，分析，評価，推論，説明，自己制御という6つの認知的思考スキルが示されています。このフレームワークは入念につくられており，生徒は研究好きであるべき，十分に情報が与えられるべき，広い心をもつべき，公平であるべき，柔軟であるべき，正直であるべき，という態度や価値に基づく基準が含まれてい

◎表2.3　思考の方法─批判的思考・問題解決・意思決定

知識	技能	態度・価値・倫理
効果的に推論し，システム思考で，証拠を評価する ・未知の問題に取り組む際に，その仕組みと方略を理解する ・意見を生成する際に証拠が重要だということを理解する。相反する証拠が提示された際には，自分の意見を再評価する 問題を解決する ・どういう知識が足りないかを見いだす ・多様な観点を明確にし，よりよい解決策につながる意味のある質問を投げかける 明確化 ・各自の調査結果を明確に説明する	効果的に推論する ・状況に適した推論（帰納，演繹など）を使う システム思考を使う ・複雑系において，系全体のふるまいが見えるようにするため，各部分がどのように相互作用しているかを分析する。アイディアを検証し，議論すべきことを確認し，分析する ・情報と議論の関係性をつくり，統合する ・情報を解釈し，最も優れた分析をもとに結論を出す。情報を分類し，解読し，明確にする ・証拠，議論，主張，信念を効果的に分析して評価する ・自分とは異なる見解のうち，主要なものを分析して評価する ・評価する。主張や議論を評価する ・推測する。証拠に疑問を抱き，別の可能性を推測し，結論を出す ・説明する。結果を述べ，手続きを正当化し，議論を提示する ・自己制御する，自己診断する，自己修正する	根拠のある判断と意思決定を行う ・自分とは異なる見解のうち，主要なものを検討し，評価する ・学習の経験やプロセスを批判的に振り返る ・これらの振り返りを意思決定に組み入れる 問題を解決する ・なじみがない，型破りで，革新的な問題解決策やその方法を偏見なく受け入れる ・多様な観点を明確にし，よりよい解決策につながる意味のある質問を投げかける 態度に関する性質 ・推論を信じようとする ・より見聞を広めるために知的好奇心と関心をもつ ・偏見なく，公平な精神をもつ ・柔軟で正直である ・ICTを使う機会に対して注意を払う ・推論を信頼し，自信をもつ ・偏見なく，公平な精神で，自分とは異なる意見に対して柔軟に考慮する ・各自のバイアスを誠実に評価する ・正当な理由があれば，自分の考え方を厭わずに再考したり修正したりする

ます。また，デルファイ報告書のあとに行われた研究によると，批判的に思考するということの意味の中に含まれる重要なものの１つに「理性を信頼する」（デルファイ報告書の主要な発見の１つ）ことがあるということもわかりました。

創造性とイノベーションとは異なり，批判的思考，問題解決，意思決定は時間をかけて大規模評価が行われています。批判的思考は，アメリカの全米学力調査（National Assessment of Educational Progress）や OECD の PISA で，読解力，数学的リテラシー，科学的リテラシーの評価の一部によく登場します。

問題解決はここ数十年，研究としても注目され，多くの定義やフレームワークが提案されています。さらに，PISA や ALL（成人のリテラシーと生涯学習のスキル調査；the Adult Literacy and Lifelong Learning Skills）のように，様々な大規模国際調査の中でも，いろいろな形で登場します。これらの調査では，児童生徒が証拠や議論や主張や正当な理由をどの程度評価できるようになったか，情報と議論をどの程度統合したり関連づけられるようになったか，異なる考え方をどの程度分析し評価できるようになったかが測定できる項目が含まれています。2003年の ALL では，プロジェクトベースの問題解決に焦点が当てられました。この問題解決は，プロジェクト指向で，分析的な推論に非常によく似たものでした。数学や理科では，問題解決課題が，2000年に始まった PISA の評価の一部となっています。2003年の PISA では，意思決定，システム的な分析とデザイン（とトラブルシューティング）を含む３種類の問題解決に関する調査問題が開発されました。2012年版の PISA では，PISA2003の調査問題よりも大きく進化して，生徒の回答に応じてダイナミックに調査項目が変更できるものになっています。これは2011年の OECD の PIAAC（国際成人力調査）と関連しているのですが，テクノロジを使って問題解決を測定することになっています。

これからあげる事例は，21世紀型の評価の方向性を示すものです。第１の例はアメリカの「プリームム（Primum）」で，真正性の高いオープンエンド課題を取り扱っていますが，自動採点できるというものです。第２の例は「ワールドクラステスト（World Class Tests）」で，数学，理科，デザインとテクノロジといった科目で高度に革新的な問題解決課題を出題します。それは児童生徒にとってなじみのないデザインがされており（現行のテストの多くはありふれていて予測可能な問題です），興味深くて，やる気の出る，挑戦したいと思える問題です。数学・理科・デザインといった個々の教科の中で，最適化や可視化といった問題解決の特定の側面に焦点が当てられています。こうした課題をみると，コンピュータ上のテストにおいて，５～10分の時間ながらも，インタラクティブで，あたかも本物のような，複雑な問題解決を取り入れることが可能だという期待ができます。第3の例もアメリカです。「バーチャル・パフォーマンス評価プロジェクト (The Virtual Performance Assessment (VPA) project)」は，全米科学教育スタンダード (NRC, 1996) で定義された科学的探究の知識やスキルを測定するために，バーチャルなパフォーマンス評価を行うため，没入型テクノロジを使った学習環境の利用可能性を検討しています。

プリームム (Primum)

eアセスメントを推進している人々の中には，シミュレーションやシナリオベースの評価を支援するコンピュータの可能性に注目している人たちがいます。このカテゴリのeアセスメントで開発に成功した事例はほとんどなく，特にハイステイクスなテストの文脈ではありません。例外としてプリームムがあります。これは，ある特定の文脈での意思決定を評価するシステムです。プリームムは，研修医が様々な症状が出る架空の患者に対して診断を下す能力を評価します。この自動評価システムは，患者のベッドの近くで人間が採点する評価方法と比べても遜色がないぐらいに，真正性が高く，信頼性の高い評価となるように設計されています。

ワールドクラステスト (World Class Tests)

イングランドの教育省は2000年に，数学，理科，デザインとテクノロジの3教科の領域で使える，コンピュータベースの新しい問題解決テストの開発を委託しました。これらのテストは，世界各国に普及することがめざされ，同時に，コンピュータ・テクノロジを創造的に利用するように設計されました。またこのテストをつくるにあたっては，想定外の新奇な問題を解くうえで様々な方法を応用する児童生徒の思考や能力の評価を設計するために新しい基準を定めるということも意図されていました。これらのテストはワールドクラステストとして知られるようになり，8～14歳の子どもを対象に実施されています。現在これらのテストは東アジアにおいてはライセンスの下で市販されています。

VPA プロジェクト

バーチャル・パフォーマンス評価プロジェクトは，テクノロジと評価におけるイノベーションを活用して，問題解決のための科学的な探究を行う児童生徒の能力の測定に挑戦しています。このプロジェクトでは，アカウンタビリティのために標準化された内容として学校で利用できる評価を開発しています。その目標は，生命科学分野の文脈で3種類の評価を作成することです。これら3種類の評価は表面的には異なって見えますが，すべて同じ探究プロセススキルを測定します。それぞれの評価は，異なる場所の生態系が提示され，児童生徒は探究プロセスに従事しながら，真正性の高い生態学の課題を調査するでしょう。

● 学び方の学習とメタ認知

表2.4は学び方の学習とメタ認知の操作的な定義を示したものです。学び方の学習とメタ認知は，多くの場合，自分が考えていることを逐次話してもらう発話プロトコルによって測定され，1対1の状況で実施されます。したがってこの方法は大規模評価に取り入れることができないのは明らかです。しかし，自己評価や自己制御学習などといった学び方の学習の支援や評価にテクノロジが使われるかもしれません。この興味深い例として，イギリスのウルトララボ（Ultralab）で開発されたeVIVAプロジェクトがあります。

eVIVA

eVIVAの目的は，携帯電話やWebベースの形成的評価ツールのような新しいテクノロジが提供する可能性を利用して，より柔軟な評価方法をつくることでした。ウルトララボのプロジェクトでは，そのようなツールを使うことによって，自己評価と相互評価を促すとともに教師と児童生徒の間の対話も促しました。

このプロジェクトでは，まず児童生徒はeVIVAのWebサイトにアクセスし，システムの初期設定に個々人のプロフィールを載せ，携帯電話か固定電話で自己紹介の音声ファイルを録音します。その後児童生徒は，一連のシンプルな「私は○○できる」という記述を選択して，簡単な自己評価を行います。これは，自分

◎表2.4　思考の方法―学び方の学習とメタ認知

知識	技能	態度・価値・倫理
・自分が好きな学習方法，自分のスキルや技能の強みと弱みに関する知識と理解 ・受けることができる教育や訓練の機会に関する知識や，一連の教育と訓練の過程で行う意思決定によって，異なるキャリアにつながることがあるという知識	・一般的な学びやキャリアに関する効果的な自己管理。学習，自主性，訓練，忍耐，情報管理に学習プロセスの中で時間をかける能力 ・短時間でも長時間でも集中できる能力 ・学習対象や学習目的を批判的に振り返る能力 ・学習プロセスの中で，様々なマルチメディアでのメッセージ（書かれたり話された言語，音声，音楽など）を理解したりつくったり，口頭でのコミュニケーションを支える適切な方法（イントネーション，ジェスチャー，模倣など）を使うことで，コミュニケーションする能力	・自分は成功できるという動機づけと自信だけでなく，変化してさらにコンピテンシーを高めようという意欲を支える自己概念 ・人生を豊かにする活動として学習を前向きに理解し，率先して学習しようとする気持ち ・適応性と柔軟性 ・個人的なバイアスの自覚

がICTで何ができるかについて考え始めるように設計されています。Webサイトには，質問バンクがあります。児童生徒は，電話での評価を受けるために，それらの質問の中から4個か5個の質問を選択するように求められます。これらは電話での評価やコースの最後までの間に行う評価のためのものですが，児童生徒が受けたい時に受けることができます。システムや教師に導かれて，児童生徒は質問を選択します。彼らはWeb上に独自のeポートフォリオのスペースをもっており，そこに重要な「節目（milestone)」となるような学習の出来事を記録し，その証拠となるファイルをアップロードするよう求められます。彼らが何を学んだのか，なぜその成果を誇りに思うのかを説明するために，それぞれの出来事には注釈や詳しい解説を付けることができます。一度「節目」が公開されると，教師と児童生徒は学習についてお互いに対話するために，注釈機能やメッセージ機能を利用できるようになります。児童生徒は自分の成果やお互いの成果に対してコメントを加えるように推奨されます。注釈はSMS（ショートメッセージサービス）や音声メッセージを使って電話で送られます。準備ができると，児童生徒はeVIVAに電話をかけ，彼らが選択した質問に対して回答を録音します。そこで彼らは自分が何をしたのかを説明し，自分の成果に対してさらに振り返りを行うことができるのです。彼らの回答は録音され，分割された音声ファイルとしてWebサイトに送られます。教師は，「節目」の記録やeポートフォリオで提出された成果，児童生徒の振り返りやコメント，eVIVAに録音された回答，質問に対して書かれた回答，クラスでの観察に基づいて，児童生徒のICTの能力を包括的に評価します（Walton, 2005を参照)。

カスケード（Cascade)

カスケードとは，ルクセンブルク大学とヘンリ・チューダー公的研究センター（the Center for Public Research Henri Tudor）が開発中の革新的な評価方法で，限られた試験時間で大規模評価を行ううえで取り入れやすいものです。

カスケードのテスト項目は，回答者が一連の質問に答えたあとに，その回答の正確さを回答者自身が評価します。その後，回答者は回答の正確さを確認するためにマルチメディアの情報にアクセスできます。ここで，回答者はもう一度同じ一連の質問に回答し，自分なりにその正確さを評価します。得点は1回目と2回目の回答の比較と，追加情報を得る際に取った情報行動の軌跡を分析して決定します。

働く方法

産業界では働き方が急激に変化しているのを，私たちは目の当たりにしています。国や大陸の境界を越えたアウトソーシング・サービスは１つのよい例です。他には，同じプロジェクトの中に，在宅勤務をするチームメンバーをもつことも例としてあげられます。例えば，小さなソフトウェアのコンサルティング・チームには，３つの大陸に住んでいるメンバーがいます。このチームの人々は，ふだんは遠隔会議と電子メールを使ってプロトタイプをつくっていますが，製品を開発するということになると，時には１つの場所に集まって１日24時間働くという「スパートをかける」セッションをもちます。同様に，PISA や TIMSS（国際数学・理科教育動向調査）や PIAAC のような国際的な大規模評価でも，研究者と開発者のチームが複数の大陸の様々な場所にいながら評価の開発のために一緒に働いています。グローバリゼーションに向かう動向を示すこれらの事例を下支えするような，コミュニケーション，コラボレーション・スキルはより磨かなければならなくなります。コミュニケーションは確実に速く，簡潔になるとともに，文化的差異が認識されるようになっていくのです。

● コミュニケーション

表2.5はコミュニケーションの操作的定義を示したものです。主としてコミュニケーションは読む，書く，図表を作成する，聞く，話すといった形式で評価されます。しかしながら，これまでの評価では，そうしたコミュニケーション形式のあらゆる発展可能性を考慮したものにはなっていません。最も簡単な例では，パワーポイントのプレゼンテーションは今やいたるところにあります。パワーポイントを使ったプレゼンテーションでは，メッセージをより簡潔に伝えることができるように，言語と併せて図表が使われます。ビデオを使ったプレゼンテーションは，様々なコミュニケーション形式を組み合わせることが必要ですが，これはほとんどの人がこれまでできなかったことです。今日まで，大規模評価の中で，より新しいコミュニケーションモードが取り入れられたことはほとんどありません。しかしながら，後述するコミュニケーション・テクノロジの発達をふまえると，こうした変化を考慮に入れることがきわめて重要です。

テキストメッセージの使用を考えてみてください。商用のサービスで最初にテキストメッセージが送られたのは，1992年12月のことでした。今日，送受信されるテキストメッセージの数は地球全体の人口を超えています。大学生向けのコミュニケーション媒体としてスタートした Facebook は，開始から２年以内で5000万人規模の市場になりました。2010年には，Facebook は７億5000万人以上のユーザーをもち，３億7500万人以上が毎日少なくとも１回はログインしていました。いまではビジネスに応用する動きが起こり，ビジネスや利益団体で，Face-

◎表2.5　仕事の方法─コミュニケーション

知識	技能	態度・価値・倫理
母国語の能力 ・基礎的な語彙，機能文法と様式，言語の諸機能に関する十分な知識 ・話し言葉による相互作用（会話，インタビュー，討論など）には様々なタイプがあり，様々なスタイルの主な特徴や話し言葉の言語形態を知る ・書き言葉（形式的，非形式的，科学的，報道的，口語的など）の主な特徴を理解する **母語以外の言語能力，または3か国語以上の言語能力** ・基礎的な語彙，機能文法と様式，言語の諸機能に関する十分な知識 ・コミュニケーションのパラ言語的機能（声質の機能，顔の表情，姿勢やジェスチャーのシステム）を理解する ・社会的慣習や文化的側面，様々な地理的環境，社会的環境，コミュニケーション環境における言語の多様性に気づく	**母国語と母語以外の言語能力** ・多様な状況や目的で，様々なメッセージを，書き言葉もしくは話し言葉の形式でコミュニケーションし，理解する能力。また，他者にそれらを理解させる能力 ・多様なコミュニケーションの状況で話された多様なメッセージを聞いて理解し，簡潔かつ明瞭に伝える能力を含むコミュニケーション ・多様な読解目的（情報を得るための読解，勉強のための読解，娯楽としての読解）や多様なテキスト様式に合わせて適切な方略を選びながら，複数のテキストを読んで理解する能力 ・多様な目的で様々な形式の文書を書く能力。書くプロセス（ドラフトから校正まで）をモニターする能力 ・書き言葉であるか話し言葉であるかを問わず，説得的に自分の議論を明確に述べ，他者の視点を十分考慮する能力 ・書き言葉や話し言葉で複雑なテキスト（スピーチや会話や指示やインタビューや討論）を生み出し，表現し，理解するための補助手段（ノートや図表やマップ）を使用するうえで必要なスキル	**母国語の能力** ・母国語は，個人や文化を豊かにする源となりうることを認識して，前向きな態度を示す ・偏見なく他者の意見や議論と接し，建設的で批判的な対話に取り組む ・公で話す際の自信をもつ ・言葉やフレーズの技法上の正しさを越えて，表現的に美しい言い回しを自ら努力して取り組もうとする ・文芸への愛情を育む ・文化間のコミュニケーションに対して前向きな姿勢をもつ **母語以外の言語能力** ・文化的な差異やステレオタイプへの対抗に敏感になること

bookのページを使うようになっています。また，会議を計画し，開催する場所としてFacebookを使うこともますます一般的になってきています。

なぜこれらのコミュニケーションにおけるイノベーションが重要なのでしょうか。それは，テキストメッセージをはじめとして，これらのコミュニケーションが浸透している文法や統語法やスペルにおける変化を考える必要が出てくるからです。YouTubeのビデオの急速な普及を考えてみると，同じ情報を扱っていても，異なる表現形式を使うことでどう効果的に表現できるのかを理解することが重要なのです。同様に，Facebook でも，特定の社会的状況や集団で使われる言語が融合する（そこでは，専門的なコミュニケーションと個人的なコミュニケーションが並存している）という興味深い現象も起こっています。

新しいテクノロジをコミュニケーションの評価に組み入れた有名な例は，2009 年版の PISA です。PISA のデジタル読解力評価では，Web 環境での読解をシミュレーションしています。この進化は，革新的な評価に移行したというだけでなく，評価がより真正で，現代に合った評価に変わっていくうえで最初の一歩となりました。

● コラボレーションとチームワーク

表2. 6はコラボレーションの操作的定義を示したものです。コラボレーションは大規模評価に対して様々な難問を突きつけます。最も基本的なところでは，学校レベルでの評価は個々人のパフォーマンスの測定に焦点を当てています。結果として，協調的に取り組む評価課題を考える際，児童生徒一人ひとりのパフォーマンスにバイアスをかけるグループの差異をどのように説明するか，グループとしての実績を個々のメンバーをどのように割り当てるかが重要な問題になってきます。これは，文化の違いを越えて行う国際的な評価で，より大きな問題になります。例えば，ALL ではチームワークの測定可能性を研究しました。評価の設計者はチームワークの課題をつくり出すことはできましたが，文化的な差異はどうしても克服できないレベルの壁になりました。

いくつかの重要な研究が，他に先駆けてコラボレーションの主な要素と測定に焦点を当てて，個々人のパフォーマンスを評価しています（Laurillard, 2009）。例えば，チャクルら（Çakır et al., 2009）は，数学的なパターンのような話題のディスカッションで，効果的にコラボレーションするためには，言ったこと，書いたもの，行動したことの意味を共有できるように活動を進めなければならないと指摘しています。彼らの分析では，協調的な環境にある交流スペースで，グループが意味のある書き物を協同で行うという方法を取っているということが明らかになりました。図表や物語やシンボルや記号を統合させて表現することで，協調的な問題解決はよりやりやすくなります。それにより，グループのメンバーが数学を解くために使う様々な道具を発想したり，それを操作したりできるようになります。これは，数学を深く理解している時にみられる特徴的な活動です。他の研究では，説明や証明，問題解決の評価といったような思慮深い活動を相互作用の中で協調的に行うことは，学習が豊かになる潜在的な可能性があるということ

◎表2.6　仕事の方法―コラボレーション，チームワーク

知識	技能	態度・価値・倫理
他者と効果的に相互作用する ・いつ聞いたり，話したりするのが適切かを知る **多様なチームにおいて効果的な働きをする** ・成功を収めるようなチームの中での個々人の役割を知り，認識する。自分の長所と短所を知り，認識する。他者の長所と短所を認識し，受け入れる **プロジェクトを運営する** ・目標を計画・設定・達成する方法を知る。予測できない展開を考慮してモニターし，再計画する方法を知る	**他者と効果的に相互作用する** ・聴衆と目的を意識して明快に話す。注意深く，忍耐強く，誠実に聞く ・尊敬できるプロの態度でプロジェクトを運営する **多様なチームで効果的な働きをする** ・新しい考えを生み出し，イノベーションと仕事の質を向上するのに，社会的・文化的差異を活用する **プロジェクトを運営する** ・グループがめざす成果に到達するために優先順位をつけ，計画を立て，運営する **他者をガイドし，先導する** ・目標に向かって他者を動かしたり導いたりするうえで，対人関係スキルや問題解決スキルを使う ・共通の目標を達成するために他者の強みを利用する ・無私無欲で他者の手本となることで，他者がベストな状態になるように刺激する ・影響力や権力を使ううえで，誠実さと倫理的な行動を示す	**他者と効果的に交流する** ・いつ聞いたり，話したりするのが適切かを知る ・尊敬できるプロの態度でプロジェクトを運営する **多様なチームで効果的な働きをする** ・文化の差異に敬意を示し，多様な社会的背景や文化的背景をもって集まっている人々と効果的に働くことができるように準備する ・異なる考えや価値観に対して，偏見なく応答すること **プロジェクトを運営する** ・プロジェクトを進めるうえで，壁に直面したり，競争のプレッシャーがあっても，目標の達成に向けてやり抜く **他者に対して責任をもつ** ・より大きな集団への関心をもちながら，責任ある行動をとる

を示しているものもあります（Baker and Lund, 1997）。また，知識共有を進めるために協調的な探究に参加することが，どのようにメタスキルを発達させる方法として役立っているかを示している研究もあります。

協調的な作業を大規模評価に含めることに関連した研究には，大きく 2 つの流れがあります。第 1 の流れは，評価の対象者がコンピュータを使って，あらかじめプログラムされたバーチャルパートナーと交流するというシミュレーションのアイディアに端を発するものです。ただし，この環境の中で協調する人たちがどのように相互作用するのかは，現時点では理論的に十分理解できていないのが欠

点です。第2の流れは，学習者間の相互作用のパターンや自己の振り返りの証拠を記録できるグループ課題によって実証しようとするものです。学習者間の相互作用の得点化方法を検討している研究ではルーブリックをつくっていますが，それは目標準拠型の基準を用いるものか，国や国民性，社会経済的地位，他の集団特性に応じて決められた基準を用いるものかのいずれかとなるでしょう。コラボレーションやチームワークの成果に対する評価に加えて，こうした研究の成果をもとにしたコラボレーション評価の基準が生み出されるかも知れません。

組織で人を雇う側としてみると，ほとんどの場合，採用を希望する人が組織の中でうまく業務を遂行できるのか，その可能性を測定するために，その人がもつ公的な資格や学校・大学で取得できる資格を使って，それらをもとに採用を決定しています。しかし，解雇を決める際は，その人のチームワークのスキルや，コラボレーションのスタイルや，働き方をもとに判断しています。こうしたスキルは，雇う側にとっては重要なスキルであり，こうした領域では長年にわたって，組織心理学の研究者がその一助となる成果をあげることを期待しています。心理学的なプロファイル測定は数多くあり，個人が仕事に取り組む時の人間関係についての情報を多くは提供しています。こうしたプロファイル測定によって，例えば，他の人の助けを求める度合い，事態を前進させるために議論や対話を利用する度合い，明確な定義や制約がない問題を効率的に解決しようとする度合いを，一人ひとりについて得点化しようとしています。SHLグループは，職務適性検査質問集（通称OPQ：Occupational Personality Questionnaires）やキャッテル16人格因子質問紙検査（通称16PF：Cattell's Sixteen Personality Factor Questionnaire）のようなオンライン評価を提供しており，経営者に広く使われています。OPQは，他者との関係構築，思考様式，感情という3領域の行動を測定しようとしています。例えばOPQは，「どの程度リラックスしているか」「心配しているか」「粘り強い精神をもっているか」「楽観的か」「信頼しているか」「感情的なコントロールをしているか」の程度を評価することで個人を測定しています。また，個人がどの程度「説得的か」「コントロールしているか」「率直か」「自律心があるか」を評価することで他者への影響の側面も測定しています。ベルビン（Belbin）のチーム・スタイルのような測定も含め，これらの測定は21世紀の教育関係者が関心をもつスキル領域と重なっており，児童生徒の働き方を評価できる方法として役に立つ事例です。

働くためのツール

働くためのツールに分類されているのは，最も新しいスキルセットです。これらのスキル，すなわち情報リテラシーやICTリテラシーは，未来のスキルであり，ヨハネス・グーテンベルクの活版印刷技術の発明が重要だったのと同じように，大きな変化をもたらしています。フリードマン（Friedman, 2007）は，著書「フラット化する世界」の中で，ICTの重要性の高まりに言及しています。その中で彼は，世界市場で個人が競争し，つながり，協力することを可能にする4つのフラット化の要因があると指摘しています。

・パソコンの導入によって，すべての人が，自分自身でデジタルコンテンツを生み出すことができるようになり，編集したり発信できるようになりました。
・ネットスケープ社によるインターネットブラウザの発明によって，インターネットが生活の中にもたらされると同時に，Webサイトが爆発的に増加し，光ファイバー網の整備に非常に多くの投資がなされ，世界中がつながりました。日本のNTTは，14兆ビット/毎秒（2660枚のCDか2000万件の通話に相当）の情報を送受信する光ファイバー網の敷設テストに成功しました。
・伝送プロトコルの開発により，すべてのコンピュータとソフトウェアが相互運用することが可能になりました。その結果，誰もがつながって協力できるようになりました。
・伝送プロトコルが拡張され，個人が簡単にダウンロードとアップロードができるようになりました。例えば，世界がつながることで個人が情報に簡単にアクセスして操作し，大量な情報をデジタル形式でダウンロードできました。しかし，世界はよりフラットになると，個人が情報を自分でアップロードする能力が鍵になります。これは，それほど事例は多くあげられませんが，オープンソースのコースウェア，ブログ，ウィキペディアなどの例からも説明できます。

こうしたツールを自由自在に使いこなせるようになることがどれほど重要かを説明しましょう。一週間分のニューヨークタイムズの紙面に含まれる情報量は，18世紀に暮らしていた人々が一生涯にふれる情報量よりも多いと考えられます。さらに，2010年の1年間に4エクサバイト（400京バイト）の新しい情報が生み出されたと考えられますが，これは過去5000年で生み出された情報量よりも多いと考えられます。こうした情報爆発をふまえると，次世代の人々は新しい情報に効果的にアクセスして評価するスキルを身につけて，自分の仕事に関係のある情報の中で利用できるものは，自分の手元で効果的に活用できるようにならなければなりません。この情報爆発を扱う方法の1つはICTを使いこなすことです。今日でも，ICT の利用は増加しています。情報検索は，2006年の27億件から増加しており，現在は，毎月310億件の情報検索がグーグル上で行われています。グーグルを利用するためには，インターネットを効果的に使わなければなりません。インターネットの利用に対応するために，インターネットに接続できるデバイスの数も，爆発的に増加しました。その数は，1984年には1,000台だったものが，1992年には1,000,000台に増加し，さらに2008年には1,000,000,000台に達しました。

● 情報リテラシー

情報リテラシーについては，情報源や証拠やバイアスなどに関する研究があります。情報リテラシーの操作的定義を表2.7に示します。これらは，ますます重要なスキルになってきています。

グローバル化，ネットワーキング（Castells, 1996），そして ICT の進展がもたらす影響により，私たちの社会が将来どうなるのかを検討する新たな研究が出てきています。ハルとシュルツ（Hull and Schultz, 2002），バーブルスとシルバーマン＝ケラー（Burbules and Silberman-Keller, 2006）は，こうした変化によってフォーマル（学校）あるいはインフォーマル（学校外）の学習という概念や，いわゆる分散化された専門性やネットワーク化された専門性（Hakkarainen et al., 2004）がどのように変わるのかを示しています。こうしたより未来志向のスキルに関する測定方法や指標は，まだ明確にはなっていません。例えば，英国の ImpaCT 2 は，児童生徒が作成したコンセプトマップ（概念地図）のデータを分析することで，あらかじめ指定された知識と概念に焦点を当てた従来型の全国テストと，自宅で ICT を使った新たなタイプの活動をすることを通して獲得した様々な知識との間には大きなズレがあることを指摘しています（Somekh and Mavers, 2003）。日常生活において子どもたちが作成したコンセプトマップや描画を分析することで，強く示唆されたことがあります。それは，子どもたちは，コミュニケーションやエンターテイメントや情報へのアクセスの目的で使うテクノロジやその役割について，自分たちなりに豊かな考え方をもつことができる，ということです。学校の評価のプロセスでは使いませんが，多くの子どもたちは，コンピュータを実用的に使うスキルを獲得しています。ある研究は，コンピュータを積極的に利用する児童生徒は紙ベースのテストでは常に成績が悪くなる傾向があることを明らかにしています（Russell and Haney, 2000）。

● ICT リテラシー

EU 諸国では地域と国の両レベルで，教育におけるテクノロジによるインパク

◎表2.7 働くためのツール―情報リテラシー

知識	技能	態度・価値・倫理
情報を利用し評価する ・効率的（時間の側面）かつ効果的（情報源の側面）に情報を利用する ・批判的かつ入念に情報を評価する **情報を利用し管理する** ・手元の問題に対して正確かつ創造的に情報を利用する ・様々な情報源からの情報の流れを扱う ・情報へのアクセスや情報の利用に関する倫理的・法的問題に対して基礎知識を応用する ・入手できる情報の信頼性と妥当性（アクセスしやすさ，受け入れやすさ）について基礎的に理解する。情報通信技術を双方向的に利用するうえで尊重すべき倫理的な原則が必要であることに気づく **効率的にテクノロジを応用する** ・情報を調べる・整理する・評価する・伝達する道具としてテクノロジを利用する ・知識経済において活躍するために，情報を利用・管理・統合・評価・創造するうえで，デジタル技術（コンピュータ，PDF，メディアプレーヤ，GPSなど），コミュニケーションツールやネットワーキングツール，ソーシャルネットワークを適切に利用する	**情報を利用し評価する** ・電子的な情報，データ，コンセプトを探して集めて処理する（関連のあるものと関連のないもの，主観的なものと客観的なもの，現実的なものと仮想的なものを区別して，整理して，新しいものをつくり出す）能力。また，それらを体系的な方法で利用する能力 **情報を活用し管理する** ・複雑な情報をつくり出し，提示し，理解するために，プレゼンテーション，グラフ，図表，マップを利用する能力 ・印刷物，ビデオ，Webサイトなどの様々な情報媒体にアクセスして検索する能力。電子掲示板や電子メールといったインターネット上のサービスを利用する能力 ・家庭，レジャー，仕事など様々な文脈において，批判的思考や創造性やイノベーションを支援するために情報を利用する能力 ・学習上利用するために，書かれた情報・データ・コンセプトを調べて集めて処理する能力。知識を体系的に整理する能力。聞く，話す，読む，書くときに，関係のある情報と無関係な情報を区別する能力	**情報を利用し評価する** ・1人で自律的に，あるいはチームで仕事をするために，情報を利用しようとする性向；入手した情報を批判的かつ熟慮して評価するという態度をもつ **情報を活用し管理する** ・プライバシーや文化の差異に配慮して，責任をもって安全にインターネットを利用しようという，注意深く前向きな態度 ・文化や社会や仕事に関するコミュニティやネットワークに参加して，自らの視野を広げるために情報を利用することへの関心

トや，ICTを活用した児童生徒の評価に期待すべきことをより的確に把握するための指標とフレームワークを開発している最中です。EU以外の世界中の国々でもこれに取り組む国があります。フレームワークは，ノルウェー（http://europa.eu/rapid/press-release_IP-09-1244_en.htm）（Erstad, 2006）とオーストラリア（Ainley et al., 2006を参照）で開発されています。2002年にはベルリンで21世紀のリ

◎表2.8　働くためのツール―ICT リテラシー

知識	技能	態度・価値・倫理
ICT を利用し評価する ・文書作成，表計算，データベース，情報の保存と管理といった主要なソフトウェアについて理解する ・インターネットや電子メディア（電子メール，ビデオ会議，他のネットワークツール）を利用したコミュニケーションでもたらされるチャンスに気づく。現実世界と仮想世界の差異に気づく **メディアを分析する** ・メディアのメッセージがなぜそのようにつくられ，どのようにつくられているのか，そして何の目的でつくられているのかを知る ・個人によってメッセージの解釈がいかに異なるか，価値や意見がどのように包摂されたり排除されたりするのか，メディアがいかに信念や行動に影響を与えるのか，ということについて検討する ・メディアのアクセス・使用にまつわる倫理的・法的な問題を理解する **メディアを制作する** ・最も適切なメディア制作ツール，メディア特性，メディア媒体の利用方法を理解する ・多様な多文化環境において，最も適切な表現方法や解釈の仕方の優れた利用方法を理解する	**ICT を利用し評価する** ・効率的（時間の側面）・効果的（情報源の側面）に ICT を利用する ・情報や ICT ツールを批判的かつ入念に評価する **情報を活用し管理する** ・手元の問題を解決するために，正確かつ創造的に ICT を利用する ・様々な情報源からの情報の流れを管理する ・ICT やメディアの利用をめぐる倫理的・法的問題に関する基礎知識を適用する ・コミュニケーション，検索，プレゼンテーション，モデル化のために，ICT やメディアの応用に関する知識やスキルを利用する **メディアを制作する** ・多様な多文化環境において，最も適切なメディア制作ツールや，メディアの特性，表現方法，解釈を活用する **効果的にテクノロジを適用する** ・情報を調査・整理・評価・伝達する手段としてテクノロジを利用する ・情報を利用・管理・統合・評価・創造して知識経済においてうまく働くために，デジタルテクノロジ（コンピュータ，PDF，メディアプレーヤ，GPS など），コミュニケーションツールやネットワーキングツール，ソーシャルネットワークを適切に利用する ・情報技術へのアクセスや利用をめぐる倫理的・法的問題に対して基礎知識を適用する	**ICT を利用し評価する** ・新しいアイディア，情報，道具，仕事の仕方に対して，開かれた態度でいる。しかし，批判的かつ入念に情報を評価する **情報を活用し管理する** ・守秘義務，プライバシー，知的所有権に配慮しながら，身近な問題を解決するために，正確かつ創造的に ICT を利用する ・文化的・社会的な差異に配慮して，それらに対して偏見なく，様々な情報源からの情報の流れを管理する ・個人によってメッセージの解釈がいかに異なるか，価値や意見がどのように包摂されたり排除されたりするのか，メディアがいかに信念や行動に影響を与えるのか，ということについて詳しく検討する **正直かつ誠実にテクノロジを活用する** ・情報源や情報の受け手に対して正確かつ誠実な仕方で，情報を調査・整理・評価・伝達する手段としてテクノロジを利用する ・情報技術へのアクセスや利用をめぐる倫理的・法的問題に対して基礎知識を適用する

◎表2.9　ETSのフレームワークに基づいたICTリテラシーに関する主要概念の詳細

カテゴリー	技能
基本	コンピュータやソフトウェアの起動，ファイルの保存，並び替えなどの基本的な操作ができる
ダウンロード	インターネットから様々な種類の情報をダウンロードできる
検索	情報へのアクセスを得ること，およびその方法を知っている
ナビゲート	デジタル・ネットワークにおいて自分の位置を見定めることができる。インターネットを利用した学習方略に順応することができる
分類	任意の分類体系や分野に応じて，情報を整理できる
統合	マルチモーダルな文章に関連する様々な情報を比較して統合することができる
評価	インターネットの検索から得られた情報を確認し評価することができる。見つけ出した情報の質，関連性，客観性，有用性を判断できる。情報源を批判的に評価することができる
コミュニケーション	様々な媒体手段を利用して，情報を伝えたり自分を表現することができる
協力	インターネット上で行われる学習の相互作用に参加することができる。ネットワークに協力したり参加したりするためにデジタルテクノロジをうまく利用することができる
創造	マルチモーダルな文章として，様々な形式の情報をつくり出したり，Webページを作成したりするなどができる。特定のツールやソフトウェアを使用して，新しいものを開発することができる。既存のテキストを編集して，新しい文章を作成することができる

テラシーに関するサミット（Clift, 2002）が開催されて以来，伝統的な読み・書き・計算を超えて広がる情報・知識活用能力が，新たなアプローチとして強調されています。これらの能力は，「デジタルリテラシー」や「ICTリテラシー」とよばれています。ICTリテラシーの操作的定義を表2.8に示します。

2001年には，アメリカの教育テストサービス（ETS）が，ICTリテラシーのために活用可能なフレームワークを開発するために，有識者による委員会を組織しました。その成果は，「デジタルの変革：ICTリテラシーのフレームワーク（*Digital transformation: A framework for ICT literacy*）」（International ICT Literacy Panel, 2002）（http://www.ets.org/Media/Research/pdf/ICTREPORT.pdf）という報告書にまとめられています。表2.9には，このフレームワークを示しています。このフレームワークに基づくと，ICTリテラシーは，「効果的に社会に参加するために，情報にアクセスし，評価・管理し，新たに理解を深め，他者とコミュニケーションするために，一人ひとりが適切にICTを使う能力」と定義できます（Ainley et al., 2005）。デジタルリテラシーやICTリテラシーにはいくつかの異なる指標が提案されています（Erstad, 2010）。

この考え方に沿って，いくつかの研究機関が「ICTリテラシー」のパフォーマンス評価の課題を開発しています。こうした動きから，評価対象は何か，様々なデジタルツールを利用することで評価課題がどのように開発されるのか，ICTが私たちの見方を変えているということがわかります。１つの事例は，国際教育技術協会（International Society for Technology in Education）が開発した，全米教育工学スタンダード（National Educational Technology Standards）（http://www.iste.org/standards.aspx）による評価課題です。この評価課題は，児童生徒，教師，管理職がいかにICTを使いこなすことができるかを評価するように設計されています。

2000年に，イギリス，イングランドの教育省は，14歳の生徒のICTスキルを測るための革新的なテストを開発することを表明しました。当時の教育大臣デイビッド・ブランケット（David Blunkett）は，21世紀における教育と学習に対する展望を説明しました。彼は，児童生徒の能力に対して高まる期待を話しました。また，21世紀に児童生徒に求められるICTスキルを評価する，新しいタイプのオンラインテストを開発すると発表しました。図2.3（p. 39を参照）には，開発されたテストの概要を示しています。

14歳の生徒を対象としたICTのテストの開発は，2001年にスタートしました。当初は，2009年５月にテストを公開し，実施する予定でした。様々な理由で，結果的には，当初考えていたようなICTテストの開発はまったく実現しませんでした。開発されていたテストは，１台１台のコンピュータで実施するスキル評価として再設計されています。認定校の教師は，このテストをダウンロードして，教師が評価を行うのを支援するために非公式に使うことができます。

オーストラリアでは，ICTリテラシーに関する発達の段階を示すプログレス・マップの妥当性を検証・改善するために，小学校６年生と高校１年生の児童生徒をサンプルとして，評価ツールが開発されています。ICTリテラシーの構成概念は，情報を利用して仕事をすること，情報をつくり出し共有すること，責任をもってICTを利用すること，の３本柱で記述されています。オーストラリアの全国ICTリテラシー評価テストを設計する際には，児童生徒が真正性の高い文脈で真正性の高い課題に取り組むことが必須であると考えられていました（Ainley et al., 2005）。この評価テストでは，次にあげる６つの主要なプロセスを評価されます。①情報へのアクセス（情報の必要条件を見いだし，情報検索・抽出の仕方を知ること），②情報管理（検索抽出や再利用のために情報を整理して保存すること），

③評価（情報の整合性・関連性・有用性に関連してICTを活用した解決策や判断を計画し組み立てるのに使われたプロセスを内省すること），④新たな理解の深化（統合・適応・応用・設計・発明・オーサリングによって，情報・知識をつくり出すこと），⑤コミュニケーション（知識を共有して情報を交換すること，情報の受け手・文脈・媒体にうまく適するように，送信する情報をつくり出すこと），⑥ICTの適切な利用（批判的・内省的・戦略的にICTに関する決定を下すこと，社会的・法的・倫理的な問題に配慮すること）（Ainley et al., 2005）。評価テストを試験的に利用した結果，高い信頼性をもってICT能力を推定できることが示されています。

学校の教科領域の評価フレームワークと関連づけられたICTの評価フレームワークの事例もあります。クエルマルツとコズマ（Quellmalz and Kozma, 2003）は，教科と関連づけられたICT評価フレームワークの設計を目的としたアメリカのプロジェクトの概略を報告する中で，理科と数学の一部としてICTツールやICTスキルを調査するための方略を提案しています。その目的は，理科や数学においてICTの利用の仕方に関するエビデンスを収集できるような，革新的なICTパフォーマンス評価を設計することです。

世界の中で生きる

世界中の様々な生活や仕事について考える時，ボブ・ディランの歌のタイトルを借りて「時代は変わる（The Times They Are A-Changin'）」と表現するのは甚だしく不釣り合いなくらい，現代は激しく動いています。例えば，アメリカ労働省は，今学校で学んでいる学習者は，38歳になるまでに10から14の仕事を経験すると推測しています。これは，急速に流動化する労働環境を反映しており，今でも４人に１人の労働者は１年も経たずに仕事を変え，２人に１人は５年未満で転職しています。製造業とサービス業では十分な教育を受けている安価で大量の労働力を求めていますが，上記のような人々はどこへ行こうとしているのか疑問に思われるかもしれません。基本的に，人々は，自分たちの町や国だけではなく，世界のどこにいても生きていけるように，学ばなければなりません。21世紀では，より多くの人々が仕事をするにあたって，競争し，つながり，協調していくようになり，そうした人々がシチズンシップのあらゆる側面を理解することがより重要になってきています。自分の国で起きていることが世界中でどのように起きるのか，また，どのようになっていくべきなのかを考えるだけでは不十分なのです。それゆえに，21世紀スキルとして，よい市民であること（シチズンシップ），人生とキャリア発達，個人の責任と社会的責任を同定し，分類しています。

● 地域とグローバルのよい市民であること（シチズンシップ）

特に社会科では，よりよい市民を育てるという教育目標は新しくなく，カリキュラムの一部となっています。その中心は，民主的なプロセスに関する知識となっています。コンピテンシーとしてのシチズンシップは重要性が増してきており，教育測定にとってはかなり難しい課題になると思われます。表2.10に示すのは，シチズンシップの操作的定義です。

ハニー（Honey）は，グローバルに対する意識を含む重要分野に対する評価が存在するか，その質はどうなのかということについて，世界中の21世紀型評価の使用状況を調査しました。その結果，「今のところ児童生徒が世界的あるいは国際的な問題についてどの程度理解しているかを測定する評価は存在しない」（Ripley, 2007, p. 5）と結論づけています。

シチズンシップのスキルに対する大規模評価の例は，国際教育到達度評価学会（IEA）が実施した国際市民性教育調査（the International Civic Education Study）です。この調査は，1999年から2000年にかけて，28か国の14歳の生徒が9万人と，16か国の17～19歳の児童生徒5万人から構成される全国的なサンプリング調査でした。

この調査でカバーした内容は，1996年～1997年に数か国で実施したケーススタディをもとにつくられ，民主主義，国民のアイデンティティ，社会的連帯，多様

◎表2.10　世界の中での生活―地域とグローバルのよい市民であること（シチズンシップ）

知識	技能	態度・価値・倫理
・市民権と自国の憲法に関する知識，自国の政府の規模に関する知識 ・地方，地域，国家，国際的なレベルでの政策決定過程に関連する様々な機関の役割と責任を理解する ・地方政府・国の政府の重要な人物，政党とその政策についての知識 ・民主主義，市民権，およびそれらを表現した国際的な宣言などの概念の理解 ・国内史および世界史の主要な出来事，時代の流れに関する知識 ・長期間にわたる世界の人々や文化の動きに関する知識	・近隣やコミュニティの活動に参加すること。同様に，国内・国際的なレベルで意思決定に参加すること。例えば選挙で投票する ・地域やコミュニティに影響を与える問題に興味を示し，解決をはかろうと連帯を示す能力 ・公共の組織と話ができる能力 ・母国や国際的なプログラムから与えられる機会から利益を得る能力	・自分の地域・国への帰属意識と世界の一員としての意識 ・あらゆるレベルで民主的な意思決定に参加する意欲 ・ボランティアや市民活動に参加する気質を持ち，社会の多様性と団結のためのサポートを行う ・反社会的な活動に対抗する気持ちをもちつつも，他者の価値観やプライバシーを尊重する気持ちをもつ ・人権と平等の概念を受け入れ，男女平等を受け入れる ・異なる宗教や民族の価値観の差異を受け入れ理解する ・マスメディアからの情報の批判的な読み取り

性などを含んでいます。市民社会の中で若者がどのように参画しているかも調査の焦点でした。トーニー＝プルタら（Torney-Purta et al., 2001）は，この調査をもとに，次のような知見を報告しました。

・多くの国では，児童生徒は基本的な民主主義の価値や制度を理解しているが，その理解の程度が問題である。
・若者たちは，よい市民であることには，投票の義務が含まれることを理解している。
・市民としての知識をしっかりともっている児童生徒は，市民活動への参加に積極的である。
・学校が民主主義の実践の模範となることで，市民としての知識や参画を最も効果的に増進する。
・児童生徒は，投票を除き，伝統的な政治への関わり方に懐疑的である。しかし，多くの人々は市民生活に対して他の方法で参画することに積極的である。
・児童生徒は，情報源としてテレビに惹きつけられている。
・政府関係機関における信頼のパターンは，国によって様々である。
・市民としての知識は，性差は最小限だが，いくつかの態度の側面で，性差が存在している。
・教師は，児童生徒のシチズンシップを養うための市民教育の重要性を認識している。

国際市民性教育調査は繰り返し行われ，2008年と2009年に収集したデータをもとに国際的な報告書が2010年６月に発表されました（Schulz et al., 2010）。インターネットとWeb2.0技術の発達により，コンピテンスとしてのシチズンシップの概念は影響を受けました。ジェンキンス（Jenkins, 2006）は，こうしたテクノロジの進化により「参加型の文化」が生まれていると述べています。これにより，地域とグローバルの両レベルで，シチズンシップの理解，社会的地位の向上（エンパワーメント），そして参画をどういう優先順位で教えていくべきか検討が必要となっています。「オンラインの若者の市民参加」に関する研究文献は近年増加しているにもかかわらず，現時点では，オンラインでこうしたスキルを測定することはできません。

これらのスキルが，どのように新しいやり方で関連するようになるのかの１つの例が，ジュニアサミットのオンラインコミュニティです。このオンラインコミュニティは，139か国を代表する3,062人の青年から構成されています。オンラインフォーラムは，100人の代表者が選任されて運営しています。ある研究結果では，次のようなことを示しました。「オンラインの若いリーダーたちは，多くの意見を自分で出したり，タスクを自分でやり通したり，力強い言葉を使ったりというというような，これまでの大人のリーダーシップスタイルを追従しません。それどころか，代表に選ばれた若者の貢献度は多くはなっていますが，その語りかけのスタイルは，自分自身よりもグループについて言及し，自分自身の意見を単に通すのではなく他者の投稿を統合しようとするなど，グループの目標と必要なことを中心に据えようとする傾向があります。さらに，リーダーは男女ともに，こうした言語活用のパターンを対人関係にも使います。これらの結果は，若い人々が市民としての関与ができるコミュニティマインドをもった人々になりうること，こうした概念自身が次世代と接触することで変わっていく可能性を示しているといえます」(Cassell et al., 2006)。このような意味で，シチズンシップは，ドイツ語の「Bildung（陶冶）」と関係しています。「Bildung」は，私たちがコミュニティや身のまわりの世界に影響を与えるために知識をどのように利用するか，すなわち，社会の中でのリテラシーやより広い意味で個人的・社会的責任の一部である文化的能力とよばれるものを意味します。

● 人生とキャリア発達

人生とキャリア発達のマネジメントは，世界の中で生きるために必要なスキルの中に含まれています。キャリアガイダンスの１つとして，職業の好みを測定する慣習が長くありますが，人生とキャリア発達をマネジメントするスキルの評価尺度をつくるための強力な基礎的知見は，現在のところありません。このスキルの操作的定義を構築するための提案として，表2. 11を示します。

● 個人の責任と社会的責任

個人の責任と社会的責任を果たすこともまた，世界の中で生きるために必要なスキルの中に含まれています。仕事の方法の中にある「コラボレーションとチームワーク」の中にこのスキルのある側面が含まれています。個人の責任と社会的責任は，文化的意識と文化的能力を含むようになっています。現在このスキルを測定するための研究がありませんが，表2. 12に示した操作的定義の中で，ここで意図するスキルの範囲が示されています。

◎表2.11　世界の中で生きる―人生とキャリア発達

知識	技能	態度・価値・倫理
変化に適応する ・21世紀が雇用・機会・期待に関して優先順位が変化する時代だということを認識する ・特に多文化環境の中で，多様な意見や信念を理解する **目標と時間を管理する** ・長期・中期・短期それぞれの計画のためのモデルを理解し，短期的な戦術目標と長期的な戦略目標のバランスをとる **自律的な学習者になる** ・長い時間をかけて，変化や機会に応じて，個人やキャリアの発達の方向性を決め，計画する **プロジェクトを運営する** ・プロジェクトを進めるうえで，壁に直面したり，競争のプレッシャーがあっても，目標の達成に向けてやり抜く ・意図した結果を達成するため，業務に優先順位をつけ，計画し，運営する	**変化に適応する** ・様々な役割，職務上の責任，スケジュール，コンテクストの中で業務を遂行する **フレキシブルになる** ・フィードバックを効果的に採用する ・可能な解決策にいたるため，様々な考え方や信念を調整し，バランスをとる **目標と時間を管理する** ・明確かどうかにかかわらず，成功の基準をつくって目標を設定する ・短期的な戦術目標と長期的な戦略目標のバランスをとる ・時間を有効活用し，仕事の負荷を効果的に管理する **独立して仕事する** ・直接の監督なしで作業の状況をモニターし，定義し，優先順位をつけ，完了する **他者と効果的に相互作用する** ・話したり聞いたりするのに適切なタイミングを知っている **多様なチームで効果的な働きをする** ・新しい考えを生み出し，イノベーションと仕事の質を向上するのに，社会的・文化的差異を活用する **プロジェクトを運営する** ・プロジェクトを進めるうえで，壁に直面したり，競争のプレッシャーがあっても，意図した結果を達成するため，業務に優先順位をつけ，計画し，運営し，目標の達成に向けてやり抜く **他者をガイドし，先導する** ・目標に向かって他者を動かしたり導いたりするうえで，対人関係スキルや問題解決スキルを使う ・共通の目標を達成するために他人の強みを活用する ・無私無欲で他者の手本となることで，他者がベストな状態になるように刺激する ・影響力や権力を使ううえで，誠実さと倫理的な行動を示す	**変化に適応する** ・様々な責任，スケジュール，コンテクストに適応できるように準備する。他者の強みを理解し，受け入れる ・機会や曖昧性，優先順位の変化を見る **フレキシブルになる** ・称賛，挫折，批判といった効果的なフィードバックを採用する ・実行可能な解決策に到達するために，様々な視点から調整し，バランスをとろうとする **目標と時間を管理する** ・不確実性と責任を受け入れ，自己管理する **自律的な学習者になる** ・基本的な理解にとどまらず自分の学びを拡げる ・プロフェッショナルのレベルに成長するために，主導権を発揮する ・生涯にわたるプロセスとして，学習にコミットメントを示す ・成長のために，過去の経験を批判的に内省する **多様なチームで効果的な働きをする** ・プロフェッショナルとして，適切な方法でふるまう ・文化的な差異を尊重し，多様なバッググラウンドの人々と効果的に働く ・異なる考えや価値観に対して，偏見なく応答する **結果を出す** ・次のような能力を発現する ―積極的かつ倫理的に動く ―時間やプロジェクトを効果的に管理する ―マルチタスクに対応する ―信頼できるように，時間を守る ―適切な作法で，自分自身をプロフェッショナルとして示す ―適切にコラボレーションを行い，チームで協力する ―結果に責任をもつ **他者に対して責任をもつ** ・より大きなコミュニティへの関心をもちながら，責任ある行動をとる

◎表2.12　世界の中で生きる—個人の責任と社会的責任

知識	技能	態度・価値・倫理
・様々な社会で一般に容認・推進されている行動規範や礼儀に関する知識 ・個人・集団・社会・文化の概念とそれらの歴史的進化への気づき ・自分と家族の健康，衛生，栄養を管理する方法の知識 ・自分の社会と他の社会での異文化の側面に関する知識	・様々な社会状況の中で建設的にコミュニケーションする能力（他者の考え方や行動に対する寛容，個人と集団の責任への気づき） ・他人を信頼し，共感する能力 ・建設的にフラストレーションを表現する能力（敵意と暴力あるいは自滅的な行動パターンをコントロールする） ・人生の中で仕事とプライベートをある程度分離し，仕事での問題をプライベートに持ち込まないようにする能力 ・世界のほかの地域の文化的アイデンティティとの相互作用の中で，自文化のアイデンティティを認識し理解すること；多様性によって異なる考え方が生まれ，それが自分の考え方に建設的に寄与すると理解する力 ・交渉する能力	・他人に関心を寄せ，他人を尊重する態度 ・固定観念や偏見を克服する意欲 ・妥協する気質 ・誠実性 ・自分の意見を明確に述べられる

今後の課題

これまでの議論では，21世紀型スキルの評価のための原則を提示し，10のスキルを提案して，それらが何を意味するのか，それらに関連してどんなスキルの測定がなされているのかをみてきました。そうはいっても，評価の中で評価課題を安定させるには十分ではなく，その評価を実現するにはまだ長い道のりが待っています。それどころか，参加し，つながり，協力して問題解決することの必要性を鑑みると，変容的評価（transformative assessment）をつくることが必要不可欠です。これは，いくつかの非常に重要な課題に対処することなく始めることはできません。

本節では，児童生徒のスキルを真に調査し，教育と評価の改善を訴えることができるデータを提供する方法で21世紀型スキルを評価するための鍵となる課題をまとめます。

認知研究に基づくスキル発達のモデル利用

21世紀型スキルの習得や，その教育に関する知見は限られています。評価開発者たちは，その限定的な知見をいかに効果的に使っても，実践で使える評価をどうつくればよいか，いまだよくわかっていません（Bennett and Gitomer, 2009）。

新しい種類の評価を扱うための心理測定の変革

心理測定は，ダイナミックな文脈で多様な評価課題を取り扱うように大きく進歩する必要があります。例えば，シミュレーションが埋め込まれていたり可視化技術が使われたりして，期待に沿う（そして予想外の）回答を引き出す評価課題です。かつては，唯一の正解やベストアンサーが存在しましたが，変容的評価では多様な回答を考慮した妥当な測定が必要となります。

児童生徒の考えの可視化

評価は，児童生徒が問題を解くために使う概念的な方略の種類を明らかにすべきです。これには児童生徒の回答を考慮するだけではなく，回答にいたる行動も解釈することも含まれます。コンピュータは，児童生徒のすべてのキーストロークを記録し，膨大な行動データを蓄積することができます。今後の課題は，こうしたデータの意味を解釈し，回答の質に対して行動パターンを関連づけることです。こうした関連づけによって，児童生徒が様々な課題に対して回答する時にどのように考えていたかを明らかにすることができるでしょう。

コンピュータが，児童生徒のテストの採点を効果的かつ効率的に行うことは，現実のものになっています。これは，単一の正解のみの選択式で回答する問題であれば，確実に実現できます。完全正答ではないものを選択肢として扱う学習の理論に合わせて設計された多肢選択問題に部分採点モデルを適用することは非常に簡単です。一方，記述式の回答を自動で採点することは，大きな課題となっています。

OECDが実施する国際成人力調査（PIAAC）は，短答式の記述回答問題のコンピュータ採点技術の進歩を示すよい事例です。PIAACの評価課題の一部は，国際成人リテラシー調査（IALS：International Adult Literacy Survey）とALL（成人のリテラシーと生涯学習のスキル調査）から引用されていますが，それはすべての回答が短答式の自由記述で，人の手で分類する必要がありました。テストの開発者は，回答方式をドラッグ＆ドロップまたはハイライトする方式に変更することで，コンピュータで採点できるようにしました。しかしこれらの事例では，問題に答えるために必要なすべての情報が，テストの刺激文の中に含まれています。回答者は，テスト刺激に含まれるパーツ間で情報をつなげる必要があるかもしれませんが，テスト文の中に提供されていない知識をつくり出す必要はありません。

長文の記述回答問題の機械採点は，まだ初期段階です。モデルは単一の言語では存在し，それは回答範囲内の意味ネットワークに認識させる方法です。実験状況においては，こうした機械採点のモデルが，人間の採点者と同等に信頼可能なだけでなく，多くの場合，複数の評価者で行うよりも一貫性の高いレベルに到達できることがわかっています（Ripley and Tafler, 2009）。言語を横断したモデルに拡張しようと研究が本格的に始まっており，近い将来，国際的な評価のために利用可能なものになるかもしれません（Ripley, 2009）。

支援されたパフォーマンスの解釈

新しい評価では，児童生徒によっては，足場かけが必要な場合もあるので，それを考慮した新しい採点ルールが必要です。できるだけ多くの児童生徒に対してアクセシビリティを保証して，障がいのある児童生徒に対して項目のカスタマイズができるように考慮しておくことは，とても重要です。

伝統的な教科における21世紀型スキルの評価

21世紀型の学習の目的と目標が国のフレームワークに記載されている国々では，一般的に，教科内・教科間を通して教えられます。しかしながら，コンピュータは，児童生徒が見えないルールや関係性を発見的に探究するために，マイクロワールドをつくることを促すことができます。コンピュータベースのシミュレーションのようなツールを使えば，児童生徒が何を知っていて，何ができるのかを，伝統的なテスト方法よりもより細かく理解することができます。新しいアプローチは，伝統的な読み書き計算の基礎を大きく越えて，情報や知識の活用能力を強調しています。しかしながら研究では，児童生徒は，自分がもっている方略やスキルを変えることが難しく，正解があるテストという古い状況へまた戻ってしまうことが明らかにされています。21世紀型に向かった効果的で価値のある評価がなければ，多くの学習者のために教え方を変えていくよう，いつ，どのように教育制度を変えていくかを見きわめるのは難しいでしょう。

新しいコミュニケーションモードの取り扱い

これまで，コミュニケーションの新しいモードは，大規模評価でほとんど取り扱われてきませんでした。学校の外で子どもたちが日常文化で得るスキルと，学校で学ぶスキルの教授と評価の間にはミスマッチがあります。創造性，問題解決，批判的思考などの新しいスキルは，ICT がもつ様々なモードとモダリティを使って，多様な方法で表現されます。本章で紹介した研究開発をふまえると，コミュニケーションの急激な変化，例えば視覚的な方法でのコミュニケーションやソーシャルネットワーキングは，21世紀型スキルの大規模評価の評価課題の中に含めることが不可欠です。児童生徒が現在のテクノロジを使うことができるかどうかよりも，新しいツールやメディアをすばやく習得する能力があるかどうかを評価するほうがよいだろうということは，新しい技術が開発される速さが示しています。

コラボレーションとチームワークを含める

伝統的な評価は，個人のパフォーマンスを評価することに焦点を当てます。結果として，協調的な課題を評価するということになった時に，評価の最重要項目はグループの個々人のメンバーにどのように評価を分け与えるかということ，児童生徒のパフォーマンスに影響を与えうるグループ間の差異をどのように説明するかということになります。このような論点は，児童生徒が前もって割り当てられた相補的役割を担うか，あるいは，よりよく定義されていない状況において協調するための方法を自分たちでつくり出すスキルを評価するのかどうかなどいくつかあります。グループの評価と同様，個人のパフォーマンスを配分するという問題は，異文化を越境して行う国際的な評価ではより顕著になります。

地域とグローバルのシチズンシップを含める

シチズンシップ，社会的地位の向上，社会参画の評価は，地域とグローバルの両レベルで，まだ開発途上です。現時点では，こうしたスキルをオンラインで評価する測定方法は存在しませんが，「オンラインの若い市民」に関する研究が近年蓄積してきています。国際的な評価に向けて，多国間で活用可能な評価課題をつくるためには，文化的差異と感受性を考慮する必要があります。児童生徒に複数の視点から問題を解決させるのは，文化的差異を考慮するための1つの方法です。

妥当性とアクセシビリティの確認

評価の基礎となるスタンダードの妥当性を保証することは重要です。要求されるスキル，必要となる内容知識，メディアやテクノロジの習熟度といったアクセシビリティが関係しています。また，課題の内容と知的要求のバランスも関係しています。これらの特質はどのような評価でも重要で，本書でその考えを示してきた変容的評価にとってはかなり挑戦的であることがわかるでしょう。開発を慎重に行い，革新的な課題を試していくことが必要になりますし，複雑な課題の比較を確実に行える採点システムも必要になります。テクノロジを用いることによる変動要因を研究することは，テクノロジを使うことでパフォーマンスが予測できないという認識に対して評価課題を工夫していくうえで重要です。また，複雑な課題は，たいていは知的資源（例えば，検索エンジン）へのアクセスが必要になります。これは，変容的評価を考えていく際に，複雑な評価課題を設計する際の要因として考慮する必要があります。

コストと実現可能性の検討

コストと実現可能性は，あらゆる評価にかかわる要因ですが，本書で議論している21世紀型スキルを対象とする革新的で変容的な評価では，かなり悪化する可能性があります。優れたオンライン評価にするためには，学校が必要な技術インフラをもち，データ収集時に整合性を取れるようなコントロールができることが必須です。こうした問題については，ATC21S 白書の 3 冊目（コンピュータベースの評価の技術的課題（Technological issues for computer-based assessment））で説明しています。

第3章

知識構築のための新たな評価と学習環境

マリーン・スカーダマリア（Marlene Scardamalia）
ジョン・ブランスフォード（John Bransford）
ボブ・コズマ（Bob Kozma）
エディス・クエルマルツ（Edys Quellmalz）

要約

本章では，21世紀型スキルに対する2つの異なるアプローチ，「学習目標から後戻りする方法（working backward from goals）」と「新しいコンピテンシーの創発（emergence of new competencies）」を統合するためのフレームワークを提案します。学習目標から後戻りする方法は，教育評価や学習目標に基づいた教授方法の主流です。新しいコンピテンシーの創発は，定められた学習目標に向けて児童生徒が学ぶだけでなく，児童生徒が新しい学習目標を発見することを可能にするような，21世紀のニーズに応える教育のブレイクスルーを前提にした方法です。特に，真正の知識創造に児童生徒が取り組むことで生み出される能力やチャレンジは，新しい学習目標のよい例です。そこで，本章では，いわゆる「知識構築環境（knowledge building environments）」とよばれているものに焦点を当てます。知識構築環境とは，コミュニティにとって価値のある新しい知識，人工物，アイディアを生み出すことが中心的な活動である学習環境です。成熟した知識創造組織（knowledge-creating organizations）がまさにそうです。知識構築環境では，今現在の学習環境や評価では見えてこない児童生徒の潜在的能力を引き出すことができます。

本章の核心にあるのは，入門レベルの能力から高いパフォーマンスを発揮する知識創造チームのメンバーたちが備えているような能力へと導く発達的シークエンスつまり，ラーニングプログレッションズです。これらは，「組織科学」や「学習科学」の知見に基づいています。例えば，知識構築環境で学ぶ児童生徒が見せるコンピテンシーは，その中に含まれます。同時に，こうしたプログレッションズに関わる学習と発達の諸原則も明らかになってきています。

知識社会，そして教育改革の必要性

今日多くの人が知っている「知識社会」(Drucker, 1994, 1968；Bell, 1973；Toffler, 1990) は，教育，文化，健康，金融といった社会制度に対して大きな影響をもち，これまでになく生涯学習やイノベーションへのニーズの増加を引き起こしています。このイノベーションのニーズは，工業中心から知識中心の経済への転換によって高まっています。知識中心の経済で市民と組織がイノベーティブになるには，国民一人ひとりが健康で豊かであることが必要です。さらに，トーマス・ホーマー・ディクソン (Thomas Homer-Dixon, 2000) は，地球の気候変動やテロリズム，情報の氾濫，抗生物質が効かない病気，世界金融危機のような問題は，「知のギャップ (ingenuity gap)」をつくり出すと指摘しています。つまり，複雑な問題を解決するために新たなアイディアが必要になっているのに対して，実際のアイディア供給とはとても大きな乖離があります。サバイバルではなく繁栄を求めるならば，ますますイノベーションと新しい知識の創造が重要となってくるでしょう。

教育を十分受けていない市民は，特に弱い立場におかれます。デビットとフォーレイ (David and Foray, 2003) は，各国間の生産性と成長の格差は，天然資源があるかどうかよりも，新しい知識やアイディアを創造する能力があるかどうかと関係していると強く主張しています。「高度に競争的でグローバル化された経済において，イノベーションが，生き残り繁栄するための唯一の手段になればなるほど，『イノベーションへの需要』はより強くなっている」(p. 22) と彼らは述べています。

このATC21Sプロジェクトに着手する時に出した「行動への呼びかけ (The Call to Action)」では，「教育を変える：21世紀型スキルの評価と教育」(2009) というタイトルで，私たちに立ちはだかる新しい試練に取り組むための一体的な教育改革の必要性を強調しています。

> 今日の世界経済の構造は，20世紀初頭とは大きく異なったものになり，ICTの進展に大きく依存しています。世界をリードする国々の経済は，今や，形のある製品の製造よりも，情報という商品やサービスを製造し届けることが主となっ

> ています。形のある製品の製造でさえ，様々な場面でテクノロジのイノベーティブな活用に強く依存しています。21世紀初頭には，これまでの数十年とは大きく異なった方法で人々が情報や知識にアクセスし，利用し，創造するという大きな社会的な変化が起こりました。こうした変化もまた，どこでもICTを利用できる様々な方法があることによります。この流れは，教育に対して重要な示唆を与えるものといえます。しかし多くの教育制度は，20世紀初頭と非常に似通った方法で動いており，ユビキタスなICT利用からは，ほど遠い状態にあります。経済の発展と社会の発展の両方を支えるべく，世界のトレンドに応え，またそれを形成するために，世界規模で大幅な教育改革が必要とされています。(p. 1)

よくあるシナリオに従えば，テクノロジの進展に合わせてテクノロジが教育に導入されれば，より多くの人々が知識を手にするし，誰にでも知識を得る機会を提供できるでしょう。しかし，これは「幻想的」すぎる見方かもしれません。本プロジェクトでは，多くの先行研究(Laferrière, 2001；Raizen, 1997；Law, 2006)と同様に，よい目的でテクノロジを使えば必要な変化を引き起こせるはずだと信じる根拠はほとんどない，という前提に立っています。21世紀の変化に取り組むためには，教育改革は一体的に行われなければならず，単に技術的な側面に対応すればよいのではありません。一体的な改革には，研究に基づいたイノベーションと実践とが密接に結びつくことが必要ですし(例えば，Bransford and Schwartz, 2009)，知識時代の教育や職場の生産性の向上につながるノウハウを生み出すためには，その改革の進展を評価することも必要です。また，組織学習や，教育政策，教育以外の組織との連携も必要です(Bransford et al., 2000；Darling-Hammond, 1997, 2000)。「行動への呼びかけ」では，次のように言っています。

> カリキュラム，教育観，教師教育，学校組織を含む一体的な教育改革が求められています。改革は特に教育評価において必要です…既存の評価のモデルは，グローバル経済と世界の変化の速さに対応するため，今後ますます重要となってくる自律的で協調的な学習のためのスキル，知識，態度，個人特性を測定していません。(p. 1)

トリリングとファデル (Trilling and Fadel, 2009) は，*21st Century Skills: Learning for Life in Our Times* という著書の中で，「同期しつつシフトするシステム (shifting-systems-in-sync)」について語っています。評価への様々なアプローチを判断するためには，それらを教育制度内の力関係の中で，より大きな文脈の中で見る必要があります。伝統的にテストは，平均レベルのパフォーマンスに児童生徒を安定させる仕組みとして一定の役割を果たしてきており，それに変化を引き起こすことは難しいです。その仕組みは，よく知られているように，「広く浅いカリキュラム（mile wide, inch deep）」のようなものを提供しており，誰も支持しないのに，それでもなお，驚くほどのしぶとさを見せています。そうした教育制度の中には，教育者や専門家の合意によって定められたスタンダードや，スタンダードに合わせたテスト，スタンダードとテストに合わせた教科書や教材，カリキュラムに対する学習者の反応（しばしば，スタンダードテストでは「成功・失敗」とみなされる），教師の反応，そして親からのプレッシャー（多くの場合，子どもにテストでよい成績をとってほしいという思いが中心となる）があります。こうした様々な要素が相互作用した結果，それらの間の緊張状態を最小化する状態へと進んでしまいます。そして結果的に，テストで測定でき，教師が教えやすく，児童生徒が学びやすい内容を表したスタンダードが典型的なものになります。新しいテストを導入するといった，教育制度に変化をもたらそうとする動きは，いろいろな方面から生じるかもしれませんが，今の教育制度は全体として，そうした努力を無効化する傾向があります。こうした教育制度の特徴を，教育に関わるリーダーはよく認識しており，そこで「一体的な改革」が必要ということになったのです。結局，伝統的な目標志向やテスト志向のアプローチは，教育に革命をもたらすうえで，また，21世紀において実施するのには有望な方法ではありません。

別の選択肢にはどのようなものあるでしょうか。（『授業を変える：認知心理学のさらなる挑戦（*How People Learn*）』（Bransford et al., 2000/森・秋田（監訳）2002）をはじめ，全米アカデミーズ出版（National Academies Press）から出版された関連書籍では，別の枠組みを示そうとしています。それは，脳，認知的発達，社会的発達に関する知識に基づき，「学習科学」の実験から見いだされた革新的な研究成果をまとめたものです。上述のアプローチとの相違点の概要を，新たなコンピテンシーの出現に着目しつつ以下に詳しく示しましょう。かいつまんで言うと，これから示していく事例では，これから学ぶ初学者が，利害関係者どうしの同意によってつくられたスタンダードのみから始めるのではなく，「望ましい条件」の下で（Fischer & Bidell, 1997；Vygotsky, 1962/1934）児童生徒が何をすることができるのか，ということから始めることが有効であることを示しています。そこで問題となるのは，こうした条件をより広い範囲で実現し，どのような新しい能力が出現するかを観察し，カリキュラムの中へと「深く入り込んでいく」（Fadel, 2008）には，どのような条件や環境を確立すべきかということです。この試みが進むと，児童生徒が誰でも達成感を得ることができて，「可能性の限界」をさらに広げるように扉を空けておくことができる，より強力な環境をつくり出すことが目標になります。したがって，このオープンエンドな開かれたアプローチでは，以下に詳述するように，学習活動と同時に進行し，学習状況の中に埋め込まれた，変容的評価（以下，学習しながら同時に行う状況に埋め込まれた変容的な評価）(concurrent, embedded, and transformative assessment) が必要です。こうした評価は，教師や児童生徒にとって最大限に使いやすいもので，新たな高みへと到達するよう力を与えてくれるようなものでなければなりません。よって形成的評価は，新たな意味を帯びます。形成的評価は学習プロセスに不可欠で，コミュニティのつながりを深めていきます（Earl, 2003；Earl and Katz, 2006）。形成的評価は，現状の児童生徒のパフォーマンスと学習目標とする成果との間のギャップを狭めるためではなく，児童生徒の現状のパフォーマンスとそれまでのパフォーマンスとの間の距離を広げ，学習目標とする成果を上回ることを可能にするために使われます。そうした取り組みを維持しつつ，長い時間をかけてさらに大きな変化を生み出すような，より効果的な知識構築環境を創造するためにも使われます。

21世紀では，学校であろうと，学校外の教育場面であろうと，知識と技術革新は表裏一体の関係にあるでしょう。この状況はすでに，多くの知識創造を行う会社組織においてみられます。それらの組織は，高度な21世紀型スキルが実際にどのように使われているか，そのスキルを支援するために知識構築環境がどのようになっているかのモデルとなります。ICTが，学校，様々な組織，コミュニティの日々刻々の活動に浸透すると，知識構築の環境と評価のデザインを広げさらによりよいものにしていく可能性が広がっていきます。こうしたことから，本章の目標は以下の通りとします。

- 知識創造組織と，それを支える知識構築環境を特徴づけ支えるような環境と評価を分析するためのフレームワークをつくる。
- 児童生徒に知識創造組織に参加させたり，働く準備をさせることにつながるようなモデル，可能性，バリエーションをよりよく理解するために，この枠組みを一連の環境や評価に適用する。
- 評価の改革に対して技術的，方法論的な示唆を得る。
- 知識構築環境の理解を深め，21世紀型スキルを推進する必要性と機会を拡げていくような研究アプローチを提案する。

21世紀型スキルの評価と教育に対する私たちの取り組み全体の根底には，「知識創造組織」と「知識構築環境」という２つの概念があります。そこでまずこの２つの概念について議論することから始めます。

知識創造組織

「未来は今ここで生まれる」という表現が北米ではよく使われます。そういった可能性はどこにでもあるわけではありませんが，知識創造組織はその典型でしょう。知識創造組織とは，会社，組織，協会，コミュニティの中でも，特に知識の創造，知識の評価，知識の応用が必要不可欠で，それを主な活動としている組織です。例えば，研究機関，非常に革新的な会社，プロフェッショナル・コミュニティ（医療，建築，法律等），デザインスタジオ，メディア制作会社などがあります。

新しい知識を創造する時には，現状の実践を超えていこうとする期待と手段が伴います。そのゴールは，「創発的（emergent）」なものです。つまり，ある目標を追う中で新しい目標が生まれ，またさらに修正が加えられていくのです。もしコンピュータの設計において創発的な目標をもっていなかったら，コンピュータはいまだなお，単に非常に速く計算ができる機械に過ぎなかったでしょう。創発的な成果から，その成果を出すためにどのような下位のスキルが必要か，どのような下位の目標が必要かと，さかのぼることはできません。なぜならば，それらは自己組織化（self-organization）によって出現するものだからです。自己組織化とは，比較的単純な要素の間の相互作用によって生じる構造であり，その構造を事前に示すことはできません。創発的なものの古典的な例は色です。なぜならば個々の分子は，いかなる色ももっていませんが，自己組織化のプロセスを通して色をもつ分子の構造が出現するからです。自己組織化システムの概念は，生物のもつ複雑な解剖学的構造の進化を説明するためにも使われますし（Dawkins, 1996），創造性を説明するためにも使われます（Simonton, 1999）。創造性は，21世紀型スキルとして広く認知されたものの１つです。創造的な仕事や適応的熟達化（Hatano and Inagaki, 1986）も同様に創発的な目標をもっている点が特徴的です。この点において，創造的な仕事や適応的熟達化は21世紀型スキルと非常に関連が深いと言えます。ここで伝えたいメッセージは，「何でもあり」とか，スタンダードやビジョンは廃止すべきだというものではありません。そうではなく，高いスタンダードとそれを支える教育政策は評価され超えるべきものとして絶えず議論の俎上に載っているべきであり，そして，革新へのプロセスを支え，称賛し，評価し，共有する必要があるということをお伝えしたいのです。

バース（Barth, 2009）の研究では，「3 分の 2 以上の雇用主が，高卒者は問題解決と批判的思考の能力が不足していると言った」と報告しています。この重要な指摘は，ワシントン大学の卒業生3000人が卒業から 5 ～10年後に自分たちの仕事で実際に使っている様々な能力の重要性を評定した調査によって明らかにされています（Gillmore, 1998）。ランク上位の能力は，①問題を定義し解決する，②意思決定や問題解決に役に立つ情報を特定する，③独立して働いたり，学んだりする，④効果的に話す，⑤現代のテクノロジ，特にコンピュータを使って効果的に働く，でした。これらは，あらゆる専攻の卒業生から高く評定された能力でした。学生の研究領域に関係なく，こうしたスキルは，自分たちの領域固有の知識や能力よりも高く評定されたのです。こうしたスキルは，ビジネスに携わる人々や教育者が作成した21世紀型スキルの項目とかなり一致しています。したがって，そうしたスキルが正確には何を表しているのかはこれから検討すべき問題ですが，現代の職業生活において重要なものであることは間違いないでしょう。

21世紀型スキルを教えることへの非常に大きな要請がビジネス界の人々からもたらされているという事実は，おのずと，教育者の間にある種の抵抗感を引き起こしてきました。彼らの主な反論は，教育は職業訓練に還元されるべきではない，民間の団体が教育の優先事項を指図すべきではないというものです。まっとうな懸念ですが，単刀直入に下記のように答えることができます。

・21世紀型スキルを教えることは，職業訓練とは大きく異なるものです。それは，特定の職種に向けたものではなく，非常に広い範囲で使える能力を発達させせることになるのです。実際に，オンライン学習のための北アメリカ協議会と21世紀型スキルのためのパートナーシップ（The North American Council for Online Learning and the Partnership for 21_{st} Century Skills, 2006）は「21世紀の市民や労働者は，初歩レベルの労働者であろうと高度な専門職であろうと，成功したいならば，すべての人は分析的に思考し，問題を解決することができるようにならなければならない」（p. 7）と述べています。
・今日の学生にとって，就職できるかどうかは重要な関心事です。ピーター・ドラッカー（Peter Drucker, 2003）は，現在起こっている変化と産業革命時の変化を比較して，農業労働者が工業労働者になるために必要とされる再学習はごくわずかだったが，工業労働者が知識労働者になるにはかなりの学習と再学習が求められること，その学習は子どもの頃から開始するのがベストであることを指摘しています。
・クロフォード（Crawford, 2006）は，抽象的な情報を処理するのみのスキルを強調することを問題視しています。ライシュ（Reich, 1991）が呼ぶところの「シンボリック・アナリスト（様々なデータから問題や課題を抽出し解決策を提案する人）」に全員なるわけではないでしょう。しかし，「手作業の」仕事でない限り，シンボリック分析にテクノロジを利用することは，ますます必要不可欠になりつつあります（Leonard-Barton, 1995）。

・教育に関して，人々により受け入れられやすい価値観として必要なのは，21世紀型スキルを推進するために何をするにしても，対象はエリートに限定されるべきではないということです。包括的で，参加の平等を促進し，シチズンシップの問題に取り組み，多文化主義で，審議による統治を養うものでなければなりません（Hearn and Rooney, 2008；Robinson and Stern, 1997；Trevinarus, 1994, 2002）。
・知識と結びついたスキルの水準を高めることは，組織内のマネジャーや開発担当者だけでなく，あらゆるレベルの労働者が「責任を担い，みずから問題解決をする」（U.S. Department of Commerce et al., 1999, p. 1）力をもつようになるためにも重要です。
・現代の会社，研究室，デザインスタジオなどが，教育が見習うべき理想的なモデルを表現していると思い込んではいけません。おそらく，それらの成功から学べるものと同じように，それらの欠点から学べるものがあるでしょう。教育制度にとって参考になるのは，単に知識を転移し適用するのではなく，知識を生み出す機能を果たしている社会組織です。学校における学習が今よりももっと能動的なものとなったとしても，知識を生み出す組織は，それ以上に深いレベルの構成主義のあり方を教えてくれるのです（Scardamalia and Bereiter, 2003）。

以上の点をふまえて，知識構築と創発というテーマについて考えてみる必要があります。教育者やビジネス界の人々からなる委員会が見いだした21世紀型スキルを文字通りに受けとるのではなく，私たちは，「最も良い」場合を想定して，何が知識創造の構成要素となるのか，そしてどんな特性や能力や環境がそれを可能にするのかを考えることから始めるとよいかもしれません。それは，あらゆる種類の「ソフト」スキル（21世紀型スキルはその一部です）の特徴であり，すべての人がすでにある程度もっているものです（連立方程式を解いたり，歯の詰め物をしたりするような，訓練なしにはまったく知り得ない「ハード」スキルとは異なります）。それ故に私たちは，知識創造に関係するとみなされたそれぞれのスキルに対して，ほとんど全員がもつと考えられるスキルのレベルから，創造的知識労働に従事するために十分足るレベルまでの，連続的なプロセスを想定することができるかもしれません。革新的な組織や職業で生産的な仕事をするのに必要なスキルとコンピテンシーは，学校や教育制度が21世紀の期待に沿えるようにするための学習環境や実践，形成的評価をデザインする際の参考になります（Trevinarus, 1994, 2002；Wiggins and McTighe, 2006；Anderson, 2006）。

知識構築環境

「知識構築（knowledge building）」という言葉は，無数のウェブ上の文書の中にみられます。ビジネス関連の文書をみると，その言葉は「知識創造」と同義語として使われています。おおまかに言って集合知，知的資本，知識労働，イノベーションといった概念と等価なものとして扱われています。教育関係の文書をみると，「構成主義的な学習」（Wilson, 1996）の同義語として使われているようです。能動的学習，発見学習，探究型学習，プロジェクト型学習といった概念とほぼ同じものとして扱われています。

「知識構築」という言葉は，1989年に教育研究の論文の中で最初に紹介されました（Bereiter and Scardamalia, 1989, p. 388）。その大元は，*Surpassing Ourselves: An Inquiry Into the Nature and Implications of Expertise*（Bereiter and Scardamalia, 1993）という本にまとめられた熟達化とイノベーションに関する研究の中にあります。「漸進的問題解決（progressive problem solving）」というフレーズは，（経験はあるが熟達者ではない人になるのとは対照的に）熟達者が，余っている認知的リソースを使ってより高いレベルの問題に取り組むことを通して，専門性を発達させ続けて熟達者になる過程を表すために用いられました。

知識構築にも適用されているこの基本的な考え方は，浅い構成主義と深い構成主義の違いを明らかにします。構成主義の考え方の「深さ」を一直線上に示して考えた場合，学校で「構成主義的学習」とよばれているものの大半は，浅い方に位置するでしょう。様々なメンバーが情報を集めて，マルチメディア表現で統合するという，どこの学校でもみられるような「プロジェクト型学習」を例にとってみましょう。長期間そうした学校のようすを観察した人は，こうした活動を，記事を切り抜き張りつけるスクラップブックをつくるためのコンピュータ利用だと表現しました。知識構築は，知識「創造」に焦点がありますので，そのような実践とは反対の端に位置するはずです。そこでは，自身でアイディアをもちながらの活動で最も深いレベルの活動がめざされています。それは，新しいアイディアの創発と，その改善のための継続的な努力を行うことです（Scardamalia and Bereiter, 2003）。

思考研究の歴史をみると，知識を人類の構成物として見る考えは，比較的新しいものです。知識創造を支援する環境をデザインすることはさらに新しいことになります。学校は，知識創造の目的のためにつくられたのではありません。そして今日にいたっても，多くの人が学校の目的はそうであるべきではない，あるいはそんなことはできないと主張することでしょう。しかし，新しい知識が創造されるプロセスに児童生徒が関わることができるかどうかは，学校に知識構築環境を導入できるかどうかにかかっているのは，ほぼ間違いないでしょう。

簡潔に言うと，ここで「知識構築環境」とよんでいるものは，新しいアイディアの創造とさらなる発展，すなわち，あらゆる種類の組織における知識創造を支援するような環境です。現在は，アイディアを用いて創造的な活動をする環境（例：knowledgeware）と，学習のための環境（例えば，教育用ソフトウェア，チュートリアル，シミュレーション）は異なるものとして考えられていますが，それらを概念的，コスト的，技術的につなぐことが必要かもしれません。そうすることで，創造的な活動といわゆる学習活動の概念との統合を促すとともに，より高度な知識活動として，それらの相違点と本質的な点に着目することができるでしょう。両者を統合するためにどのようなアプローチがあるでしょうか。これから，新しいスキルの創発を促す特徴に焦点を当て，知識構築環境という概念を詳しく説明します。

知識構築環境は，アイディアを用いた創造的な活動に対して，アイディアのタマゴが，これまで想像できなかった大きな成果に変わるような，優れたサポートを提供します。多様な文脈の中でアイディアが生まれ，それらが共有の場でお互い見ることができることで，またアイディアが改善されていきます。こうしたより共有された公共の場では，競争相手でもある一緒に取り組む仲間が内容を精緻化，批評，再構成，結合，再配置したり，より高次の体系を創造したり，アイディアの使い方を探究・考案したり，他の様々なやり方でアイディアを用いて創造的に仕事をすることができます。それは，継続的かつ多様な関わりの中で，無色の分子のような「アイディア」に構造を与えていくことで行われます。この「創発」の視点に従って，知識構築アプローチでは，あるアイディアの「有望さ」に注目して，新しい組み合わせや継続的な取り組みを通して，何かすばらしいものが出現するだろうと考えるのです。創造的な知識労働では，見込みのないアイディアにリソースをむだに使うことを避けるとともに，有望なアイディアを切り捨てないように守ることが重要です。「熱帯雨林を救おう：温室効果ガス排出削減か死か？」（Saving the rainforest: REDD or dead?, 2009）で，森林保全プログラムのデザイナーがその計画への批判に答えたのと同様に「何もないよりも，改善できる不完全プログラムのほうがよい」のです。

要約すると，知識構築環境は，バーチャルであれ他のものであれ，協調的なアイディア創造と継続的な改善をより促していく環境です。アイディアの改善のための批判や貢献を他者から受けることが可能な共通の作業場に，自分のアイディアを出しておくことによって，協調的な知識労働のポテンシャルを引き出します。こうした協調的でオープンな文脈では，民主的でアイディアの発展をめざした対話によってアイディアの価値が組み合わさり，その結果，協調による成果は個々人の貢献を超えたものになります。ローカルの知識構築コミュニティはより広いコミュニティとつながることによって強くなっていきます。ローカルコミュニティは，より大きなコミュニティを利用するだけでなく，そこへの参加も促され，それによって知識がさらに発展する可能性があります。優れた知識構築環境では，イノベーションがその組織の中核的仕事となっていくでしょう。その環境では，組織の知的なリソースに対してメンバーが継続的に貢献し，改善を加えていきます。少しずつ前進することがさらなる前進につながり，その結果，現在の理解と能力を超えていこうという動きが，個人レベルとグループレベルの両方で，継続的に起こるのです。創発は 1 つの生き方となっており，既知の目標に向かって既知の道をたどる生活よりも，より生産的で，個人の満足をもたらすものです。イノベーションは，ピーター・ドラッカー（Peter Drucker, 1985, p. 151）が述べているように，「ルーティンとまではいかないが，ごく普通で標準的なことの 1 つ」になるのです。

新たなスキルの創発を支援する新たな学習目標と方法

21世紀型スキルの考え方を支持する人々は，21世紀型スキルが学校に対して全体的な改革をもたらすことを期待しています。しかしながら，想定される改革の内容や程度は，保守的なものから根本的に変えるものまで幅があるでしょう。次の 3 つのレベルに分けられます。

1．**付加的変化**（Additive change）：新しいスキル目標，新しいカリキュラム内容（ナノテクノロジ，環境教育，異文化理解教育，システム理論，テクノロジの学習など），新しいテクノロジを追加することで変化が起こると期待されます。既存のカリキュラムを変更するには，その追加のための時間をつくる必要があるでしょう。
2．**融合的変化**（Assimilative change）：21世紀型スキルの取り組みを既存のものへの追加とみなすのではなく，既存カリキュラムや教育方法を，批判的思考，問題解決，協調などをより重視したものに修正するという考え方です。これは，広く推奨されているアプローチです。過去に「高次思考スキル」教育が流行した時に，付加的アプローチをとったことで失敗した（Bereiter, 1984）ことから教訓を得ています。
3．**一体的変化**（Systemic change）：19世紀型の構造をもっている教育制度の中に新しい要素を組み込むのではなく，学校が21世紀型の組織へと変容していくという考え方です。この目的のために，私たちは，学校が知識創造組織として機能する事例を示します。しかしながら，教育の変化は学校の中でのみ起こると考えているわけではありません。若い人々による知識創造は，学校外の文脈で起こる可能性がありますし，現にそうであることが多いのです。

著者らは一体的変化を支持していますが，公教育の現実をみると，学校システムが21世紀の変化やニーズに適応しようとしているのは，融合的変化か，多くの場合は付加的変化だと理解しています。したがって，21世紀型スキルを教え評価するアプローチは，3つのレベルのどれでも適用可能で，かつ潜在的に変革可能であることが必要です。しかしながら，そうはいっても，学校が知識創造組織へと一体的に変容していく国々は，産業時代のカリキュラムや構造の中に知識時代の教育を組み込もうとする国に比べ，非常に大きなアドバンテージがあると，私たちは考えています。

21世紀型スキルを推進するという実践的目標を達成しようとするうえで，2つの一般的な方略をとることができます。私たちは，両者とも重要で，相互補完的に使われる必要があると考えています。1つは「学習目標から後戻りする」アプローチです。もう1つは「創発的」アプローチとよんでいるものです。これからそう呼ぶ理由を説明しましょう。

「学習目標から後戻りする」方法は，一連の下位目標をつくって，初期状態からその目標にいたる道筋をつくるもので，ニューウェルとサイモン（Newell and Simon, 1972）の古典的な問題解決の研究で示された主要な方略の1つです。それは，教え方をデザインする（授業指導案をつくる）方法として奨励されるものとしてよく知られています。教育評価に適用する時には，様々なテクニックがありますが，いずれも明確に決められた目標に基づいており，その中身は明確で，別々にテスト可能です。この方法は，学習目標が明確なケースにおいては価値がはっきりした方略ですが，21世紀型スキルの場合には２つの欠点があります。第１に，ほとんどの21世紀型スキルは「ソフト」スキルであり，特にこれは，学習目標に関して曖昧さと主観性を避けることができないことを意味しています。よって「後戻りする」としても「ハード」スキル（例えば，ある種の代数の操作ができる能力）の場合のようにうまく構造化できません。しかしながら，より深刻な問題は，学習目標から逆算しても，新しい学習目標を発見したり生み出したりする土台にはならないということです。21世紀型の教育が1970年代にあった「高次思考スキル」運動の繰り返しとなるのを避けるのであれば，学習目標の範囲の拡張可能性が必要です。

先に述べたように，21世紀型スキルを教えテストするという授業場面では，「学習目標からの後戻り」は「前向き（working-forward）」なアプローチによって補完される必要があります。これは「システム革命」（Ackoff, 1974）とよばれるものから生まれたアプローチです。自己組織化と創発は，広範囲の問題に対するシステムアプローチの鍵となる考え方です。「創発的」アプローチは，教育研究に近い実践場面の報告では，学習者の発見能力に基づいた新しい目標の構築を可能にしています。ある研究では，子どもたちの観察を通して，彼らが有理数を教えられる前に，割合に関して直観的な理解をもっていることがわかり，そこから，新しい学習目標（有理数の意味を創る）の形と伝統的な教育内容を段階的に教えていく方法を反転させた新しい教え方を開発することにつながりました（Moss, 2005）。その結果，伝統的な学習目標（適切なアルゴリズムを習得する）とそれに到達するための道筋（有理数の導入で，子どもたちがもつ整数の知識と関連づけたモデルを使うことから始める）は，これまで広く学校で採用されていたものでしたが誤っていたことがわかったのです。もしこのようなことが算数を教える時によく使われる「学習目標から後戻り」する方法で起こるのであれば，私たちは，まだ広く試行されていない21世紀型スキルの教え方において，後戻りアプローチにのみ依拠することがどれほど危険かを考える必要があります。しかし，創発的アプローチの欠点は，当然のことですが，創発的な学習目標に到達するための道筋がみつかるという保証がないことです。新しい工夫が必要ですし，それには常に不確実性が伴います。

「創発的」アプローチの性質と利点を明らかにするうえで役に立つ，２つの具体的な例があります。最初の例は，先ほど引用したモス（Moss, 2005）の研究からのものです。第２の例は，科学的リテラシーに由来するもので，これまで支配的な見解であったトップダウンの後戻りアプローチでは認識されてこなかった，主要な21世紀型スキルとなる可能性がある例です。

1．**有理数を扱うスキルを超えて，割合の考え方を学ぶ**：有理数の習得の困難さは，一定数の子どもたちに必ず起こることであり，多くの研究が取り組まれてきました。特に難しいのは有理数の学習時に子どもたちが整数をきちんと学べていても，分数に転移できないのは，割合に関する本質的な考え方や，分数自体が数であるということを理解できていないからです。授業で分数を導入する標準的な方法では，ある１つを全体としてそれを部分に分けて数えるのですが，その方法自体が子どものつまずきを強化しているように見えました。ジョーン・モス（Joan Moss）とロビー・ケース（Robbie Case）は，子どもたちがすでに割合に関する考え方をもっていることに気づきました。その証拠に，子どもたちは，２つの異なるサイズのビーカーに対して，一方が他のビーカーと同じくらいの量になるように液体を入れるように求められた時に，そうすることができたのです。このように一度，割合を用いた推論が実際の学習目標として設定されたため，その目標に向かっていく方法を考案するために「後戻りアプローチ」を適用できました。モス（Moss, 2005）は子どもたちに割合の考え方で考えさせることを目的に，教材と学習活動からなる総合的な学習環境を開発しました。モスとケースは，有理数の授業のはじめに分数を紹介するのではなく，子どもたちが自然に理解していることとより密接に関連する百分率から始めることにしました（何パーセント課題が完成したかを計算したコンピュータ画面の棒グラフから考える）。最終評価では，小学５・６年生が，すでに教育を受けた大人よりもよい成績を収めました。割合で考えることは言いかえると，有理数の意味を知ることなのです。グリーノ（Greeno, 1991）は，地理の学習で方向感覚をもつのと同じように，数のセンスを，数学でどのようにふるまえばよいかを知ることと同じようなものだと位置づけました。それは直接的に教えられるものではなく，むしろ，ある学習の中で様々な方向へ様々な目的をもって何度も試してみる経験から生まれるものです。それは評価可能ですが，ハードスキルのようには明記することはできません。そして，非常にはっきりしていることは，割合の考え方や有理数の意味を身につけることは，有理数のアルゴリズムを数多く学ぶ（あるいはあまり学べない）よりも，より根本的なことであり，スキルをより高めるということです。

2．**「科学的手法」を超えて，理論構築を学ぶ**：創発的アプローチの２つ目の例は，より直接的に21世紀型スキルと関係のあるもので，理論構築に関する研究に由来します。創造的な「知識」労働は，計画することにしろ，発明することにしろ，すべて理論構築であることは，誰もが考えていることでしょう。非常に優れた発明家として世界で知られるライト兄弟でさえ，飛行機をつくると同時に理論構築を行っていたのは明らかです（Bereiter, 2009）。それゆえ，理論のような知識構造をつくり，テストし，改善する能力は，21世紀型スキルのトップレベルに位置づけることができるでしょう。しかし，それは，21世紀型スキルのリストに載ってはいません。というのは，おそらく，スキルの用語として表現しにくいものだからではなく，この点に関して児童生徒がどのようなことができるのかはほとんどわからないからでしょう。専門家の考えでは，理論構築のような活動は高校まで待つべきだという意見（Smith and Wenk, 2006）もあれば，ラーニングプログレッションズは理論構築の基礎となる仮説検証と変数の統制というところから始めるべきだという意見まであります（Kuhn et al., 1992；Schauble et al., 1995）。いくつかのアプローチで教えた結果，科学的リテラシーに関しては効果的ではなく，新しいアプローチを見つけるために多くの努力が行われましたが（Carey et al., 1989；Carey and Smith, 1993；Honda, 1994；Smith et al., 2000），そこでは，伝統的に専門家が言ってきたように低年齢の子どもたちの能力では理論構築をすることができないと，さらに確信されるようになりました。しかし，自分たちが主導権をもって何かを理解しようと自由に追究することができると，子どもたちは自発的に理論化の活動に取り組むことできることが観察されました（Scardamalia and Bereiter, 2006）。知識構築がクラスの規範となっている 4 年生のクラスと，伝統的な探究活動を行う 4 年生の児童との比較を行う小規模の研究が行われました（Bereiter and Scardamalia, 2009）。知識構築クラスでは，「科学的方法」をはっきりと教えられることはなく，あらかじめ計画された実験を行うこともありませんでした。そのかわりに，児童たちは複数の視点から理論を創造，探究，考察することについて支援を受けました。その結果，創発的な学習目標のアプローチで学んだ場合に，かなり高いレベルで理論的な活動を行い，科学的リテラシーを獲得するとともに，優れた科学的文章を書くことができました（Bereiter and Scardamalia, 2009；Chuy et al., 2009）。つまり，理論構築は，10〜12歳になって可能になるのではなく，もっと低い年齢でもできることがわかったのです。同じ学園にある幼稚園の教員はその結果を知り，自分のクラスの子どもたちも同じような能力をまだ開花させずにもっているかもしれないと考えました。彼女は，子どもたちになぜ園庭の木の中には春先に若葉をもつものともたないものがあるのかを考えて，その理論をつくるように求めました。子どもたちはたくさんの理にかなった説明を生み出しただけでなく，それを支持する複数の事実を関連づけました。こうしたことから，理論構築を21世紀型スキルの 1 つとして位置づけることは理にかなっており，幼い頃から発達させ評価することができると考えられます。シャットら（Shutt et al., 2011）による研究もまたこの見方を支持しています。

後の節では，新しいコンピテンシーが生まれるのを支援するテクノロジに関連して，私たちは，割合に関する推論や理論づくりの活動を，非常に高いレベルで可能にするような支援のあり方について議論します。前述の例に示したように，新しい目標を探求するということは，単に児童生徒たちをある環境の中に放して，何かが起こるのを待っていることではありません。それは科学的発見の一側面であり，そうした発見が偶発的に生じることはまれなことです。一般的には探し求めるものに向かって，注意深く計算しながら特定の一手をとるのは，多くの人が知っていると思います。しかし，想像していなかったような洞察ができる余地が残されるようにプロセスの全体をつくられなければなりません。ダーウィンがビーグル号に乗って出航した時，彼は種の起源について説明することになるとは思ってもいなかったし，面白い標本を集めるだけの平凡なコレクターでもなかったのです。

多くの学校で現在努力されている学校改革では，新しい学校経営の体制づくりや，新しいスタンダードやカリキュラムが導入されるかどうかにかかわらず，そこでの21世紀型スキルの扱いは，あくまで付加的なものとなっています。改革は，伝統的な科目の教育に基づいた保守的なやり方と枠組みに基づいたものとなっています。より大きく変容していくには，目標と方法を新しく検討する必要があります。21世紀型スキルの教育は事実，依拠すべき「実証済み（tried and true)」の方法をもっていないので，よりリスクのあるアプローチが必要となります。これまでの学習目標に求めるパフォーマンスの水準を引き上げるものでない限り，21世紀型スキルの教育改革に対して大きな期待を寄せることは困難でしょう。もちろん，それはこれまでの学習目標も含むべきですが，パフォーマンスへの要求は実際に高まっているように思われると同時に，今日の控えめなスタンダードを満たすために支援が必要な児童生徒は存在し続けるのは疑いのないことです。しかし，21世紀にふさわしい教育という名前に値するには，単に既存の学習目標よりも高いスタンダードをつくるのではなく，新たな種類の学習目標が必要なのです。

次節以降では，21世紀型スキルが知識創造組織においてどのように使われているかを検討します。特に，そうした組織で実際に働くエキスパートたちが知識創造する時に行っていることに焦点を当て，「後戻り」のアプローチによりその方法や目標が学校で適用できそうかどうかを検討します。これにより，知識労働に人々を雇用したいと考えている雇用主たちがどのような特性やスキルを望ましいと考えているかを明らかにする以上のことができるでしょう。次に，知識創造組織で働くことを支援する知識構築環境について検討したうえで，学習と評価の理論を検討します。具体的な研究に関する節では，創発のフレームワークを用いた研究を提案します。そこでは，転移と一般化をテストする後戻りアプローチから得られた知見を使いながら，後戻りアプローチと新しいコンピテンスの創発的アプローチの両方の長所を統合することをめざしたいと思います。

知識創造組織の特徴

知識経済において，ビジネスはどのようにすれば成功するのでしょうか。知識集約型の会社はどのように組織され，どのように機能するのでしょうか。知識経済において仕事はこれまでとどのように異なるのでしょうか。また，どのようなスキルが必要とされるのでしょうか。

産業レベルまたは企業レベルでの研究は，アメリカ（Stiroh, 2003），イギリス（Borghans and ter Weel, 2001；Dickerson and Green, 2004；Crespi and Pianta, 2008），カナダ（Gera and Gu, 2004；Zohgi et al., 2007），フランス（Askenazy et al., 2001；Maurin and Thesmar, 2004），フィンランド（Leiponen, 2005），日本（Nonaka and Takeuchi, 1995），スイス（Arvanitis, 2005）で行われ，多くの研究から，企業が高度に生産的でイノベーティブに成功する主要要因は，ICTの活用である（UNESCO, 2005）という点で共通の結果が出ています。もちろん，生産性と革新性は，新しいテクノロジさえ導入すれば高まるものではありません。むしろ，テクノロジの使用は，組織の構造，ビジネス実践，働く人のスキルが1つの一貫したシステムとして機能し相互に強化するように考えられなければなりません。また，組織の構造はよりフラットになり，意思決定は脱中心化し，情報は広く共有され，労働者は組織の内外でプロジェクトチームを組み，柔軟な労働形態がとられるようになっています。こうした組織構造と実践の変化は，コミュニケーション，情報共有，ビジネスプロセスのシミュレーションでICTを活用することで可能となってきました。例えば，アメリカ国勢調査局の調査（Black and Lynch, 2003）では，会社の生産性は，組織改革，従業員との定期的なミーティング，自己管理型チームの利用，労働者のスキルアップ，第一線の労働者によるコンピュータの使用などといったビジネス実践の変革と関連して高まることがわかりました。カナダでは，ゾーギら（Zohgi et al., 2007）が，情報共有して意思決定を脱中心化することと，会社の革新性には強い正の相関があることを見いだしました。近年の企業研究（Pilat, 2004；Gera and Gu, 2004）では，ICT

への投資が，例えば新しい戦略の採用，新しいビジネスプロセス・実践の創出，組織構造の刷新といった組織の変革とともに行われる場合に，かなりの生産性が向上することが示されています。マーフィー（Murphy, 2002）によると，生産プロセス（品質管理，リーン生産方式の採用，業務組織の改革），マネジメント手法（チームワーク，研修，柔軟な労働形態，報酬），外部との関係（生産委託，顧客との関係，ネットワーキング）における変化とともにICTが利用される場合に，生産性が高まるということです。

こうした組織構造とビジネス実践の変化によって，会社が労働者を雇用する方針や，労働者に必要とされるスキルに変化がもたらされます。職場における労働者の業務に関するある研究では，1970年代の10年間に，アメリカの経済では，決まりきったマニュアル的な作業が減少し，個別に分析をすることが必要だったり，対話の中で進めなければならない業務が増えたと報告しています（Autor et al., 2003）。この知見は，特に産業の急速なコンピュータ化を示すものでした。その研究によると，会社がICTを導入すると，コンピュータは決まりきった身体的・認知的な作業を行う労働者に「とってかわる」のですが，ルーティンでない問題解決活動を行う労働者の「補完を行う」ことはありません。同様の結果は，イギリスやオランダ（Borghans and ter Weel, 2001；Dickerson and Green, 2004），フランス（Maurin and Thesmar, 2004）やカナダ（Gera and Gu, 2004）でも見いだされました。

繰り返しで予測可能な作業は自動化しやすいので，職場でのコンピュータ利用が進むとその種の仕事はコンピュータに任されるようになり，人間に対しては，矛盾を解消するとか，生産プロセスを向上させるとか，他者の活動をコーディネイトし管理するといった問題解決やコミュニケーションに関わる業務の要求が高まるようになりました。イギリスの企業での調査では，ディッカーソンとグリーン（Dickerson and Green, 2004）が，技術的なノウハウや，組織上層部におけるコミュニケーション，プランニング，顧客とのコミュニケーション，仲間との水平的なコミュニケーション，問題解決，点検，といったスキルの需要が高まったことを明らかにしています。一方で，身体的なスキルへの需要は低下しました。こうした変化によって，アメリカ・イギリス・その他の先進諸国の会社が，より高次のスキルをもった労働者を雇用しようとするようになりました（Lisbon Council, 2007）。興味深いのは，こうしたスキルの多く（たとえば，コミュニケーション，コラボレーション，柔軟性）は「ソフトスキル」とよばれることが多く，それは成功を収めるためにとても重要なのですが，そのスキルを高レベルに発達させようとすることは最も難しいという点です。

社会的生産物としての知識創造（Scardamalia and Bereiter, 2003, 2006）は，高次なスキルセットの主要部分となります。それには，達成目標に対する責任の共有が必要で，科学者や学者，高度にイノベーティブな会社の労働者は，そのようにして仕事をしています（Nonaka and Takeuchi, 1995）。興味深い例は，ボーイング787機の設計で，全世界から集められた5,000名近いエンジニアによってつくられるというものです（生産に関わる労働者は，その数に含まれていません）。その設計とエンジニアの仕事は，複数の場所で同時に，長期間にわたって行われます。それにもかかわらず，すべての部品は最終的にきちんと組み合わさるのです（Gates, 2005）。この種の協調的で創造的な作業では，チームメンバーは最上位の目標を理解し，アイディア・下位目標・デザインが相互に関連しており，それに対して責任を共有することで，リーダー１人に頼るのではなく，すべてのメンバーが十分に互恵関係をもつようになっています。メンバーは効果的な手順を考え，実務を割り当てて完遂し，チームのダイナミクスを理解して促進し（Gloor, 2006），彼らは最善の活動やアイディアを集中して展開し続け（Leonard-Barton, 1995），さらにプロセス全体に対して責任を共有します。ある問題が出てくると，彼らは共同で次のステップを考え，互いの強みを活かしながら，アイディアとデザインを改良します。メンバーは「知識空間（knowledge space）」とそこでの協調の成果をよりよいものにしていく中で，自分たちの組織の文化的資本をつくり出すのです。

もちろんこうした仕事には，タイムラインや特定の目標，そして締め切りがあります。共有責任という考え方は，そうした側面を無視することではなく，参加者たちが締め切りを設定し，それを達成することに責任をもち，必要に応じて目標とスケジュールを再定義することを行わせることなのです。それにはまた，公共の場所で働くこと，思考やプロセスを外化し利用可能なものにすること，みんなでつくり出したものを共有のための知識空間に置いて，コミュニティの知識の水準を高めるように関与することも必要です。もし全員が同じことをしているならば（学校ではよくあることですが），仕事が冗長で，反復的になり，生産性を下げることになります。共有された目標とメンバー全員による多様で有用な貢献をもとに，共有した問題空間が拡大していく必要があります。

特に，知識集約的な知識創造組織では，組織構造，ビジネス実践，より複雑な労働者の実務とスキルの変化が生じていることが，はっきりとみられます。おそらく知識集約的な知識創造組織は研究所でしょう。科学に関する社会学や人類学で行われている研究では，現在のところ，科学者の仕事の２つの側面に焦点を当ててきました。それは，時間・資源・空間に関して科学的な仕事がどのように分配されているか，また，科学者が自分たちの研究の結果から意味を構築していく時に，道具・表象・対話をどのように少しずつ調整して，行っているのかというものです。

現代の科学では，新しい知識の創造には，時間や空間の隔たりを超えて活動をコーディネイトし，様々な手法や道具，理論を組み合わせ，既知の知見に基づいて，新しい研究を実施し，新しい知識を生み出すことが求められます（Fujimura, 1992）。この空間・時間のコーディネイトを行うために，科学者たちは，特定の科学的な対象物（アイディアやデータ，スケッチ，図）でのやりとりを，分散したネットワークの間で行うことを支援する技術的かつ社会的なシステムを開発しています。組織の内外で時間・空間・対象間に起こる調整は，コズマ（Kozma et al., 2000；Kozma, 2003）が，製薬会社の化学者の仕事を研究した成果で明らかになりました。そこでは，あるグループの成果を統合したものが，しばしば他のグループの研究の起点となっており，新薬の創造に関係する活動は，複数の研究室で，異なる専門の化学研究者どうしの間で，異なる目的をもつ装置を使って，横断的に起こっていました。この調整は部分的には，標準化された手続きの中で行われましたが，部分的には，薬瓶が研究室間を移動する時に，化学構造を表す図がついたラベルをつけたことによって達成されていました。

研究室は科学の仕事が時々刻々と行われる場所であり，その多くは，道具と表象を中心においています。彼らの協調活動では，様々な物理的な支援環境を使って，自分たちのアイディアを互いに話し，視覚的に表現します（Ochs et al., 1996）。こうした物理的空間と表象によって可能となる指示的な表現は，科学者がコラボレーションし，意味を共有していくうえで必要不可欠です（Goodwin and Goodwin, 1996；Hall and Stevens, 1995；Suchman and Trigg, 1993）。科学者は，活動の成果物として生み出された図表や視覚化データといった表象の中にみられる特徴に注目しながら，議論を進めています（Kozma et al., 2000；Kozma, 2003）。こうした表象の特徴は，知見に対する異なる解釈が生じた時に，どちらが適切かを判定する際，その根拠として使われることが多いのです。

これらの実践，組織の構造，革新性のニーズに関する知見から，知識創造組織は，21世紀型スキルの獲得を支援するために必要な実践や組織構造の環境に対して，また，学校の内外の学習環境を効果的につなぐうえで，大きな示唆を与えてくれます。知識創造組織は，様々な文書や記事（例えば，Partnership for 21st Century Skills, 2009；Binkley et al., 2009；Johnson, 2009）に列挙されている21世紀型スキルを，すべて高く評価しています。結果として，知識創造組織の分析によって，新しい評価の設計と実施をめざすうえで，さらにハイエンドな基準と

○表3.1　知識創造組織でよくみられる21世紀型スキル

21世紀型スキル	知識創造組織のようす
創造性とイノベーション	未解決の問題に取り組む。理論やモデルをつくる。リスクを覚悟して取り組む。有望なアイディアやプランを追求していく
コミュニケーション	領域を発展させることをめざした知識構築・漸進的な対話。より包括的で高次の分析を行うための議論。コミュニティのために開かれた知識空間でメンバーどうしあるいはそれ以外とのやりとりが促される
コラボレーション・チームワーク	多くの個人間の協調や競争から集合的あるいは共有された知性が生まれ，既存の知識を皆で多く蓄積していくことを目的とする。チームのメンバーは効果的な相互作用を達成するために集中し，ネットワーク化されたICTを用いて活動する。コミュニティの知識が発展することが個人の成功よりも称賛され，各々の参加者がそれに対して貢献することができる
情報リテラシー・調査活動	情報が与えられるだけではない。知識リソースを建設的に活用し，またそれに対して貢献することで，よりよいアイディアを社会的に蓄積して拡大する。知識リソースや情報を発展させるための取り組みの中に知識創造が位置づけられる
批判的思考・問題解決・意思決定	真正な知識労働の中で高次の思考スキルが駆動される。自分で問題発見し有望なアイディアへ発展させる活動を通して，達成の基準は継続的に上がっていく。参加者は，複雑な問題と体系的な思考に取り組む
地域とグローバルのよい市民であること（シチズンシップ）	市民として，知識創造社会の一員であると認識し，グローバルな取り組みへの貢献をめざす。チーム活動では，チームメンバーの多様な視点を尊重して価値を置き，フォーマルな学校や仕事場だけでなく，インフォーマルな場面でも社会的に共有された知識を構築していく。そのような中でリーダーシップを発揮し，あらゆる立場の権利を支持する
ICTリテラシー	ICTは組織の日常的な活動に埋め込まれている。共有されたコミュニティ空間がつくられ，そこでは世界規模の組織やリソースとの関係も構築しつつ，継続的に参加者によって改善される
人生とキャリア発達	継続的に「生涯にわたって」「生涯の様々な場で」様々な学習機会に参画する。人生を取り巻く状況や文脈にかかわらず，知識創造者としての自己アイデンティティをもつ
学び方の学習・メタ認知	児童生徒と労働者は，最も高いレベルで，自分の活動に責任をもつことができる。評価は，組織の運営と統合されていて，個人的レベルのメタ認知だけではなく，社会的なメタ認知能力が必要とされる
個人の責任と社会的責任（異文化理解と異文化適応能力を含む）	チームのメンバーは，コミュニティの知識資産を構築し改善しつづける。そこでは，文化的な影響も重視することで，多文化・多言語で変化しつづける社会に利益をもたらすようアイディアを活用，改善しようとする

モデルが提供されています。例えば，分散したチームがよりよい成果物を出して成功するために，どのようにマネジメントしているかに関する知見は，コラボレーションや，グループ問題解決，ICT 活用などといった分割された概念を支えます。また，社会的，物質的，技術的実践と，知識創造組織をつくり出しているメンバーがいる組織の構造は関連しています。

表3.1は，知識創造組織の特徴と第2章で示した21世紀型スキルの関係を簡潔にまとめたものです。私たちのゴールは，こうした異なる視点を列記し，後に詳しく述べるように，知識創造組織の特徴を最もよくふまえた教育環境と教育評価を決めるうえでの分析フレームワークを提供することです。

学校カリキュラムとして示される21世紀型スキルと，知識創造組織にみられるスキルとの間には大きな違いがあります。学校では，スキルは分割されてそれぞれに適した学習の道筋，カリキュラム，評価があるものとして扱われることがよくあります。知識創造知識では，それぞれのスキルが仕事の様々な側面と関連しており，スキルが複雑に絡みあっているため，それぞれのスキルを使う文脈から切り出してしまうと，ダイナミックな要素がなくなってしまい，そのスキルが意味をもたなくなってしまうかもしれません。

知識構築環境の特徴

知識構築環境は，「創発的な成果」を生み出すことを支援する「複雑システム」です。それは，知識創造組織のように，公共の知識を生み出す場所です。公共の知識とは，個人の心の中に存在するのみではなく，他者がそれに付け加えたり改善したりすることが可能な知識です。全員で共有される公共の知識は議論を通じて発展していきます。その議論では，モデルや理論や人工物のような説明的な表現が必要で，それがあって知識がコミュニティ全体で利用可能になります。児童生徒を知識構築における能動的な主体にすることは，学校改革や知識構築プロセスに関する研究の中で重要なテーマとなっています（Engle and Conant, 2002；Herrenkohl and Guerra, 1998；Lamon et al., 1996；Lehrer et al., 2000；Paavola and Hakkarainen, 2005；Tabak and Baumgartner, 2004）。ここで特に注目したいものは，「集団的認知責任」です。それは，公共の知識の状態に対して責任をもつことの必要性です（Scardamalia, 2002）。

ボーイングの例が示しているように，ネットワーク化された共同体の知識空間は，知識創造組織の活動の中核となります。したがって，参加者の活動は「個人内から外に出す（out-in-the-world）」ことが求められます。コミュニティの知的な生活（理論，発明，モデル，プランなどのようなもの）は，アクセス可能で，具体化された形で存在します。ビジネスの世界では，これは組織論における企業知識（corporate knowledge）に相当します。知識構築の文脈で言えば，それは「コミュニティの知識」とよばれるものです（Scardamalia, 2002）。このコミュニティの知識空間は，学校の教室には普通存在しないもので，そのため，児童生徒のアイディアが対象化し，共有し，検証し，改善し，統合し，「思考の道具」(Wertsch, 1998）として使用し，さらに発展させることを難しくしています。また，児童生徒のアイディアが外化されたり具体的な形で表現されないため，評価を難しくしています。これに対して，オープンで共有された空間で活動すると，話し合い，改善するためにアイディアを具体的な対象として取り扱うことができるだけでなく，学習しながら同時に行う状況に埋め込まれた変容的な評価を実現できるかもしれません。これについては後に詳述します。こうしたコミュニティは表3.1に示した21世紀型スキルを高水準に用いて活動することを可能にしてくれるのです。

グループ学習

協調学習が過去四半世紀の主要テーマであったように，グループ学習とグループにおける認知は，次の四半世紀のテクノロジの主要なテーマとなるでしょう（Stahl, 2006）。グループ学習はグループによる学習であり，グループの中で学習することや社会的プロセスを通して個々人が学ぶことではありません。「学習する組織」（Senge, 1990）という言葉は，知識を発達させる単位として組織自身が機能することを強調した表現です。また，知識創造に対して社会の関心が高まっていることを表しています。それぞれの貢献は特定の個人から得られるものであっても，知識構築はグループとしての現象です。メンバーはコミュニティにとって価値のある公共の知識の創造に対して責任を負います。ここでもまた，上述のボーイングの例がちょうどあてはまります。コミュニティとは研究グループ，デザイングループ，大きなものでは世界そのものかもしれませんし，学習者のグループかもしれません。グループ学習では，個人の学習をグループとしての知識構築の成果と区別することが重要になります。両者は確かに相互に影響しあいますし，それ自体は研究に値するものの，個人の学習状況からグループの成果を確実に推論するというようなことはできません。本章の最後のセクションでこの問題を論じたいと思います。

知識構築グループで，評価の際に問うべきなのは，その領域で専門家やプロが一般的に共有する「最高水準」のものに照らして，グループが知識を発展できたのかという点です。知識構築グループによる自己評価は，グループの進捗にとっても個人の学習にとっても価値があります（Lee et al., 2006）。外部評価は，トラブルの解決やグループの管理を目的としたものとして使われます。そうしたアプローチでは，グループ学習だけでなく個人の学習を高めることを示した研究があります。なぜなら，グループは個々人の貢献を必要とするため，個人のパフォーマンスがどうなのかという社会的圧力が生じるからです（例えば，Barron, 2003）。しかしこれについてはまだ多くの研究や詳細な検討が必要です。

知識構築の発達の軌跡

知識創造組織の特徴と学習に関する知見から，知識構築環境の特徴や教育実践への示唆が明らかになるかもしれません。表3.2は表3.1を精緻化したもので，学習環境を分析するための発達的な見方からのフレームワークを示しています。それぞれの21世紀型スキルに関して，この表では，知識構築に関わったことのない児童生徒に期待されるような初歩的なレベルから，知識創造組織で活躍している人の特徴にあたるレベルまでを示して，その間の連続的な状態遷移を軌跡として考えます。

この連続的な軌跡は，「創発」の軌跡です。能動的で構成主義的な学習が初歩レベルにあり，新しい知識の創造を可能にする相互作用的な複雑システムや知識労働に至り，さらには，スタンダードを超える能力の獲得，最も高いレベルでは最高の実践をさらに超えていこうとする気持ちをもつに至るまでの発達の軌跡を表しています。

後の「これから求められる研究」の節で，この連続体にいくつか付け加えつつ，ここで示した表の配列を発展させる実験を提案します。最も高いレベルを見据えて学習環境をデザインすることが，いかに学校や教師の発達を促すのかを示しましょう。

領域知識と21世紀型スキルの同時並行的な発展

21世紀型スキルは，よく「ソフト」とか「汎用的」なスキルとよばれますが，それはイノベーティブな能力の中核にあり，それゆえ，21世紀のグローバル経済において成功を収めるためには不可欠であると広く認識されています。21世紀型スキルは近年のカリキュラムスタンダードにもみられるものの，スタンダードや評価で主に強調されているのは，言語や数の「ハード」スキルや，どれだけ事実を知っているかという「ハード」な知識です。「ソフト」スキルに注目すること

表3.2 知識創造環境に適した形への発達の軌跡

21世紀型スキル	知識創造組織の特徴	
	初歩レベル	高いレベル
創造性とイノベーション	与えられた情報を自分のものにする。他の誰かが正解や事実を知っているという信念をもっていたり，それをもとに行動する	未解決の問題に取り組むこと。理論やモデルをつくったり，リスクを覚悟して取り組む。有望なアイディアやプランを追求していく
コミュニケーション	仲良くおしゃべりできる。会話の目的は，事前に決められている目標に全員が到達すること。仲間どうしでやりとりできる場は限られている	会話の目的は，話し合う対象の分野を発展させ，より包括的で高次の分析を行うこと。開かれた場所で仲間どうしあるいは自由なやりとりが促進される状況にある
コラボレーション・チームワーク	小グループによる活動ができる。最終成果を作成する上で一人ひとりが責任を分担する。最終成果は分担したものを合わせただけのもので，それを超えるものではない	協調や競争によって共有された知性によって，既存の知識を発展させる。個々人が生産的に相互作用し，ネットワーク化されたICTを使って活動する。コミュニティの知識が発展することが，個人の成功よりも価値があると考え，個人それぞれが貢献できる
情報リテラシー・調査活動	問いに対して答えを探す。情報を見つけてきてそれをまとめる。変数を変えたらどうなるのかを検討するような調査	調査活動は知識を発展させるために不可欠なものとして行われ，それをもとに協調的にさらによいアイディアをつくり出して，誰でも共有できる場所に社会的に蓄積していく
批判的思考・問題解決・意思決定	指導者や教師，カリキュラム設計者によってデザインされた有意義な活動。学習者は，予め用意された課題に取り組む	真正な知識労働の中で高次の思考スキルを発揮する。自分で問題発見し有望なアイディアへ発展させる活動を通して，達成の基準は継続的に上がっていく。参加者は，複雑な問題と体系的な思考に取り組む
地域とグローバルのよい市民であること(シチズンシップ)	組織・コミュニティの規範を守る。その中で最善を尽くす。個人的な権利を優先する	市民として，知識創造社会の一員であると認識し，グローバルな取り組みに貢献することをめざす。チーム活動では，チームメンバーの多様な視点を尊重して価値を置き，フォーマルな学校や仕事場だけでなく，インフォーマルな場面でも社会的に共有された知識を構築していく。そのような中でリーダーシップを発揮し，あらゆる立場の権利を支持する
ICTリテラシー	一般的なアプリケーションやWeb上のリソースや各種サービスに慣れ親しみ，使うことができる	ICTは組織の日常的な活動に埋め込まれている。共有されたコミュニティ空間がつくられ，そこでは世界規模の組織やリソースとの関係も構築しつつ，継続的に参加者によって改善される
人生とキャリア発達	個々の特性にあったキャリアのゴールをめざす。キャリアの目標を達成するために必要な条件や可能性を，現実的に評価しながら進む	継続的に「生涯にわたって」「生涯の様々な場で」様々な学習機会に参画する。人生を取り巻く状況や文脈にかかわらず，知識創造者としての自己アイデンティティをもつ
学び方の学習・メタ認知	児童生徒や労働者は，組織に対して関与することができると思っておらず，他の誰かが上位レベルのプロセスをコントロールしていて，意思決定等には参加しない	児童生徒や労働者は，最も高いレベルで，自分の活動に責任をもつことができる。評価は，組織の運営と統合されていて，個人レベルのメタ認知だけではなく，社会的なメタ認知能力が必要とされる
個人の責任と社会的責任(異文化理解と異文化適応能力を含む)	個人として責任をもつ。それは狭い文脈の中で判断される	チームのメンバーは，コミュニティの知識資産を構築し改善しつづける。そこでは，文化的な影響も重視することで，多文化・多言語で変化しつづける社会に利益をもたらすようアイディアを活用，改善しようとする

で，学校が説明責任を問われるような基礎的スキルや教科内容の知識習得の努力が軽視されてしまうのではないかという心配がなされるのです。学習科学の研究者間で一致した見解は，それら２つは矛盾するものではないというものです（Bransford et al., 2000；Darling-Hammond et al., 2008）。それらが相互に依存する関係にあることは，図3.1が示している通りです。基本的な「読み書き計算（３Rs）」のレベルを超えて公的な教育を行う際には，ハードスキルは一般的に領域知識の一部として取り扱われます。例えば，二次方程式を解く能力は，代数の領域知識の一部です。よって，図3.1に示したように，あらゆる領域の学習を共通のソフトスキルが取り巻く一方で，領域知識とハードスキルは公教育の中心となっています。

21世紀型スキルを知的エリートだけのものとしておくのではなく，誰にでも使えるようにするためには，知識創造を支援する環境をすべての人に利用可能なものにする必要があります。「創発」の視点から見ると，課題となるのは，児童生徒が幅広い21世紀型スキル（アイディア創出，探究，コミュニケーション，問題解決など）を自然と発揮できる環境へと変えていき，今は知的エリートだけのものになっているアイディアの継続的な創出に参画できるような環境に関われるようにすることです。こうした知識構築環境は，表3.2で示した発達的・連続的な軌跡全体からみて，最高レベルを収めるようなものであり，知識構築プロセスへの参加を通して児童生徒のイノベーティブな能力を高め，他者にとって価値ある公共の知識を生み出し，知識の発展に対する集団責任をもつプロセスが根づきます（Scardamalia and Bereiter, 2003）。このようにしてアイディアの改善は，深い領域知識の学習へとつながりつつ，知識構築の中核にたどり着くのです。この

○図3.1　すべての知識労働に対して深い領域知識は重要である

時，21世紀型スキルはその実現に不可欠な鍵となります。

比較研究やデザイン実験は，探究と知識構築活動との関係や，伝統的な到達目標の達成との関係についての知見を増やすために必要となっています。最後の節で提案しますが，そうした研究やデザイン実験では，形成的評価や他の評価を併用して，「ハード」と「ソフト」の両方のスキルにおける学習の進捗を評価したり，情報豊かな知識構築環境における長期間の活動を通した変化を評価するなどして，上記の問題に有効に取り組むことが可能となるでしょう。検証すべき仮説としては，「すべての児童生徒が知識の発展に関わり，アイディアの改善に対する責任を共有することで，領域知識の発展と同時に，21世紀型スキルを発展させることになる」というものです。この立場は，ウィリンガム（Willingham, 2008）の「深い理解には，事実を知ることと同時に，いかにそれらが組み合わさって全体をなすかを知っていることが必要である」という考えに沿うものです。

深い理解や特定領域の熟達化と21世紀型スキルが表裏一体であるという考え方により，21世紀型スキルにはあまり新しいものはないという主張が多くなされるようになりました。深い理解は常に，領域の理解やコラボレーション，情報リテラシー，調査，イノベーション，メタ認知などを必要としてきたのです。言い換えると，21世紀型スキルは「人の進化の歴史の中に含まれる，初期の道具の発達から農業の発達，ワクチンの発明，陸や海の開拓にいたるまでの要素」（Rotherham and Willingham, 2009）といえます。

しかしそうすると，今日の知識経済のニーズに応えるために必要な新しいスキルや能力はないというのは本当でしょうか。1つ言えるのは，そうしたスキルは新しくはないが，教育の中でのプライオリティとしては新しい位置づけとなるということです。ロザハムとウィリンガムによると，「実際に新しいのは，私たちの経済や世界における変化の中で，集団・個人の成功がそうしたスキルに依存していることを意味する度合いです。…もし私たちがもっと公平で効果的な公教育制度をもつことができれば，少数のものが独占していたそうしたスキルをすべての人がもつことができるようになるに違いありません」「今日新しいのは，経済的競争や教育の平等が広がることで，こうしたスキルがもはや少数の人の独占するものではないことを意味しているという点です」（Rotherham, 2008）。また一方，ベライターとスカーダマリア（Bereiter and Scardamalia, 2006）は「これまでよく知られていなかった能力が，知識経済の最も中核部分で必要となっているというのは事実です。それは一人ひとりが知識を使って創造的に働く能力です」と主張しています。物質的な人工物を使った仕事に加えて，概念的人工物（Bereiter, 2002）としての知識を用いた創造的な仕事も進められなければなりません。

知識労働は，ハードとソフトのスキルを密接に結びつけるのです。

ハードスキルとソフトスキルに深い相互関連性があるということは，集団での仕事に対する個人の貢献の評価と同様に，重要な示唆があります。チャポ(Csapó, B.）らは「ある領域がいかに実践され，教えられ，学ばれるかは，評価をどのようにするかに影響を与えます…教育のテクノロジの真の可能性は，教えることと学ぶことに，根本的で質的な変化を促進するポテンシャルがあることです」(Panel on Educational Technology of the President's Committee of Advisors on Science and Technology, 1997, p. 33）と述べています。チャポらによると，21世紀型スキルの評価にテクノロジを含めることが非常に重要となる領域は，そのスキルの定義に関してテクノロジが中心的役割を占めるような領域です。テクノロジがなければ定義が無意味になってしまうような（例えば，コンピュータプログラミング）領域，さらに高いレベルのパフォーマンスを行うのにテクノロジの使用が必要となる領域，そして，知識創造にとって不可欠なコラボレーション，知識構築，社会的相互作用を支えるような領域です。私たちは，より多くの人が知識構築と知識創造を利用できるものにするために，知識構築のためにテクノロジを使って支援することが，より広く可能になるべきであると考えています（例えば，Svihla et al., 2009も参照)。

「ソフト」スキルの評価は教育のスタンダードで主要な位置を占めている「ハード」スキルの評価よりも本質的に難しいものです。知識創造プロセスを評価することはなお一層難しいかもしれません。それでも，知識創造の根底にあるプロセスが深い理解の根底にあるものでもあるということを示そうとする研究やデザイン実験のプログラムを通して，この中核的能力がさらに高められ，明確にされるべきです。知識構築環境は知識創造と深い理解の両方を促進するのです。このアイディアを次に述べましょう。

リテラシーを発達させて溝を埋める

知識時代を生きるために必要なスキルの中で，リテラシーはおそらく最重要なものです。複雑なテキスト，グラフィックス，その他の知識表象から，有用な情報を取り出し活用する能力なしには，事実上，知識労働をすることはできません。他のリテラシーと同じように，印刷物を扱うリテラシーは，ハードスキルとソフトスキルの両方の要素をもっています。例えば，読みでは，流暢に単語を理解できるかどうかはテストできるハードスキルですが，読んで理解することや批判的な読みは重要なソフトスキルです。読みにおけるソフトスキルの要素は定められておりテストもされています。しかし伝統的な学校教育では，たいてい「練習すれば上達する」という，効果が不確かなアプローチで扱われてきました。

リテラシー教育には様々なアプローチがありますが，それらのほとんどは，リテラシー自体を学習活動の主目的としています。ほとんどの場合，学校での「読み」の動機づけは，読解の題材自体への興味からもたらされます。それゆえ，動機づけられない児童生徒は，印刷物の読み取りが流暢にできないことが多く，これは長年の問題でした（Gaskin, 2005）。しかしながら，過去10年間でリテラシーにフォーカスせず，協調的な探究に焦点が当てられた新しいアプローチが開発され，読みに対する主要なモチベーションは，文章を理解するという問題を共有し，それを解決することになったのです。リテラシーに対する効果は，リテラシーそのものを強調したプログラムと同じかそれ以上のものでした（Brown and Campione, 1996；Sun et al., 2008, 2010）。ナレッジフォーラム（Knowledge Forum）という知識構築の支援のために開発されたテクノロジを使った活動では，ICTを用いることでリテラシーがかなり向上するということが実証されました（Scardamalia et al., 1992；Sun et al., 2008, 2010）。通常は児童生徒に自分たちの学年レベルかそれ以下の読解資料に取り組ませるのに対して，リテラシーに焦点を当てたプログラムでは，個人もしくはグループでみずから探究をする児童生徒たちは，自分の学年レベルよりも難しい資料を読もうとします。そうして，自分たちの理解スキルや語彙を，通常獲得するレベルを超えて伸ばしていくのです。リテラシー自体を知識労働の前提条件と考えるのではなく，知識労働自体がリテラシーを発達させるよい手段としてとらえることが可能になります。そこでは，児童生徒が様々なメディアを使うことで，多様なリテラシーを獲得することを支援できるのです。このアプローチは主要な研究テーマとなっており，本章の最後の節で述べたいと思います。

知識構築分析フレームワーク

本章の最初に示した2つの目標を追求するために「知識構築分析フレームワーク」を開発しました。

- 知識創造組織と，それを支える知識構築環境を特徴づけ支えるような学習環境と評価を分析するためのフレームワークを生成する。
- 児童生徒に知識創造組織に参加させたり，働く準備をさせることにつながるようなモデル，可能性，バリエーションをよりよく理解するために，このフレームワークを一連の学習環境や評価に適用する。

本章の最後に付録として，広い範囲の学習環境と評価に対して，知識構築環境と評価の強みと弱みをはっきりさせるために使う得点化のスキームとして，テンプレートをつけています（p. 150を参照）。そのスキームは表3. 1に示したものと同じです。これは，特定の学習環境を評価して，同じ学習環境を別の評価者によって評価したものを比較できるような評価のスキームで，シンプルに付録として示しています。ユーザーからは，分析する対象の学習環境の重要な側面は何かを考え直すうえで有用で，他の評価者による同一の学習環境の評価の結果を見たり話し合ったりする機会をもてば，かなり有益になるとの反応を得ています。異なる評価の根拠を話し合うことで，知識創造組織の特性や機能の理解を促進します。知識創造の領域を研究している大学院生は，その環境の提案者と比べて低く評価する傾向がありました（p. 157の表3. 3と図3. 6を参照）。しかしながら，これで多くのことができるわけではありません。まだサンプルがとても少ないからです。私たちはテンプレートを提供することで，知識創造組織の特徴に関連した発達的フレームワークの分析を通して生じるであろう対話を促進したいと考えています。

知識構築と学習理論

ここで重要となるのは「知識社会で生きる時に役立つコンピテンシーというものが，近年の学習理論とどのように関連するのか」という問題です。一例として，知識構築の重要性を図3. 2に示した「人はいかに学ぶか」のフレームワークにそって説明したいと思います。このフレームワークは，全米科学アカデミーによる『授業を変える：認知心理学のさらなる挑戦（*How People Learn*）』（National Research Council, 2000）という書籍にまとめられた，学習と教育についての知見です。家庭，コミュニティセンター，教室，学校，そして，より上位のレベルの教育組織（例えば，大学など）まで，多種多様な学習環境を分析するために利用できる 4 つの視点が強調されています。このフレームワークには，今日の目標とニーズに合わせて柔軟にバランスをとる必要がある， 4 つの領域が含まれています。学習機会のデザインを考えていく時，特に，知識構築を支援することを考えるうえで，有用な「問い」を各領域ごとに下記に示します。

1．**知識中心**（knowledge centered）：人々や社会のニーズの変化に対応するために何を教える必要があるのか？（この問いに答えることは，ATC21S のプロジェ

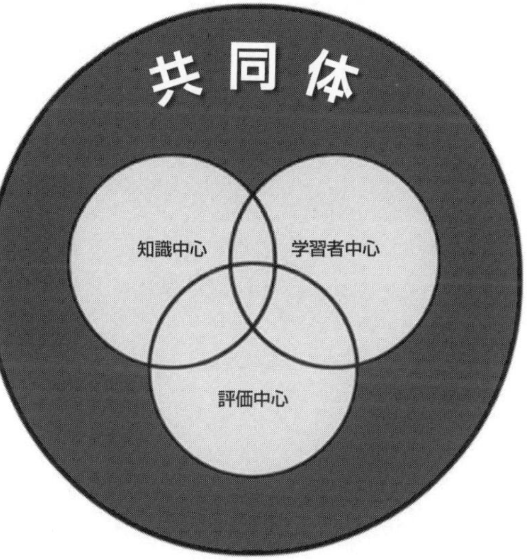

◎図3.2 「人はいかに学ぶか」のフレームワーク
(How People Learn-National Research Council, 2000より)

クト全体の基礎となります)
2．**学習者中心**(learner centered)：学習者が理解を伴って学び，知り得たことを柔軟に使うことができるように，学習者が最初にもっている信念・価値・興味・スキル・知識と新しい情報とを，どのようにして結びつけることができるのか？
3．**共同体中心**（community centered)：公共の利益のために新しい知識をともに構築していくことに高い価値を見いだす学習者の共同体を，どのようにしてつくり出すことができるか？　そして，どうすれば，コミュニティの意義を広げ，学校内外の活動をつなげるための学習機会を探っていくことができるのか？
4．**評価中心**（assessment centered)：21世紀型スキル育成に向けた学習者の学びの進捗を評価するために，児童生徒，教師，学校制度，国家に対して，どうすれば，常に役立つ機会をつくることができるのか？

知識中心

従来議論してきたように，世界は変わり，21世紀で成功を収め，生産的な生活を送るには，これまでとは異なるスキルや知識が求められています。これまでに見いだしてきたスキルの多くは，伝統的な教科領域（理科，数学，歴史など）とは直接的には結びついていません。もちろん，伝統的な教科領域を学ぶことは21

世紀においても重要です。本書に携わる人々たちは，「人は何を学ぶ必要があるのか」を絶えず問い続けるということが，私たちの未来のために最も重要な活動の１つだということを示唆しています。

● 熟達化と知識の体系化

以前よりも増して，熟達者の知識は，単にバラバラの個別具体的な事実の羅列ではなく，その領域の現在および拡大する領域における重要な概念を中心に体系化されたものでなければなりません。知識の体系化は，熟達者にとって，知識とスキルの幅広いレパートリーを，いつ，なぜ，どのように，様々な状況に適用するかを知るうえで助けになります（Bransford et al., 2000を参照）。知識の体系化は，情報を取り出して使う方法に対して，特に影響を与えます。例えば，熟達者は目の前の問題がどういう特徴をもっているかに気づくことが得意で，初心者が見逃すような状況に目を留めることが多いといわれています（例えば，Chase and Simon, 1973；Chi et al., 1981；de Groot, 1965）。それゆえ，熟達者は「初心者よりも，俯瞰的に問題をとらえ，問題解決を始めることができる」のです（de Groot, 1965）。知識構築の考え方では，学習は，知識間のつながりや不調和に気づき，自分が知っていることを再構築したり，新しい領域横断的な考え方を生み出したりすることで，その不調和を解決するような活動を行いたいと考え，それを実行するようなものでなければならないと考えられています。

生成的な知識構築という考え方は，現状の授業やカリキュラム・ガイドラインの課題を乗り越えるものとしてとらえられなければなりません。現状の授業やカリキュラム・ガイドラインは，推論や問題解決を効果的に行うのに必要な，密につながった知識構造を獲得させるのにしばしば失敗しています。例えば，教科書ではたくさんの題材が並べられており，その広く浅い内容は「幅１マイル，深さ１インチ」（例えば，Bransford et al., 2000を参照）と表され，「学問領域の考えを掘り下げる」（Wiske, 1998；Wilson, 1999）ことにはまったく焦点を当てていません。それに対して知識構築という考え方は，単純に教材を改善するような試みを超えて，児童生徒が自分の様々な能力に磨きをかけ統合的に深化させていくというビジョンをもち，そのような習慣を身につけるようになることをめざしています。

● 適応的熟達化

知識構築の考え方で特に重要な視点の１つは，「手際のよい熟達者」と「適応的熟達者」を区別する点です。（例えば，Hatano and Inagaki, 1986；Hatano and

Osuro, 2003)。手際のよい熟達者も適応的熟達者も，生涯を通して学び続ける存在である点では同様です。手際のよい熟達者は，基本的なスキルセットを，生きていく中でどんどん効率的に適用できるようになった人です。それに対して適応的熟達者は，基本的なスキル自体を変容させ，継続的に広げたり深めたりしながら熟達化していく人のことです。中心となるアイディアや，信念，スキルをとらえ直し，再構築しようとすると，短期的には効率性が損なわれることもありますが，長期的に見ると，多様な問題をより柔軟に解決できるようになる点で効率的ともいえます。こうしたスキルやアイディアを再構築する過程で，大切な信念や習慣といえども必要に応じて変える必要があるのだという感覚をもてるようになるのです。アンダース・エリクソン（Anders Ericsson et al., 2009）らによる研究によれば，熟達化のおもな要因の1つは「高原状態（plateaus）（上達した結果それ以上パフォーマンスが上がらない状態のこと）」に安住しないこと，すなわち自身にとって快適な状態にとどまらず，「将来を見越した計画的訓練」に従事し続けることです。彼らの研究は，熟達化に関する2つの重要な事実に着目しています。1つは，熟達化のためには，学習することと同様に，学んだことを意図的に捨て去る（アンラーン）が重要であるということです。もう1つは，熟達化のためには社会的なコラボレーションが必要だということです。社会的なコラボレーションの必要性は，文献やメディアで「専門家」の特徴について取り上げられる時に，よく見落とされているポイントです（例えば，Bransford and Schwartz, 1999を参照のこと）。

この研究は，知識構築を支える学習環境のデザインにいくつかの示唆を与えています。まず，鍵となるアイディアを深く理解することが大事だということです。これにより，事実を単に記憶するのでなく，事実を体系的に理解するための基盤がもたらされます。次に，知識構造のどこに位置づくのか配慮しながら理解するためには，学習者が自身の学習を見直したり，振り返るプロセスを支援する必要があることが明らかになっています。

学習者中心

「人はいかに学ぶか」のフレームワークの中で，学習者中心という視点は知識中心という視点と重なりますが，私たちは特に，教科内容の視点からだけでなく，学習者について考えるということを念頭に置いておきたいと考えています。多くの教育者は，学習者それぞれの文化に応じた教育ができるように，学習者を理解しようという課題に取り組んでいます（例えば，Banks et al., 2007）。こういった取り組みでは，学習者の弱みを見るだけでなく，それぞれの学習者の強みから出発して学習を組み立てようとします（例えば，Moll, 1986a, b）。そして，学習者が新たに知識を構築しなければいけない課題に対峙した時，「自分たちの強み（今できること，知っていること）を見つける」ことができるよう支援をします。以下に，学習者中心という視点から重要な側面について説明します。

●「知る」ことの本質は，自分で知識を構成することであるということを理解する

「知る」ことの本質は，自分で知識を構成することであるという発想は，スイスの心理学者であるピアジェ（Piaget, J.）の研究から出てきたものです。ピアジェは，「知る」ことの構成的な性質を，「同化」と「調節」という2つのキーワードによって特徴づけました。ピアジェのいう「同化」とは，学習者が既有の知識構造の中に新しい知識を組み込むことです。それに対して「調節」とは，これまで学習者がもっていた中心的な信念や概念を変えることを促すような事実に出会った時に，知識構造を変えることです。

例えば，ヴォスニアドゥとブルーワー（Vosniadou and Brewer, 1989）による幼児の地球概念に関する研究は，同化の具体例を示しています。2人は，自分たちの日常経験に基づいて「地面は平らだ」と信じている子どもたちを対象に，「実は地面は球形だ」ということを理解してもらうために，いろいろな試みを行いました。「地球は丸い」と教えて，イメージする地球の形を描かせてみると，球形よりもむしろパンケーキ型の地面を描いた子どもが多くみられました。「地球は球のように丸いのだ」と教えられると，子どもたちは自分たちの「地面平ら説」の範疇で「球形の地球」という新しい情報を解釈して，半球の内部もしくは上部にパンケーキのように平らな面を描いてそこに人を乗せたのです。子どもたちはもともと，自分たちの経験を通じてつくり上げてきた地球の形についてのモデルをもっていたのです。このモデルは，科学的な地球のモデルには合いませんが，彼らなりに自分たちがどうして地面の上に立ったり歩いたりすることができるのかを説明しうるものでした。このように，子どもたちは新しい情報を聞くたびに，これまでの経験を通して得た見方や考え方に新しい情報を組み込んでいるのです。

同化の問題は，幼児だけでなくすべての年代の学習者に関係します。例えば，大学生でも物理や生物に関する現象を解釈する考え方として，自分たちの経験にそった科学的なものとは異なる考え方をもっている場合があります。彼らの考え方を変えるには，この誤概念を引き出さなければなりません（例えば，Confrey, 1990；Mestre, 1994；Minstrell, 1989；Redish, 1996）。特に知識構築に関わらせるために，ピアジェのいう調節を支援する状況をつくることは，教師や学習環境

をデザインする人たちにとって重要なチャレンジです。

●児童生徒の先行経験と学校での学習を結びつけること

理想的には，学校で教えられることが児童生徒の先行経験と結びつき，その上に積み上げられていけばよいですが，それはいつも起こるわけではありません。学習者中心の授業をより増やしてその効果を探ろうとする多くの研究者は，学校で学ぶこととの橋渡しとして機能する，児童生徒の日常生活の中での「知識の蓄積」を探そうとしてきました(例えば，Lee, 1992；Moll, 1986a, b；Moses, 1994)。例えば，親の日曜大工のスキルを幾何学の授業と関連づけようとしたり，地下鉄を使うという状況を使って値段の変化を文字式の題材にしようとしたり，日常会話の中で使われる表現と国語で取り上げる洗練された言語表現との関連を示すなどです。しかし，児童生徒の学校外での活動と授業をつなぐのはなかなか困難でした。ベルたちの研究は，特に学校の授業と家庭や地域での活動をつないでいます（例えば，Bell et al., 2009；Tzou and Bell, 2010)。

●学習者中心，メタ認知，基本的な認知過程

学習者中心の考え方ではまた，児童生徒が日々の学習に影響している基本的な認知プロセスに意識的であることも重要です。心理学の領域で「メタ認知（metacognition)」とよばれている概念は，学習したり問題解決をする時の自分自身の能力の根底にある認知プロセスを学ぶ上で助けになります。以下に示す認知プロセスについて知っておくことが，特に重要です。

注意と流暢性★

「注意」を学ぶことは，メタ認知を行うことができる学習者になるために重要です。例えば，人が同時に注意を向けることができる量には限界があります。解くべき課題にどのくらいの注意を払うかは，その課題に対してどれほど慣れていて，効率的にこなすことができるかによって変わります。例えば「読み」について学ぶ時，単語をどう発音するのかにかなり注意をとられる場合，読んでいるものの意味に注意を向けるのは難しくなるでしょう。何か新しいことを学ぶ時には必ず注意をそちらに向ける必要が出てきます。そこで，すべての学習者は，新しいスキルや知識を獲得しようとする時，「不器用」な期間を経験しなければなりません。「不器用」な状況から抜け出せるかどうかは，自分自身が，今どの程度

★：人間が，情報（主に言語情報）を適切に，素早く，数多く処理し出力する能力や特性のこと。

その課題に対して能力をもっているかを想定できるかによって変わってきます。効率的なやり方を学ぶチャンスを得る前に，「私には向いてない」と決めつけてあきらめてしまう人もいます（例えば，Dweck, 1986）。ワータイム（Wertime, 1979）は，困難に直面した時に学習し続けられるよう「勇気の幅」を広げることが，学習者中心に考える際に重要な点であると指摘しています。

テクノロジを使うことにより，「同時並行で多様なタスクを行う」という場面が生じます。児童生徒の多くは，同時並行で多様なタスクをこなすことが自分たちのパフォーマンスを下げるとは感じていません。それが正しいかどうかは，何もせずに耳だけにすべての注意を注いで話を聞く場合と，複数の活動をしながら話を聞く場合を比較してみればわかるでしょう。「コンピュータを教室に導入しない」と頑固に考えるよりは，児童生徒に自分たちの今できることや限界を発見させることを助けるためにテクノロジを使ってみるのも効果的な方法です。

転　移

学習者が自分自身について学ぶことには，後に出会うであろう新たな問題の解決につながる学び，すなわち「転移」について考えることが含まれています。単に情報を記憶するだけでは，転移を引き起こすには不十分です。理解を伴う学習であれば，たいてい経験の質が高まります（例えば，National Research Council, 2000）。転移のために重要な目標は，認知的柔軟性です（例えば，Spiro et al., 1991）。専門家は，多様な解釈や視点をもつことができるため，概念的視点から問題点や専門領域内の新しい事例を評価できる，認知的柔軟性をもっています。ウィギンズとマクタイ（Wiggins and McTighe, 1997）は，複雑な問題を理解することには，１つ以上のやり方を説明できることが含まれていると述べています。スピロら（Spiro et al., 1991）は，教科内容を過度に単純化して教えると，現実世界の事例を分析する際に多様な解釈ができなくなると述べています。

動機づけ

児童生徒が，何に自分が動機づけられているのかを知ることができるようにすることは，知識構築に積極的に貢献するような学習者中心であるために，とても重要な視点です。これまで研究者たちは「外発的動機づけ（ランクづけ，お金やお菓子をもらうなど）」と「内発的動機づけ（自分が本当に知りたいから学ぼうとする）」の相違点を研究してきました。これらの動機づけは，例えば「本当に知りたいから何かを学ぶという時に，同時に外的報酬（例えば，じょうずにやってほめられる，助言をして謝礼をもらえる，など）にも興味がある」という形で，結びついていることもあります。しかし，外的報酬に重点を置きすぎると，内発的な動機づけを弱めることがあるということも指摘されています。人は，報酬をもらえることに慣れると，報酬がなくなった時に行動をやめてしまうことがあるからです（例えば，Robinson and Stern, 1997）。

そこで重要なのは，「最初に学習へと動機づける」要因と，困難に出会っても「学習し続けることへと動機づける」要因を区別して考えることです。例えば，「スケートボードが乗れるようになったら面白そう」と思わせる要因と，「うーん，思ったよりもスケートボードを乗りこなすのは難しいな」と思った時に学習し続けるための要因は異なるでしょう。後者の場合，困難に出会った時でも，仲間や両親などの人々がまわりにいることで生じる社会的動機づけの支援が，特に重要な機能を果たします。また，ちょうどよい難易度の課題を提供することも重要です。ちょうどよい難易度とは，その学習者にとって飽きるほど簡単でもなく，いやになるほど難しくもないレベルということです。ただし，教室にいる一人ひとりの児童生徒にとって「ちょうどよく難しい課題」をつくり出すことは，学習者中心の授業をつくるうえで重要な挑戦の１つであり，専門家としての技能が要求されます。動機づけに関するその他の先行研究は，デシとライアン（Deci and Ryan, 1985），ドゥエック（Dweck, 1986），スタイペック（Stipek, 2002）でも見ることができます。

主体性

メタ認知や動機づけと関連して，知識構築で特に強調されるのが，人は社会的に責任をもった主体として育成される必要があるということです。児童生徒は自分たちの課題について自分たちの頭で考えて判断し，自分たちの判断が社会に対してどのように結果をもたらすかを知り，そして必要に応じて自分たちのやり方を見直せるようにならなければなりません。児童生徒が主体性ある学習者として成長していくプロセスでは，教師が児童生徒の学習について決定を下す状態から，児童生徒が自分自身の学習活動にだんだんと責任をもてる状態へと移行していきます。

児童生徒を主体性ある学習者として育成することに主眼をおいた近年の研究例としては，中学校の生徒のための科学教材のキットに関する一連の研究があります（Shutt et al., 2009）。シャットたちは，生徒に魚やフナムシなどのいろいろな生き物とふれあいながら（それらの生き物を傷つけることなく）学ぶ活動のキットを提供しました。１年間の授業を通して，その学習目標は，様々な種の生物の生活に影響する基本的な変数（温度や酸性度の範囲など）を感覚的に把握させることでした。最初につくられたものは，かなり教師主導で進めるプログラムでした。例えば，フナムシには湿った土のほうがいいのかどうかを判断するといったような，本来試してみるべき仮説も，使う手法も教師が決めていました。こうした授業のやり方のデザインを変更していく中で，より生徒の主体性に任せる形になっていきました。生徒に飼育水槽を与え，小グループで，「フナムシなどの生物を生かし続けること」という課題のみを提示する形になっていたのです。生徒たちは，課題をうまく達成できるように，何を質問したらよいか，どのように実験を進めるのかなど，背景となる研究も含めて，自分たちで（必要な時はテクノロジを使って）決めなければならなくなりました。この取り組みの詳細な成果はいずれ発表されますが，今わかっていることは，主体的に学習に取り組めているという感覚は生徒たちにとって重要であり，学習活動により真剣に取り組めるようになるということです。主体的に学習していく過程では，生徒たちの他の技能の成長も合わせて期待できます。この生徒たちは活動を通して，何よりもまず，（人間でなくとも）自分以外の生き物を幸福にするにはどうしたらよいかというグローバルの感覚を身につけていったようです。

共同体中心

これまでは，「知識中心」と「学習者中心」という 2 つの視点から，いくつかの論点を検討してきました。「人はいかに学ぶか」のフレームワークの中の「共同体中心」という視点は，知識中心，学習者中心の視点とも関連しながら，学習の社会的，物的，時間的な性質に特に焦点を当てています。

● 学習の社会的な側面

学習の社会的な側面にはたいてい，学習者の所属している共同体の流儀や規範が含まれます。例えば，わからないことがあった時に安心して誰かに聞ける空気が教室にあれば，「わからないので，他の言い方で説明してもらえるかな？」という言葉は普通に児童生徒の口から出てくるでしょう。他方，生徒たちが「わかってないということを知られないほうがいい」という規範に従っている場合もあります。多くの研究成果が示すように，学習がうまく進むためには，学習共同体の中では，メンバーが相互に気にしあい，誰かが悩みをもっている時は一緒にそれに取り組むものだという信念が共有されるべきです（Alexopoulou and Driver, 1996；Bateman et al., 1998）。多くの学校は，個人が表に出てこない場所になっており，それが専門家集団や仲間集団に重要な，共同体に対する所属意識を希薄にしてしまっています。

学校で一人ひとりが表に出ないのは，クラスの人数が多く，多人数の児童生徒が一緒に学ぶ場だからであり，学校がより学習者中心，共同体中心の学びの場になるためには，もっとクラスの人数を小規模化する必要があるという見解があります。しかし，小規模化することが，児童生徒一人ひとりが自分に自信をもつために重要だと単純に考えるような誤解があります。もちろんそれはとても重要ですが，より重要な問題があります。児童生徒の動機づけや学習を高めていくために，児童生徒の日々の生活やコミュニティの中にある「知識の蓄積」を土台に学習を組み立てていくことが重要です。個々の人間をよりよく知ることで，私たちは一人ひとりの人間とよりよいコミュニケーションをとることができ，それゆえに彼らの学習をよりよく支援することができます。そうすることで，私たちもまた学ぶことができます。さらに，お互いのことをよりよく知ることで，コミュニティとしてもよりよいコミュニケーションができるようになります。

学習共同体をつくり出し，それを維持することの重要性は，ヴィゴツキーの理論にルーツを求めることもできます。ヴィゴツキーの理論では，文化と人との相互作用が，発達のプロセスの中心に位置づけられています。ヴィゴツキーが特に重要視したのは，彼の概念である「発達の最近接領域（zone of proximal development)」を通した，個々人と社会の交わりです。「発達の最近接領域」とは，個人の実際の発達の水準（１人でどの程度の問題を解けるかによって定義される）と，潜在的な発達の水準（大人の手助けやより有能な仲間との協力があった時にどの程度の問題を解けるかによって定義される）との間の領域を意味します（Vygotsky, 1962/1934）。児童生徒が今日誰かのサポートを得てできることは，明日彼らが１人でできることでありうるのです。このようにして，人は新たに，より困難な課題に取り組むためのコラボレーションに向けて準備を行っていると考えられます。そこで，重要になるのは，児童生徒がお互いに知識やアイディアを引き出し合い，それらを自分たちの学習に活かし合うということなのです。

● 学習における物や道具の側面

ヴィゴツキーはまた，学習において，道具やテクノロジといった教具・教材の使い方を重要視しています。道具やテクノロジを使用することで，学習課題の意味自体も変化しますし，学習に必要な認知的スキルも変化します。このことは21世紀には特に重要です。なぜなら21世紀には，テクノロジを使うことで学校外の世界の課題や仕事の性質が変わってしまっただけでなく，児童生徒も日常生活において様々なテクノロジを使い，それを学校の中へと持ち込んでくるからです。現在のところ教師は，児童生徒の教科内容の理解や21世紀スキルを育てるために，テクノロジを活用したり児童生徒が持ち込む知識や経験を使うことは，ほとんどありません。しかしもし児童生徒がいろいろなテクノロジやデジタルリソース，ソーシャルサポートを活用することができれば，学習や評価は大きく変わります。

実際に仕事をする世界でも，児童生徒の社会環境でも，こうしたテクノロジやデジタルリソースが自由に使えれば，学習環境はより効果的なものになります（Ersted, 2008)。

● 学習の時間的側面

広い視野でみると，学習を共同体中心の視点から考えるということは，学校という壁を越え，児童生徒の学校外や家庭での経験と学校での学習をつなぐことでもあります。

図3.3は，LIFEセンターによって提示されたもので，フォーマルな場（学校）で過ごす時間と，インフォーマルな（学校外の）環境で過ごす時間のおおよそを示したものです。

時間的割合からすれば，人の学習の大部分が学校の外で行われるということに

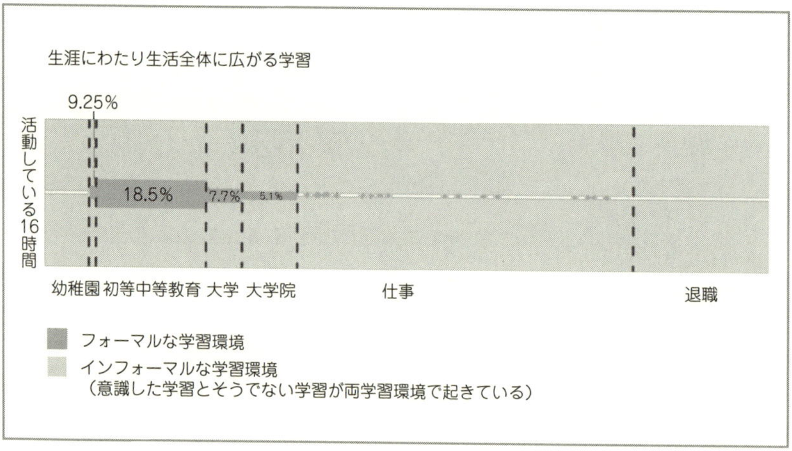

○図3.3　典型的な一生の中で，フォーマルな学習とインフォーマルな学習に使う時間。学校とインフォーマルな環境とで過ごす時間の推定時間。注：この図は，生涯で人が起きている時間のうち，フォーマルな教育環境で過ごす時間と他の活動をして過ごす時間の相対的な割合を示している。人間が生涯の様々な局面で，フォーマルな教育環境においてどの程度時間を過ごすかについて，ある1年の統計データをもとに算出した。(LIFEセンターの人の生涯とすべての生活空間をとらえた図は，クリエイティブコモンズの「表示–継承3.0アメリカ合衆国」ライセンスによってライセンス化されている(LIFE Center: Stevens et al., 2005)。LIFEセンター(2005)。この図は，the Learning in Informal and Formal Environments（LIFE）Center（http://life-slc.org）において，リード・スティーヴンとジョン・ブランスフォードが学習環境の幅を示すために作成したものである。グラフィックデザイン，資料作成，計算は，アン・スティーヴン（グラフィックデザイン担当）とネーサン・パラム（計算担当）らの支援を得て，リード・スティーヴンが行った。

なるのですが（Banks et al., 2007），教師たちはたいてい，児童生徒の学校外での経験と学校での学習をつなぐ方法を知りません。先に，私たちは，コミュニティに存在する「知識の蓄積」を探し出し，それを土台にすることで児童生徒がうまく学習できるという考え方を議論しました。難しいのは，児童生徒たちが，教室の中，学校の中，さらには教室と学校や学校外の文脈をうまくつないだ，強力な社会的ネットワークを構築することを支援することです。

評価中心

ここまで，知識中心，学習者中心，共同体中心という視点から学習について論じてきました。最後に，「評価中心」という視点に移ります。評価というと，単に児童生徒にテストを課して成績をつけることだと受け取られやすいでしょう。しかし，学習理論では，評価の役割はそれだけではないことが示されています。

最初に，教師は自分たちが何を評価しているのかを問い直す必要があります。教師は，児童生徒に期待する学習目標に応じて評価基準を設定する必要があります（一部は知識中心の発想）。また，教師は教室内での児童生徒の「レディネス」を考慮する必要があります（学習者中心，共同体中心の発想）。児童生徒が何を覚えているかを評価することは，理屈をわかっているかどうかを評価することとは別の問題です。例えば，動脈と静脈の性質を記憶していることは，動脈と静脈がなぜ多様な特性を有しているかを理解していることとは違います。同様に，質問に答えられるということは，問題解決のために必要な時にその知識を使えるということとも別の問題です。例えば，（カエルの）ライフサイクルについての質問に答えられるということは，問題を解決するときにその情報を自発的に持ち出して使えることとは異なります。

もっとも基本的には，何を評価するのかという問題は，児童生徒が卒業後に充実した生活を送るために，何を知る必要があるか，何ができる必要があるかという問題と関連しています。変化の速い現代社会では，評価の問題は常に問い直され続ける必要があります。スタンダードテストをめぐっては，「スタンダードテストは21世紀で生産的な生活をうまく送るのに必要な幅広いスキルや知識，態度などを評価していないにもかかわらず，授業時間のほとんどをテストのための授業として費やしている教師もおり，これは学習者にとって実りの少ない方向に教育を方向転換させるものだ」という議論もあります。

● 様々な評価とその目的

「人はいかに学ぶか」のフレームワークの中の評価中心の視点で特に重要な側

面は，目的に応じた様々な評価が強調されている点です。評価というと，多くの人が「総括的評価」を考えます。総括的評価とは，単元末の確認試験や，年度末の標準化テスト，課程修了の際の最終テストなどのことで，多肢選択テスト，レポート，生徒にプレゼンをさせるなど多様な形式があります。総括的評価には，学校や教師，児童生徒の説明責任としては重要な意義があります。ただ，教師がもっと早く知っておきたかったということもしばしばあります。そこで重要視されるようになったのが「形成的評価」です。形成的評価の特徴は，授業と学習を改善するための評価であるという点です。形成的評価として学習の進行過程で児童生徒の考えを可視化することは，フィードバックを与え，考えを見直しやり直す機会を与えることにもなります。

● 転移の理論とその評価

教師が評価の実践をどのように転移という理論に結びつけるのかを理解しておくことも重要です。総括的評価の場合でも，私たちは普通，児童生徒に単に「テストを受けて」ほしいわけではなく，児童生徒が何かをする能力の指標を得たいわけです。理想的には，評価として出てきたものは，児童生徒が教室を離れた日常場面において何ができるかを予測するものであってほしいのです。

そのためには，教室から日常場面へと学んだことを転移させる能力が児童生徒にどのくらいあるかを予測する試みとして，テストを見てみることが１つの方法です。「転移」についての様々な考え方は，評価をとらえ直すための有益な指針になります。転移の伝統的なアプローチでは，「直接的な適用（direct application）」の考え方が基本で，長く支配的な方法論でした。ブランスフォードとシュワルツ（Bransford and Schwartz, 1999）は，「直接的な適用」の考え方による転移の実験を，「隔離された問題解決（Sequestered Problem Solving：SPS）」とよんで特徴づけています。伝統的な転移の実験では，ちょうど審理中の陪審員がそうであるように，実験参加者を隔離して情報に「汚染」されないようにして，新しい問題状況に知識が転移するかどうかを試していました。実験参加者には，新しい問題を解くために文献リソースや仲間に助けを求めたり，いろいろ試してみて，考え直したりすることによって，新しい問題を解けるようになる力をもっていることを示す機会はなかったのです。伝統的には，転移というものは，「以前に習ったある知識を，新しい状況や問題に直接的に適用できる能力」として理論化されていました。そこで私たちはこれを転移の「直接的適用理論」とよんでいます。直接的適用理論と隔離された問題解決実験を用いた結果，転移はなかなか起こらないという悲観的な見解が生まれたともいえるでしょう（Bransford and Schwartz,

1999)。

それに対し，これまでの考え方の妥当性も認めつつ，「未来の学習への準備(Preparation for Future Learning：PFL)」を強調することで転移の概念を拡張する新しい見方が出てきています。「未来の学習への準備」は，いろいろな知識やリソースを豊かに使える環境での能力の評価に焦点を当てています。組織が新しく人を雇う時，そこに適応し，活躍するために必要な知識をすべて事前に身につけているということを求めてはいません。彼らがほしいのは，学ぶことのできる人であり，教科書やコンピュータプログラムや仲間などのリソースを使って，学びを進めることができる人です。未来の学習への準備をしておくほど，新しいことを学ぶ時のスピードや質が高いというような点で，転移は起こりやすいでしょう。「未来の学習への準備」の例は，シュワルツとブランスフォード(Schwartz and Bransford, 1998)，ブランスフォードとシュワルツ(Bransford and Schwartz, 1999)，スピロら（Spiro et al., 1987）などにみることができます。

静的な評価だけを使うと，児童生徒が何をどう学んだかについて，また，様々な教育経験がもつ利点について，その多くを隠してしまうかもしれません(Bransford and Schwartz, 1999)。総括的評価と転移の理論を結びつけることで，私たちは現状のテストの限界を乗り越えやすくなるでしょう。「隔離された問題解決」と「未来の学習への準備」を比較し議論した例としてブランスフォードとシュワルツ（Bransford and Schwartz, 1999）などがあります。

評価改革への示唆

これまで，学習環境と評価のデザインの２つのアプローチについて述べました。１つは学習目標から後戻りして，一連の下位目標とそこにいたるラーニングプログレッションズを構築する方法，もう１つは事前に学習目標が決められておらず，学習や思考が進んでいく中で形成される「創発的な学習目標」を扱うアプローチです。これらの「後戻り」と「創発」のアプローチを両立させるうえでのトレードオフについてこれまで示してきました。以下では，21世紀型スキルに関連する評価の課題についてレビューした後，今後必要な研究について述べます。ただし，それはどのような改革に取り組もうとするかによって異なります。「付加的モデル」では，「21世紀型スキル」のカリキュラムは既存の伝統的なカリキュラムに追加されます。しかし，多くの場合スキルと内容知識を統合したり，１つを他方に上乗せすることで両者の融合を目指すことになるでしょう。21世紀型スキルを1つずつこれまでのカリキュラムと分けて扱っていると，伝統的なスキルの学習のために必要な時間がなくなってしまい，「広さは1マイルだが，深さは1インチ」の現行のカリキュラムがさらに広く浅くなってしまうという問題があるからです。

変容的モデルの目標は，21世紀型スキルと領域内容の理解がともに深く統合するような効果を出すことです。その論拠は，「領域知識と21世紀型スキルの同時並行的な発展」の項（p.100～）で詳述したように，領域知識の深い理解が21世紀型スキルを実践することで達成されれば，それによって領域知識と同時に21世紀型スキルも強化されるというものです。これは知識構築の根底となる指針原則です。本章最後の「付録」に記載した知識構築分析フレームワークは，様々な次元でどの程度学習環境や評価が21世紀型になってきているか，その進捗の状態を確認できるため，こうした変革に取り組みたいと願う人々に役立つでしょう。こうした21世紀型スキルに関わる様々な次元は複雑に相互作用しますので，別々に考えると，むしろもどかしくなるでしょう。幸いなことにこれは，21世紀型スキルのある次元の育成に取り組むことは，他のいくつかの側面についても発達させることになるということも意味します。評価に関して示唆されるのは，私たちは学習成果が一般化することを予期して測定しなければならないということです。これから，後戻りモデルと創発モデルを統合するためのデザイン実験の可能性について詳述します。しかしその前に，評価の課題と21世紀型スキルについて広く議論しましょう。

評価への挑戦と21世紀型スキル

エビデンスに基づいた21世紀型スキルの評価の追求には多くの阻害要因があります。第1に，実に様々なフォーマルな学習環境とインフォーマルな学習環境があり，そこで実施可能な評価方法もバリエーションに富んでいます。第2に，ある領域においてメディアやテクノロジを扱う知識とスキルは，その領域に必要な固有の知識とスキルとは異なるものとして扱う必要があります（Bennett et al., 2007；Quellmalz and Kozma, 2003）。第3に，21世紀型スキルの評価をデザインする方法と，技術的品質の高い記録方法は，まだ一般に用いられていません（Quellmalz and Haertel, 2008）。第4に，評価は教育制度の各レベルにわたって一貫している必要があります（Quellmalz and Pellegrino, 2009；Pellegrino et al., 2001）。一貫性の確保には21世紀型スキルの定義やその構成知識と技術について合意することから始めなければなりません。さらに，世界レベル，国内レベル，州レベル，そして教室レベルのテストのデザインを明確にし，調整していく必要があります。そうでなければ，異なるレベルでの評価のバランスが取れず，児童生徒のパフォーマンスについての推定はあやうくなるでしょう。

エビデンス中心のデザイン（Messick, 1994；Mislevy and Haertel, 2006）は，21世紀型スキルと児童生徒が取り組む課題とを結びつけ，彼らのパフォーマンスや進捗を特徴づけるようなエビデンスを報告することにつながります。以下では，学習環境の中に埋め込まれた形成的評価を開発するために，エビデンス中心のデザインをどのように活用できるのか，またこうした形成的評価をどのように大規模な総括的評価に結びつけられるのかを述べます。

● 認知的な原則にそったエビデンス中心の評価デザイン

先に述べたように，様々な領域で専門性がどう発達するかに関して研究が行われており，ある領域において熟達した人は，広く体系化された相互に関係のある知識構造と，領域固有の問題解決方略をもつことが示されています（Bransford et al., 2000）。それゆえ，評価のデザインは学生の知識構造と問題解決方略の両方の発達の程度と，知識構造間の接続性を測定するべきです（Pellegrino et al., 2001；Glaser, 1991）。例えば，科学の領域では，中心となる知識構造は科学者によってつくられたモデルによって表現されます（Hestenes et al., 1992；Stewart and Golubitsky, 1992）。テクノロジは，児童生徒にとっては認知的に複雑なタスクをこなすのを自動化したり補強することで，そうしたモデルに基づいた思考を支援する道具として見ることができます。（Norman, 1993；Raizen, 1997；Raizen et al., 1995）

米国学術研究会議のレポート *Knowing What Students Know* では，体系的なテストのデザインフレームワークの中に，認知研究の知見を統合するような，測定の科学を発展させました。エビデンス中心の評価デザインでは，評価される対象としての学習者を表す「学習者モデル（student model）」，学習の状況を観察するための課題や質問を表す「課題モデル（task model）」，習熟度のエビデンスとしての児童生徒の解答や得点を表す「エビデンスモデル（evidence model）」を相互に関連づけます（Messick, 1994；Mislevy et al., 2003；Pellegrino et al., 2001）。21世紀型スキルの評価デザインと，現在の評価実践の価値や意義を判断するために，これらの構成要素は重要です。エビデンス中心のデザイン（Messick, 1994；Mislevy and Haertel, 2006）は，形成的評価のデザインに使うことができますが，大規模な総括的評価と形成的評価を関連づけるためにも使うことができます。

● 領域知識の役割

21世紀型スキルの大規模評価に向けた課題の１つは，課題を遂行したりテクノロジを用いるときに必要となる特定の学問領域や専門分野のトピック，文脈に関する知識の役割をどう取り扱うかということです。21世紀型スキルの大規模評価を行うときには，すべての児童生徒が，ある特定の教科内容を学習していることを前提にすることができません。幸いにも，児童生徒が学んでいる学習環境の中で21世紀型スキルを評価するならば，学習者が置かれている状況下で必要な内容知識を特定することができます。一般的な教科では，問題解決や批判的思考スキルは，直接的に評価・報告がなされる場合は，たいてい学習内容に関連した達成度の１つとして報告され(例えば，数学の問題解決や，科学的探究の程度など)，21世紀型スキルとして区別されていません。さらに，学校の主要な授業内容であろうと，学校外のインフォーマルな場面であろうと，児童生徒は一般に普及しているテクノロジや，より新しいテクノロジを使うかもしれませんが，どちらかというと，こうしたテクノロジの習熟度はテストされず，報告もされません。それゆえ，21世紀型スキルをどの程度獲得しているのか，その進捗を評価し報告するには，21世紀型スキルに関連した児童生徒のパフォーマンスの評価をデザインする際に，それぞれのスキルのためにテストされるべき知識とスキルを明確にしなくてはなりません(詳細は第２章を参照してください)。例えば，問題解決やコミュニケーションといった領域横断的なプロセスもそうですし，学校や日常生活で直面する問題の中でテクノロジを使う能力もそうです。知識構築環境とその中でのICTスキルを評価するうえで重要なことは，ICTツールの基本的な使用や応用をテストするだけでなく，課題がより複雑になった時に，学習者が様々なICTツールを使って自分たちの知識や方略を拡張し構築していくスキルを測定することでしょう。加えて，学習者の適応的熟達化と，既有知識や方略を未経験の問題に転移する能力を測るには，新しいテクノロジを学び応用する力を直接的に評価することが含まれる必要があるでしょう。

● 豊かなテクノロジ環境に埋め込まれた評価

評価をデザインする時には，まず評価の目的と意図する使用方法を決めることから始めなければなりません（AERA/APA/NCME, 1999)。そして次に，「この評価は，児童生徒のパフォーマンスの推定や次の行動を支えるのか？」という妥当性に関する問いを考えることになります。評価には伝統的に２つの種類があり，それは目的が総括的か形成的かによって区別されます。前述したように，総括的評価は教育的支援を行った最後に，または単元が終わるごとに，目標が達成できたかを判断するために行われます。形成的評価は，教育的支援を行っている最中に，学習者や教員に情報を提供してコース中に修正するための手段として行われます。米国では，全米州教育長協議会（the Council of Chief State School Officers）のFAST（the Formative Assessment for Students and Teachers）というワーキンググループによって,「形成的評価とは，授業中に教師と学習者がフィードバックを受け取り,学習者が意図された学習成果を達成できるように,現在行っている授業と学習を調整するプロセスである」という定義が提案されています。FASTの定義によれば，形成的評価とは単なる道具ではなく，学習を改善し，学習目標に向かうための進捗に関する情報を使うプロセスです。形成的評価の重要な特性として，結果は「意図された」もので事前にわかりやすく「明記された」もので，その方法は注意深く計画され,「学習のエビデンス」が教師と学生によって使用され，そして「授業中にその調整が行われる」点があげられます。効果的なFASTの形成的評価の特徴は，以下のようなものです。①わかりやすく明記されたラーニングプログレッションズ，②学習目標と達成の基準が明確に定義され,児童生徒に伝えられること，③エビデンスに基づいた記述的なフィードバック，④自己評価・相互評価，⑤児童生徒と教師が学習目標に向かってコラボレーションすること。21世紀型スキルの形成的評価は，ゆえに，成功基準を明記し，21世紀型の成果を明記し，進捗を管理しフィードバックを与える体系的な方法を明確にしたものとなるでしょう。21世紀型スキルのための形成的評価は，すべての21世紀型スキルに対して，すべての学習環境において適用可能でしょう。

21世紀型の形成的評価に対するFASTの処方箋は，大規模評価の結果を正当化する目的，あるいは一度だけのオンデマンド・テストの中で集めたエビデンスを補足する目的で，状況に埋め込まれた評価を用いることとは大きく異なります。状況に埋め込まれた評価の新しい機能として，研究目的で学習プロセスや進捗に関する詳細な情報を集めたり，形成的評価と総括的評価をより首尾一貫したかたちで統合することが考えられます。

● どのようなエビデンスが求められるか

エビデンス中心の評価デザインフレームワークでは，問題解決やコミュニケーションといった広義の21世紀型スキルを評価可能な構成要素に分解する必要があります。数学における問題解決では,解決方略のプランニングや解法の評価といったものになるでしょう。科学では，問題解決とは研究計画の立案やデータの可視化による解釈などになるでしょう（Quellmalz and Kozma, 2003）。文学においては，シェークスピアの劇の分析で，物語の筋に関連して繰り返し出てくる象徴的意味を探すことが問題解決といえるかもしれません。より実践的な状況における問題解決を評価しようとするならば，風力のような環境にやさしいテクノロジを選択するのかどうか，その選択が環境に及ぼす影響を分析できるかといった側面を対象にすることになるかもしれません。いずれにせよ21世紀型問題解決スキルの評価対象は，領域と状況にかかわらず一般的なレベルで応用できるかどうかです。そのため問題解決を評価するタスクには，解き方が決まっている構造化された問題だけでなく，いろいろな解き方が考えられる問題を用いる必要があるでしょう。領域中心の学習環境において，評価課題は，以前に行われた実験を繰り返すようなものではなく，学習者が問題解決あるいは目標を達成しようとする中でどれくらいうまく計画，実行，証拠の解釈ができるかを評価できるような，多様な解法のあるオープエンドな課題となるでしょう。

エビデンス中心の評価のデザインでは，状況に埋め込まれた評価を用いて，21世紀型スキルの一つひとつとそれを構成する小目標を達成できたかを記録する質的・量的な情報を具体的に示す必要があります。形成的評価を行う上で欠かせないことは，教師や児童生徒がエビデンスと評価規準を理解して使用できるようにすることです。例えば，自己評価や相互評価は効果的な形成的評価の鍵となる特性です。そのような活動は，すでに作文の相互添削やプレゼンの相互批評といった形で授業が行われています。職場の世界においても，相互レビューは専門雑誌で質を保証するために用いられています。

インターネットやワープロ，表計算ソフトなどの仕事の能率を高めるツールは状況や領域を問わず普及していますが，「商売道具」として使われるものは，人文科学，自然科学，そして社会科学などの間で異なり，高等教育，職場，専門職の間でも異なります。初等・中等教育においても，インターネットやワープロ，表計算ソフトなどは状況や領域を問わず共通して使われます。しかしここでも，異なる学習環境で活用しようとすれば，知識やスキルは領域に固有で具体的なものとなる必要があるでしょう。到達度を示すエビデンスについても学習者と教師の間で共有可能な形で具体化されなければなりません。したがって，特定のテクノロジを使用して状況に埋め込まれた評価を実施すると，どのような状況や領域を重視するかによってその内容や方法は多様になるでしょう。それでもやはり，今後，領域を問わず使用可能で，領域固有の環境と一般的な環境をつなぐようなツールをつくる努力をすることで，新たな評価の可能性は拓かれていくでしょう。

21世紀型スキルは，指定されたタイミングで行われる大規模テストで評価するのは難しく，学習環境の中で時間をかけてモニターしたほうがうまくいきます。例えば，創造性やイノベーションは，学習者がもともと定められていた水準を学習活動の中でどのように超えたかを見ることで評価することができます。オンライン・オフラインで学習者どうしや専門家とのコラボレーションが行われる場合，チームを形成する過程，集まった貢献の統合過程，チームのプロセスの効率性や目標の達成度に関するフィードバック等を通してモニターすることが可能です。

●21世紀型スキルの明確なエビデンスを引き出すための評価デザイン

21世紀型スキルを教室の中で体系的に直接評価することはめったにありません。児童生徒は，日常的に使える発展的道具として21世紀型スキルの使い方を教わるかもしれませんが，21世紀型スキルを児童生徒が満たしたかどうかを判断する具体的な評価基準や，テクノロジ利用に関する児童生徒のスキルのエビデンスを集めるテストの方法を，教師はあまりもち合わせていません。フォーマルな学習環境かインフォーマルな学習環境かどうかにかかわらず，どのようにカリキュラムもしくはインフォーマルな学習活動の中にテクノロジを取り入れるかを考えることに関しては，教師に任せられています。21世紀型スキルの評価を学習活動に統合する作業は，まだ初期段階なのです。

評価は，それぞれの評価対象に関連した学習のエビデンスを引き出すようにデザインされなければなりません。効果的な形成的評価に関する研究によると，学習をフォーマル，インフォーマルに観察する方法には様々な種類があります。例えば，学習者との質問のやりとりをはじめとして，作業の進捗状況のチェック，最終的な成果物の評価などがあげられています。しかしながら，これらの観察は達成規準を明確にして，児童生徒に共有される形で事前に決めておくべきです。例えば，コラボレーション活動中のグループ活動を体系的に観察する場合，相互作用のタイプや質を記録するために，その方法や基準をあらかじめ構造化しておく方法があります。こうした観察をまとめたものを，児童生徒がグループや個人で振り返ることもできます。

21世紀型スキルは，学習環境の中で様々な状況や領域を横断する形で，様々なテクノロジの利用を統合していきます。21世紀型スキルの中心となるのは，イノベーションやコミュニケーション，コラボレーション，問題解決，シチズンシップといったプロセスの中で，学習者が適切なテクノロジを選択し活用する能力です。テクノロジはまた，より豊かで深い，広範囲の学習活動や評価をデザインするうえで，多くの可能性を提供します。テクノロジの支援を受けて可能になる学習環境と評価の改革には，次のようなものが考えられます。

・学校外の現実状況に近い，豊かで真正のダイナミックな環境の提供

・集積された情報ソースや専門知識へのアクセス
・コラボレーションとソーシャルネットワーキングのフォーマル，インフォーマルな活用
・教室では観察や操作することが難しい，あるいは不可能な現象の提示
・時間的，因果的，動的な関係を「動かして」例示する
・様々な要因を複数の表象で示したり，同時にその要因を相互作用させることを可能にする（その過程では分析したデータがつくられる）
・表象，記号を重ね合わせて使う
・児童生徒が操作する，調査する。いろいろ試してみる
・児童生徒のペースで進めたり，何度も再生したり，つくり直す
・児童生徒の思考や推論のプロセスを可視化する
・活動（調査，デザイン，問題解決など）の最中の児童生徒の反応をとらえる
・様々なツール（インターネット，ワープロや表計算ソフト，領域特有のソフトなど）を使ったシミュレーションを可能にする

「学習しながら同時に行う状況に埋め込まれた変容的評価で知識構築を評価する」節（p. 130～）で，このリストについてより詳しく述べます。しかしまず，評価プロファイルの概念を紹介し，大規模評価につながる新たな学習環境と評価の可能性について説明します。

●評価プロファイル

知識構築分析フレームワーク（本章末の付録を参照）の目的は，表3.2で定義された発達の軌跡に沿って，教育環境が知識創造組織にどの程度近づいているかを確認することです。このフレームワークの根底には，児童生徒だけでなく教育環境も評価されるべきだという前提があります。しかし，もちろん，児童生徒の活動は分析されなければなりませんが，教育環境の評価の軸を個人とグループ両方のパフォーマンスを測る尺度に変換する必要があります。私たちは，そのような作業が調査研究プログラムの一部として必須なことだと考えています。しかし，ここでは，教育の品質評価を保証し，授業実践をよりよくするために，様々な教室で21世紀型スキルを測定するためのあらゆる評価手段を網羅し，その活用を支援できるように，以下にあげる６つの評価の軸をまとめました。

評価と21世紀型スキルの間の対応：既存の評価ツールの中には１つも21世紀型スキルを評価・支援しないものがあります。そこで，21世紀型スキルの各対象スキルについて，①十分に対応している，②部分的に対応している，③対応していな

い，のいずれであるかを判断すると効果的です。

評価の目的と意図的な使用：評価データ，課題，そして評価項目の使用目的には①児童生徒と教師が学習をモニターし，進度に合わせて教え方を調整するための形成的評価，②教えた後に達成度を測る総括的エビデンス，③プロジェクトの評価または研究（児童生徒と教師で共有されない）があるでしょう。それぞれの21世紀型スキルは，これら 3 種類の目的のために評価する価値があります。

構成概念の表象：評価に用いる課題や項目は，時に対象となる構成概念，つまり望まれる知識やスキルの一部についてしかエビデンスを示すことができないことがあります。例えば，もし対象が知識であれば，ダイナミックで創発的な行動よりも，その構成要素や単純な相互関係の方がテストしやすいでしょう。また，基本的な事実やステップは，高次の統合された知識やスキルと比べてテストしやすいでしょう。構成概念が部分的にしかテストできない場合，重要な構成要素が十分にとらえられていないかもしれません。21世紀型スキルの一つひとつに対して，現在手に入るエビデンスが①構成概念そのもの，②構成概念の一部，③構成概念に無関係，のいずれであるかを判断する必要があります。

学習活動の中への統合：学習環境の中での評価は，程度の差こそあれ，学習活動が進んでいる最中の活動に統合されるでしょう。学習活動に統合されて同時に行う評価は，児童生徒の学習活動の中から学習を評価するためのエビデンスを集めることができます。学習活動にあまり直接的にリンクしない形の中間評価は，確認のために定期的に行われるでしょう。あるいは，文脈から離れた形の，外的評価を投入する可能性もあります。このように，21世紀型スキルの一つひとつに対して，評価課題や評価項目への回答が①全般的に学習活動と一体をなしている，②学習活動とは別に後で評価される，または③評価されない，のいずれであるか，その程度を判断することが効果的です。

実行可能性：学習環境の中での評価は，各評価が自身の学習環境で実際に使うことができるかどうかに違いがあるでしょう。各評価は，学習者や教師によって容易に実施して解釈できる場合もあれば，永久にもしくは一定間隔でテクノロジを活用していく必要がある場合もあるでしょう。したがって，その評価が①最小限の支援，または支援なしで容易に使用できる評価か，②テクノロジによる支援があることで使用できる評価か，③特別な手法とテクノロジ支援が必要となる複雑な評価か，を見極めることが必要です。

技術的な品質：評価を行うには，管理職に対して専門的なレベルが要求され，教員養成で教えている内容の範疇を超えたものが必要とされるかもしれません。技術的に高品質なエビデンスとは，評価が形式的や総括的といったその場でのねらいに応じた信頼のできる情報を提供していることを保証するだけでなく，観察やエビデンスの解釈が別の教員や環境において用いても安定していることを保証するものです。したがって，技術的品質が①十分に保障されているか，②部分的にのみ保障されているかを明確にすることが重要です。

● 学習環境と形成的評価の大規模テストへの接続

現在，21世紀型スキルを評価するアプローチに対して，それと競合する別の評価方法がいくつかあります。第1のアプローチは，国際コンピュータ資格（International Computer Driving License）やアメリカのいくつかの州で行われているテクノロジ習熟テストといった，テクノロジ操作「の」評価（assessment of technology）です。これらのテストは，インターネットやワープロや表計算といった，能率向上のためのツールを使うのに必要なことや手続きに関する知識を測定しますが，そこでの内容，学問領域に関する問題あるいは応用問題，文脈などは，試験を受ける人々が慣れている背景知識が意図的に選ばれます（Venezky and Davis, 2002；Crawford and Toyama, 2002）。問題解決やコミュニケーション，コラボレーション，イノベーション，そしてシチズンシップといった21世紀型スキルが対象にしている認知的プロセスは，そのようなテクノロジ操作「の」テストでは評価されません。

第2のアプローチは，教科内容知識や思考プロセスに関する問題解決のためにテクノロジを戦略的に使っているかという観点から，テクノロジ操作の測定も一緒に「統合して」問題や項目を作成し，テクノロジ「を」使った学習（learning with technology）を測定するというものです。このためには，複雑な学問の世界と現実世界の問題に関連するような課題や項目を入念にデザインすることになります。

第3のアプローチは，テストをテクノロジによって実装するものです。テクノロジ「による」評価（assessments by technology）は，テクノロジのインフラを使って，数学やリーディングなどの科目で，その内容やスキルを測定するために，配布と採点を自動化するものです。これらのテストのデザインでは，テクノロジの影響をできるだけ減らすか取り除くことを目的にして，無関係の構成概念としてテクノロジを取り扱います。紙ベースのテストとテクノロジ活用型のテストが同等となることがここでの目標なのです。テクノロジ活用型のテストは州，国内，そして国際的な大規模テストで急速に増加しており，そこではテクノロジはテストの配布，採点，結果の報告にかかるコストと実施の手間を省く手段として重宝されています。テクノロジ活用型のテストでは，計算機やワードプロセッサといった支援ツールはテストされる内容と無関係であり，それ自体が測定対象になるようなものではないと考えられています。このようなテスト・プログラムは紙とオンラインテストの比較可能性を追求しているため，テスト内容は，静的な刺激を提示する伝統的な記述式問題や選択式問題を使用しがちです。これらの慣習的なオンラインテストでできることは，ほとんど，紙で評価できる知識やスキルの測定のみに限られています。結果的に，より複雑な知識構造を測定したり，ATC21S プロジェクトによって記述され，本書の第2章で報告した21世紀型のICT スキルを用いたより幅のある探究・問題解決活動を測定したりすることができるテクノロジのメリットを十分に活用していません（Csapó, 2007；Quellmalz and Pellegrino, 2009）。つまり，テクノロジを使って配布・採点される伝統的な科目のテストは，21世紀型の ICT スキルの評価ではなく，その一部としても扱われるべきではありません。21世紀型スキルの評価は，単に配布と採点のような評価の機能を支援するためだけにテクノロジを使うのではなく，テクノロジを使用しながら21世紀型スキルをどのように発揮しているのかを測定することに焦点を当てるべきでしょう。

21世紀型スキルの大規模評価によって，授業活動中の学習環境に埋め込む評価のモデルを提供できるかもしれません。しかし，現在の大規模テストで行われている内容では，知識構築環境に向けた，様々な21世紀型スキルの領域に対応していません。アメリカにおいては，全米学力調査（National Assessment of Educational Progress）の「科学技術知識に関するリテラシー（Technological Literacy）」の2012年フレームワークで，3つの評価領域（テクノロジと社会，デザインとシステム，ICT）を定めています（ウェブサイト http://naeptech2012.org を参照★）。このフレームワークでは，科学技術知識に関するリテラシーは「社会へのテクノロジの効果」「21世紀型スキル」「テクノロジのデザイン」の理解をブレンドしています。2012年の調査では，これら3領域の知識とスキルを評価するためにデザインされた長編・短編のシナリオ型課題を提示することになっています。アメリカでは，このような21世紀型スキルと科学技術知識に関するリテラシーの評価を，8年生までのすべての児童生徒が受けることになります。しかしながら，現在州で実施するテスト，あるいは学校から提出されるレポートがこのフレームワークの要件を十分に満たしていると考えられているため，おそらく，児童生徒がICT で支援されたプロジェクトを行う中で使用する質問紙やルーブリックに基づいた教師によるレポートが，学校のレポートの元になる可能性があります。ほとんどの教師は，21世紀型スキルを教室で評価する方法や，テストを自作する

★：現在は，最新の全米学力調査のウェブサイトに自動的に転送される（2013年12月5日確認）。

方法について，専門的教育を受ける機会がありません。さらに，教師の自作の評価や市販されている教室用の評価は，テクニカルクオリティ（評価そのものの質）が十分確かめられていません（Wilson and Sloane, 2000）。とりわけ問題なのは，どのように21世紀型スキルの発達に向けた児童生徒の進捗をモニターするのか，特にそのツールの使い方だけでなく，それらを使って考える方法が，教師にとって明らかでない点です。教師は，21世紀型スキルの測定を目的とした形成的評価のツールを必要としています。

学習しながら同時に行う状況に埋め込まれた変容的評価で知識構築を評価する

現在，世の中でベストプラクティスとしてみられている授業実践を継続的に越えていくために欠かせない知識創造である創発的アプローチの文脈で，私たちは，伝統的なテストよりも児童生徒のパフォーマンスをより豊かに，包括的に，即座に使える形で提供できる「新しいタイプのデータ」を教室環境で得る方法について説明します。そのためには，これまで紹介してきたような，新しい強力な知識構築環境が必要になります。

前節までに，状況に埋め込まれた「形成的評価」と「総括的評価」について議論してきました。ここで，「学習しながら同時に行う変容的な評価」という概念を新しく導入したいと思います。学習しながら同時に行う評価（concurrent assessment）とは，評価が即時に学習のために使用できることを意味します。これには，より直接的な手続きについてのみならず高次のプロセスの情報をフィードバックする，効果的なデザインが必要です。変容的評価（transformative assessment）とは，評価が単に過去のパフォーマンスを説明し，直後にとるべきステップを指し示すものではなく，学校の内外で個人やチームがより幅広い問題に取り組み，チームのメンバーや他チームとの活動とをどう関連させていけばいいか，その方向性を示すことを意味しています。

児童生徒の対話がコミュニティの中心に位置づけられ，メンバーが共有された知識空間に考えを出し合い，互いのアイディアの上によりよいアイディアを積み上げる環境では，新しい評価の形態によってコミュニティの活動がより豊かになり，学習と同時に行う変容的な評価が可能になります。分析評価の対象となる対話は，オンラインまたは対面で行われ，ビデオやテレビ会議のソフトウェアを使って記録し，書き起こすことになるでしょう。児童生徒の活動プロファイルは，そのようなデータから容易に生成することができます。現在はまだ初期段階ですが，早い段階からこれらのツールを教室で試用している研究者，教師，そして児童生徒がおり，彼らから刺激的なフィードバックが多数返ってきています。教師と児童生徒は一様に，そうしたテクノロジを用いることの利点を理解し，自分たちの考えを改良するためのアイディアを生成しています。

データは児童生徒の会話や成果物から自動的に生成され，下記に提示するように，学習パターンを特定したり絶えず授業実践や児童生徒の到達度を高めるために，そうしたツールを使うことができます。学習しながら同時に行う状況に埋め込まれた変容的な評価を進めていく挑戦の中で重要となるのは，そうした新しい機会の大きな強みを生かしつつ，失敗を回避することでしょう。

貢献：児童生徒がどれだけ活動に貢献したかを示すツールを使うと，児童生徒がオンラインで作成したノートの数，その内容の特徴（キーワードや用いたメディアの種類などに基づいて判断される），児童生徒が貢献した内容の範囲などの情報が提供されます。ある特定の問題に対して児童生徒それぞれがどう活動して考えを貢献したかその過程を追跡することができ，それが個人やグループの問題解決活動を分析可能にします。教師は，このツールを使ってどの程度児童生徒が意味のある活動に取り組んでいたかを，授業中や授業直後に知ることができます（例えば，どのくらいノートを読んだり，新しくつくったり，修正したりしたか）。そのような情報によって，教師はより支援や指導が必要な児童生徒を知ることができ，知識構築コミュニティへ参加するうえで何が障害になっているのかを特定できます。もし教師が，児童生徒にもそのツールの使用を許可すれば，児童生徒自身でクラスの中でどのような位置にいるのかを（名前は伏せた状態で）見ることができます。

21世紀型スキルを支援するための「思考のタイプ」タグや足場かけ：足場かけは，児童生徒が知識を発展させようとする過程で，理論的な記述を書こうとするタイミングで提供することができます（後述の「新たなコンピテンシーの創発を支援するテクノロジ」の項（p. 138～）を参照）。コンピュータを用いて，一人ひとりに合った支援を提供すること（例えば，ナレッジフォーラム（Knowledge Forum）というアプリケーションでは，「私の解決法は…」「私の考えは…」といった文章の書き出しを促す足場かけ的な支援機能がある）によって，教師や児童生徒は必要に応じて足場かけ支援を使ったり，ルーブリックを柔軟に使ったりできます。また生徒は「思考のタイプ」というタグを用いることで，ノートに書こうとする内容がどのようなものかをタグづけしていくことができます（Andrade, 2000；Chuy et al., 2009；Law and Wong, 2003；Lai and Law, 2006）。児童生徒が取り組んでいる21世紀型スキル（問題解決や理論構築，調査，意思決定）がどれかを特定して示すことで，児童生徒はそれらのスキルをより深く認識することができます。そして，記述内容がタグづけされていれば，児童生徒と教師はテキストを検索することで，似たような複数の書き込みを見つけ，それを事例にして議論・評価することが簡単になります。形成的評価ツールは，児童生徒にスキルの使用パターンについてフィードバックを与え，児童生徒の活動のレパートリーを広げていくために役立ちます。

新たなメディアやマルチ・リテラシーの使用：児童生徒は，コンピュータ上に書き込むノートを，文章や画像や表，グラフ，モデル，ビデオ，音声などの様々なメディアで表現することができます。先行研究では，様々なメディアを用いることのできる知識構築環境における学習では，文章やグラフィカルな表現のためのリテラシーの成長が，重要な副産物として得られることが示されています（Sun et al., 2008；Gan et al., 2007）。

語彙：語彙分析ツールは，新たな単語の使用状況や，カリキュラムガイドライン（あるいは何らかの用語集）に含まれる特定の単語の使用状況などを，個人またはグループ活動のプロファイルとして提供します。例えば各学年で使ってほしい語彙リストのようなものがあれば，それと比較することで，児童生徒の語彙の発達を容易に確認することもできます。こうして教師は，重要な概念が児童生徒の発話の中に入っているか，学年相応またはそれ以上の言葉をどれくらい使用しているか，カリキュラムガイドラインのそれぞれのレベルで決められた語彙を獲得できているかなどを明らかにすることができます。書き込まれたノート内容の複雑さやクオリティについての情報を得ることができるので，教師は授業でどのようなことを次に教える必要があるか，指針を得ることもできます。以前，これらの語彙ツールを試験的に使ってみてもらったところ，児童生徒にとっては自分たちの語彙の発達を見ることが楽しく，クラスの他の児童生徒が使った新たな言葉を使ってみようとしはじめることが示されています。

ライティング：ライティングの測定は基本的な指標（例えば，語彙数，1文あたりの平均ワード数など）を用いることができます。高性能のツールがすでに多数開発されており，それらが無料で自由に使えるようになると，対話環境とライティング環境を関連づけることが容易になるでしょう。

メタ的な視点：ブレインストーミング・ツール（Nunes et al., 2003）は，ある特定のスキルに関する児童生徒のメタ認知思考スキルを高め，児童生徒が創造性やリーダーシップ，コラボレーションを学んでいく時の支援に活用できます。児童生徒がうまく解を見つけられず書き込みがされていないノートや，主張は書き込まれているがそのエビデンスが示されていないノートに対して，このツールの使用を促すようにツールをつくり込むのもいいでしょう。一度タグづけされれば，思考の可視化ツールを用いることで，児童生徒がさらに取り組む必要のあるアイディアを，知識空間の目立つ場所に示すこともできます。

意味分析：このツールを用いることで，多くの柔軟な方法で対話の意味を分析することができます。「意味重複機能」を使えば，児童生徒が選択したテキストから，キーワードやフレーズが自動的に抜粋され，重複している用語が示されます。このツールの応用方法の1つは，学習者が対話した内容と，専門家が対話した内容やカリキュラムガイドラインに書かれている内容との間でどれだけ重複する用語があるかを調べることです。別の応用例としては，2人の学習者の文章どうしや，児童生徒の文章と課題図書との間に重複する用語がどれだけあるかを調べることもできます。対話や文章の意味内容を集積し関係づけをしたものの可視化は，潜在的意味分析（Latent Semantic Analysis）の技術を使うことで，重複した用語をグラフィカルに表示することができます（Teplovs, 2008）。例えば，百科事典の見出し語やカリキュラムガイドライン，カリキュラムスタンダードの内容をこの分析にかけることで，ベンチマーク（基準）をつくることができます。図3.4にあるように，このツールは児童生徒の対話のネットワークとベンチマークとの重複が，日を追うごとに増えていくようすを示すことができます。

社会ネットワーク分析：社会ネットワーク分析のツールは，行動パターン（例えば，誰が誰のノートを読んだか，引用したか，加筆したか）に基づいて参加者間の社会的な関係を表示します。教師にとって社会ネットワーク分析ツールは，どの児童生徒が知識構築の対話の中心にいるか，コミュニティの活動を制約する児童生徒の社会的関係がないかをよりよく理解するのに役立ちます。このツールを使うことで，教師の注意をネットワークの周辺にいる児童生徒に向けさせ，その児童生徒が授業活動でより深く関わっていくために必要な支援を教師が行うこと

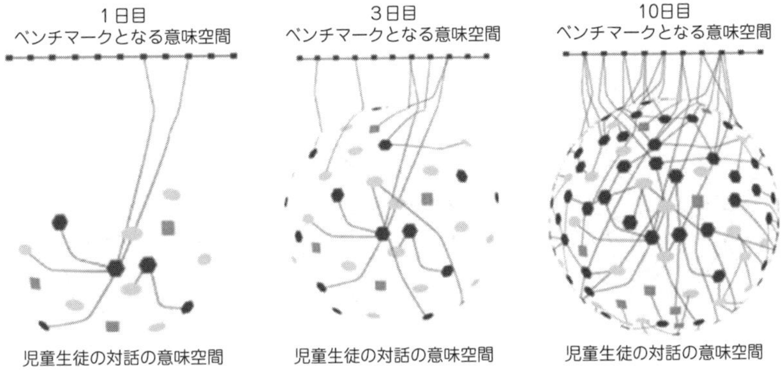

○図3.4　ある教室での10日間の話し合いの意味の集積を可視化したもの（Teplovs, 2008より）

ができます。

児童生徒の授業活動への貢献具合が共有知識空間の中に示されると，皆で知識を構築していくことに対して責任の程度が高まっていきます。図3.5のように，社会ネットワーク分析ツールから生成された図を見ると，児童生徒のパフォーマンスの向上と授業実践内容との相関を明らかにすることができるというイメージがつかめるでしょう。この結果によって，共有対話空間を用いなければ発見できなかったかもしれない授業実践が見えてきました。図3.5は，4年生の光を学ぶ授業実践から抜粋された例です（Zhang et al., 2007, 2009）。このクラスでは，授業を継続的な知識構築の場にするように，教師と児童生徒は取り組んでいました。社会ネットワーク分析と，別に行った質的分析を用いてオンラインでの参加パターンや知識の進展が，特に集団的認知責任を評価する指標に絞って分析されました。

社会ネットワーク分析ツールによって生成された図3.5の社会ネットワークのグラフは，グループの構成の仕方を変えたことで，子どもたちの知識の進展が効果的に生じたことを示しています。(a)は初年度で，固定された小グループの場合，(b)は2年目で，小グループどうしが関わりながら知的な活動を一緒に進めていった場合，(c)は3年目で，「光について理解を深める」という学級全体で共有した最上位目標を達成する過程で生まれた，子どもたち自身の創発的な目標に基づいて，メンバーが自発的に小グループを形成したり解散したりして臨機応変にコラボレーションした場合です。3年目のモデルは，実世界の知識創造組織における構造に最も近いといえます。この3つの授業デザインのうち，臨機応変なコラボレーションモデルにおいて，集団的認知責任，知識の進展，そして情報の動的な伝播が高いレベルで生じたという結果が得られました（詳細は，Zhang et al., 2009）。社会ネットワーク分析ツールによるこの3年間の結果は，図3.5に示されています（より詳しくは，Zhang et al., 2009）。

これらのグラフでは，1つのノード（点）はグループメンバーの1人を表しています。2つのノードの間のリンク（線）はメンバー2人の関係，つまりあるメンバーが他のメンバーがつくったノートを引用したか，その上に新たなノートをつくったことを表しています。そうした関係性の方向や頻度は当該の矢印の向きやリンクの上に示した値で表されます。あるメンバーの情報がより多く流れていれば，そのメンバーがよりネットワークの中心に表示されます。このようなツールによって，教師と児童生徒の活動を新たな方法で可視化することができます。どのトピックの会話にも応用可能ですし，個人単位だけでなくグループ単位で分析することもできます。知識空間を再構築することによって，様々な問題や関心

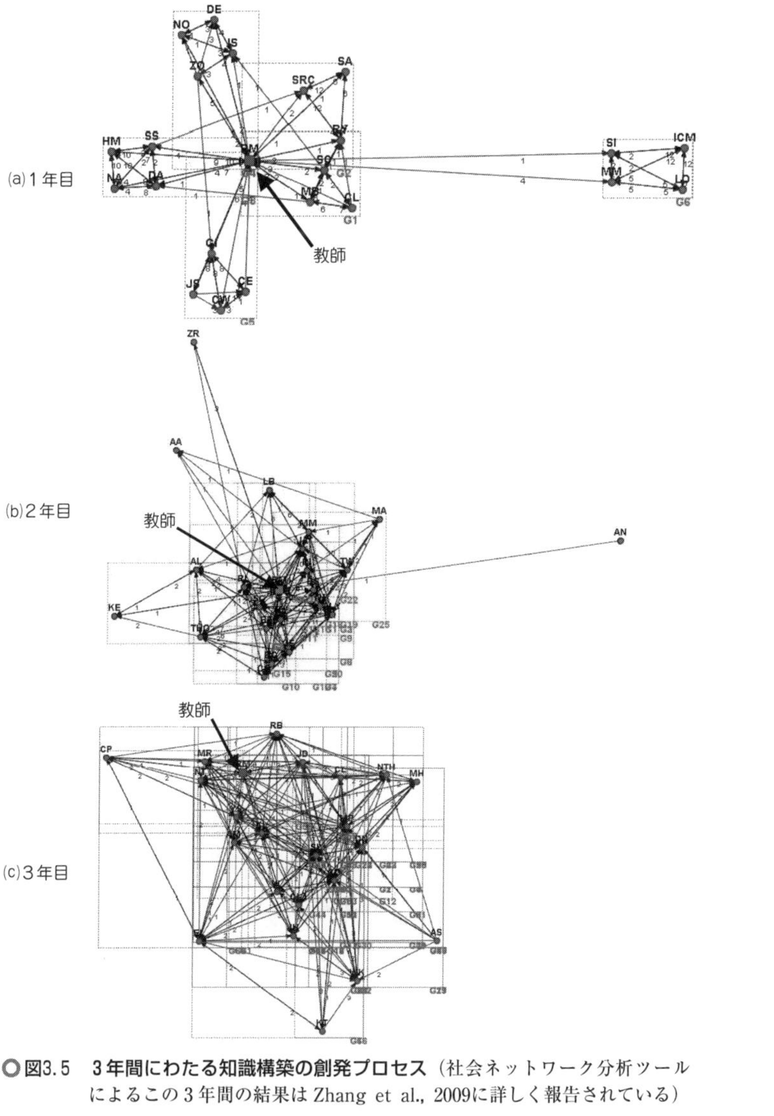

◎図3.5　**３年間にわたる知識構築の創発プロセス**（社会ネットワーク分析ツールによるこの３年間の結果は Zhang et al., 2009に詳しく報告されている）

を対象とすることができますし，長時間にわたる変化を見せることも可能という，いろいろな可能性をもっています。このアプローチはまだ萌芽段階で，Web 2.0/3.0の開発がそれをより高めていくでしょう。

評価，オープンな知識リソース，そして知識構築の発展

発達のフレームワーク，発達の定義，そして発達のモデルが必要だということは，「ATC21S プロジェクト」を通して言われています。これは21世紀型スキルの枠組みについての議論（第 2 章），学習者がある領域の習熟に向かってたどるであろう経路を記述する「ラーニングプログレッションズ」を特定する必要性についての議論，そして評価項目の開発の議論などにおいてです。私たちは，知識創造の理論と実践に基づいた発達的なプログレッションズを特定することで，この議論に貢献したいと思います。私たちはすべての市民が，知識構築環境に参加する機会をもち，21世紀型スキルを身につけ，前掲の表3. 2（p. 101）に示した発達の軌跡に沿って成長すべきだと主張しています。先に述べたツールは発達の軌跡を可視化して図で示し，新たな方法でデザイン原則を検討することを手助けします。

知識構築環境のためのデザイン原則には，以下が含まれます。

(a) 学習者に権限を与え，より大きな主体性と集団的な責任を彼らに移譲する。
(b) 活動が進むと同時に知識を発展させたり問題を特定していく活動と一体のものとして評価を促える。
(c) 日々の組織の活動に埋め込まれた強力な環境となるように，学習者自身がツールをカスタマイズしたり，変更を要求できるようにする。
(d) コミュニティの活動が単に外部評価者の期待に応えるだけでなく，それを上回る活動を行えるように，コミュニティがきちんとした自己評価をすることを支援する。
(e) 児童生徒が電子的な公共の共有空間に参加し，コメントし，意見を積み上げ，進行中の活動を関連づけ，まとめる活動のプロセスに対して，スタンダードやベンチマークを取り入れる。
(f) 障がいのある学習者を含め，すべての参加者が参加できるようなインクルーシブなデザインを支援する（これには特殊な技術課題を伴う）（Trevinarus, 1994, 2002）
(g) あらゆるメディア （グラフィック，ビデオ，オーディオ，テキストなど）を用いた対話を支援する公共の共有空間に，知識が豊富な領域固有の学習環境をつなぐ。
(h) 知的な活動をオープンに展開することを奨励する。

これらの原則が満たされれば，児童生徒は学校カリキュラムのあらゆる領域で必要な読み書きの表現活動において，ICTを意味ある形で相互作用的な文脈の中で使うことができます。そして児童生徒は，他に参加する知識労働者や世界規模の知識リソースとの関わりのような，知識創造組織で役立つサポートを活用することができるようになります。

ICTによって可能になる対話環境とオープンリソースを組み合わせることで，知識構築環境における人の発達を明確に示し，それを促すようなブレイクスルーを起こす基盤ができます。例えば，児童生徒の対話環境を，強力なシミュレーションや，チュートリアル，知的チュータリングシステム，他の領域固有のツールなどと組み合わせて使うことができるようになります（Quellmalz and Haertel, 2008；Tucker, 2009）。そうすることで，これら異なる様々なツールの強みを結集させ，その使用にまつわる相互作用をさらに促すことが可能になります。カーネギーメロン大学のオープン学習イニシアティブ（Open Learning Initiative）で説明されているように，評価をすべての教授活動に組み込み，埋め込まれた評価から得られるデータを使うことで，継続的な評価と改善のための強力なフィードバック・ループを動かすことが可能になるのです。上記のチュートリアルやシミュレーション，ゲームなどからの評価は，オープンソフトウェアやプログラミングインタフェースの一部で行われた評価を補完することができます。アプリケーションに相互運用性をもたせれば，これまで伝統的にあった様々な学習環境と評価の間の壁を壊すことが可能となり，互いに情報を検索したり合成したりすることができるようになるでしょう。オープンな知識リソースはラーニングプログレッションズやベンチマーク，学習モジュールに関する情報を収集することを可能にします。カリキ（Curriki）は無料でオープンなカリキュラムをコミュニティで共有し協同するウェブサイトの1つです（http://www.curriki.org/）。クリエイティブコモンズのライセンスによって，情報がより共有され発展させられるようになり，知的財産の概念も変わってきています。

これらのオープンな知識リソースは，対話環境からのデータと組み合わせることで，様々なトピックやアプリケーションを横断し，教室での活動やウェブを介してアクセスできるシミュレーションやゲームなど，学校内外の様々な利用ログから児童生徒のポートフォリオをつくることを可能にします（倫理的な問題は重要で，また別途議論する必要があります）。これまでのものよりも大きく拡張された児童生徒のポートフォリオによって，形成的なフィードバックを通して発達を促すことができるだけでなく，多様なパスで変化していく発達的なベンチマークと関連づけて児童生徒の進捗を示すことも可能になります。例えば，児童生徒がつくり上げた意味空間の中で「最も近い人」を検索すれば，同じ教室内だけでなく，世界中で同じような内容について取り組んでいる人を特定することができますし，国内や世界で同じような内容について取り組んでいる人のリソースにもアクセスできます。そうした人やリソースとの接続は，児童生徒と教師の必要性に応じて，即座に，いつでも可能です。このサポートは児童生徒個人の達成を支援するだけでなく，クラス全体が21世紀型組織として活動するのにも役立ちます。

私たちは，世界中のユーザー（Katz et al., 2009）とソフトウェア開発者がチームを構成し，新たなデータマイニングの可能性，知的なウェブアプリケーション，意味分析，機械学習，自然言語処理，そして新たに開発された技術を活用することで，教育の水準を高めていくのではないかと考えています。

新たなコンピテンシーの創発を支援するテクノロジ

最近出版された２つの書籍で，教育を21世紀の新たな基準に合うものへと変えていく時に，新たなテクノロジがもたらす効果について深く議論されています。１つは『デジタル社会の学びのかたち：教育とテクノロジの再考（*Rethinking education in the age of technology: The digital revolution and schooling in America*）』（Collins and Halverson, 2009/稲垣（編訳）2012）です。コリンズとハルバーソンは新たなテクノロジが従来の伝統的な学校に挑戦するような，新たな学習機会を生むと主張しています。彼らは，テクノロジによってあらゆる年齢の人々が一人ひとりのやり方で学びを追求することが可能になるという未来を示しています。前掲の図3.3（p. 116）は，人は生涯にわたり，学校の外でより多くの時間を過ごすことを示しています。もしこのインフォーマルな時間を学習に最も費やすことになれば，特に学校教育のためにデザインされた課題は，学校外での学びのインパクトに比べると見劣りすることになるでしょう。２つ目の書籍は『世界はオープンである：ウェブ・テクノロジが教育に革命を起こす（*The world is open: How web technology is revolutionizing education*）』（Bonk, 2009）です。ボンクは，テクノロジがいかに世界中のあらゆる人々に対して教育をオープンにしたかについて説明しています。彼は，21世紀の学びにインパクトを与えるであろうウェブ検索やオープンコースウェア，リアルタイムに学習できるモバイル情報サービス，ポータルサイトなどのトレンドについて議論しています。これらのテクノロジは学生がカフェテリアに並んでいる時のように，前に進んで並んでいるものから選ぶだけという想定はしていません（残念なことに，多くの教授支援システムは，このような概念に基づいています）。そうではなくて，より学習者がコミュニティに参画し，世界中にある認知的にも感情的にも豊かなあらゆるものに対してオープンになるように支援する環境をつくるものとして考えられています。

こうしたアイディアは，前述の新たなコンピテンシーの創発とオープンリソースの議論に沿ったものです。単に，既存の目標や専門家が定めた目的をもち込むのではなく，児童生徒が学習環境の中で様々な支援を受けながら見せる能力から新たな目標を生み出すことが可能なのです。先ほど引用した例でいうと，割合の推論や理論構築のための能力が学習環境の中で生み出されていました。この2つの例はどちらも，実際に，社会で共有される公共の知識の創造を支援するコンピュータ支援型の知識構築環境を使用しています（Moss and Beatty, 2006；Messina and Reeve, 2006）。この知識創造を支援する技術的な方法として，前述したような「思考タイプ」のような足場かけがあります。さらに，アイディアの高次な表象の統合と生成を支援する「まとめる」ノートや，複数の表象をつくりアイディアを構造化するためのグラフィカルな背景図をつくることができます（Scardamalia and Bereiter, 2006）。

先に述べた中で「足場かけ」は理論構築を支援するものだと紹介しました。協調的な知識構築を支援するコンピュータシステムであるナレッジフォーラムでは，理論づくりを支援するために，「私の理論（考え方）は…」「私が知りたいことは…」「私の理論の証拠は…」「みんなの知識を一緒にすると…」「よりよい理論は…」といった文章の書き出しを支援するプロンプトが用意されています。これらの足場かけを使うには，児童生徒は画面上に表示された自分の考えを書くスペースの左側のパネルに並ぶこれらのフレーズの1つをクリックすればよいだけです（第5章図5. 1a（p. 215）を参照）。そうすると選択したフレーズが自分の書いている文章の中に適切に挿入されるので，学習者はそれに続けて書き加えていけばよいのです。児童生徒が書いたテキストは，その足場かけの名前で自動的にタグづけされます。このシンプルな支援によって，児童生徒のライティングの中でこれらのフレーズがより多く使われるようになり，その結果，高次の知識プロセスが展開されるようになりました。理論構築の例で示したナレッジフォーラムの環境では，これらの足場かけはカスタマイズすることができるので，21世紀型の目標にふさわしいものへと容易に変更できます（また，書かれたテキストや事実に対してマーキングする形で使うことも可能です）。これらの足場かけを使うことで児童生徒が自分たちの意見を特徴づけることになり，メタ認知的な気づきを促進します。これらの足場かけ支援は，検索パラメータとしての機能ももつので，児童生徒や教師はデータベースの中にどのような異なる理論があるのか，その理論に使われたエビデンスは何か，既存の理論に対して改善したと考えられる理論にはどのような特徴があるかなどを判断するために，簡単にコミュニティの知識空間を検索できます（第 5 章図5. 1b を参照）。そして，これらのタグづけされた「思考タイプ」を使って児童生徒の発達を促すための形成的評価を容易に行えます。例えば，児童生徒のグループやその教室の中でたくさんの理論を生成しているがエビデンスがない，あるいはエビデンスはあるが改善された理論を生成するためにアイディアを統合できていない，といったことを確認するために，児童生徒一人ひとり，またはグループ活動のプロファイルを生成することが可能です。使用パターンによっては，これまで見えてこなかった知識プロセスを明らかにし，その情報を使って活動を進展させることも可能です。

テクノロジの重要な役割は，個々人がグループに建設的に貢献することへの支援です。足場かけはこの点にも役立ちます。グループのレベルで必要不可欠な問いは「グループに共有されている公共の知識が発展しているか（この共有されている知識が単なる個人の成果の寄せ集めに比べて，どの程度グループのプロセスによって創発されたものであるか）」です。ウェブ3. 0，セマンティック・ウェブの発展により，単なる単語ではなく，アイディアや意味を主要な調査の単位とすることができるようになりました。いくつかの教育評価ツールはすでにこうした技術を活用しており（Teplovs, 2008），知識創造文化の中で活動するうえで必要な教育的ニーズに合致する，より強力なウェブ・テクノロジが開発されることが期待されます。私たちは，「スキル開発の支援における技術的・方法論的な進展」の節でこれらのアイディアを詳述します。

創発的なアプローチからの知見はまだ限られていますが，それらが示唆するのは，児童生徒が幅広い範囲で21世紀型スキルを学習できており（Chuy et al., 2009；Gan et al., 2007；Sun et al., 2008, 2010），創発的なアプローチが，大規模評価にも役立つような，新たな発見に貢献するだろうということです。創発的なアプローチがこのように成果を上げていることからすると，21世紀型スキルを一つひとつ操作的に定義することは，測定のためには重要であるものの，おそらく教育的な活動をデザインするためのベストな基盤ではないかもしれません。

テクノロジによって学校の内と外の境界が不明確になり，知識はオープンな世界の中で社会的に生み出されるものとなりつつあります。このような時代においては，教育の場を拡大し，「コミュニティの知識」やグループとしての知性，または「集合知」を支援する学習環境と形成的評価が必要であり，ますます重要になってくるでしょう。

これから求められる研究

本節では，21世紀型の知識構築を行うための，新しい学習環境や評価の開発をめざす上で重要な研究を紹介します。まず現在の学習環境の中で行われている形成的評価を改善するための研究開発から紹介します。次に，学校を知識創造組織のようなものに変容させるであろう，形成的評価に関する研究を紹介します。

現在の学習環境における21世紀型スキルの分析

21世紀型スキルの評価を改革する研究プログラムを紹介することで，現在の学習環境において21世紀型スキルがどのようなものとして扱われているかを知ることができるでしょう。対象となるプロジェクトは，様々な学習環境から選択され，それらの評価は，21世紀型スキルのフレームワークや，児童生徒の発達の軌跡に焦点が当てられます。これらの学習環境はすべて，21世紀型スキルへのアプローチとしては限界があることが明らかになるでしょうし，こうした分析をすることで，21世紀型スキルをエビデンス中心のアプローチで推進しようとするうえで有益な情報を提供したいと思います。

研究の第２段階では，プロジェクトの評価のテクニカルクオリティを分析し，授業中に形成的なエビデンスを提供することの有用性について分析します。エビデンス中心のデザインフレームワークを使うと，21世紀型スキルの評価，21世紀型スキルを引き出すための学習課題，そして，教師と児童生徒が21世紀型スキルの発達を理解するために使うエビデンス，これら３者の間にあるつながりは弱いことがわかるのではないかと，私たちは予想しています。

研究の第３段階は，教室においてエビデンス中心の評価システムをつくることです。評価システムは，21世紀型スキルのすべて，またはその多くの育成に取り組んでいる代表的なプロジェクトをもとにつくります。教室における形成的評価の目的に対する信頼性と，妥当性に関するテクニカルクオリティについてのデータが集められるでしょう。さらに，21世紀型スキルの形成的評価のデザインは，ACT21Sのすべてのワーキンググループが現在取り組んでいる，総括的で大規模な21世紀型評価課題をよりコンパクトにしたものとなるでしょう。教室における形成的評価は，学習活動の中に埋め込まれ，21世紀型スキルの学習プロセス，例えば，問題解決能力や，コラボレーション，コミュニケーションに関するエビデンスを提供するでしょう。ここで提供される豊かで深い一連のエビデンスは，教師や学習者が学習の進捗をモニターしたり，支援するために使われるでしょう。

例えば，領域中心の学習環境での，そのように豊かで埋め込まれた形成的評価は，情報の調査，シミュレーションの使用，ネットワーク分析など，領域固有の学習活動中のデータを電子的に記録することで可能になるでしょう。この研究では，形成的評価での有用性と評価のテクニカルクオリティについて調査しています。さらに，ベンチマークの役割を担う総括的評価，さらに大規模な州レベル，国家レベル，国際レベルの評価に追加することの価値を探究しています。様々なプロジェクトにおいて，学習環境に埋め込まれたかたちですべての21世紀型スキルの形成的評価をどうデザインするかを研究することは，21世紀型の形成的な学習環境の評価の改革と変容のモデルをつくり上げることに役立つでしょう。

知識構築社会における社会的・技術的なイノベーション

これまで述べてきた通り，現在推進している「21世紀型スキル育成」の目標は，おもに専門家やステークホルダーの目標を分析したものに基づいています。本節で私たちは，目標の明確化を行っているトップダウンアプローチを補完するものとして，学習者が実際に知識創造に従事している時にあらわになる能力，限界，問題に基づいて，ボトムアップアプローチをしていくデザイン実験を提案します。このような研究を進めるうえでの最初のステップは，知識創造組織を運営することができる学校を見つけ出すか，新しくつくることです。ラフェリエールとジャーヴェイス（Laferrière and Gervais, 2008）が指摘するように，そのような学校を見つけることは現在のところなかなか困難です。ここで提案する研究には2つの目的があります。①これまで目標として認識されてこなかったスキルを発見すること，②押しつけにならないかたちでこれらの創発的なスキルの評価をするための方法を開発すること，です。

このような新しい研究課題に積極的に取り組み，かつ，適切にテクノロジが整っている学校現場は，知識創造実践と学習成果に関する問題に取り組む研究や開発を支援することができます。教育政策レベルでは，私たちは教育関係者の意見を二分するような問題を解決するためのデータやエビデンスを集めることになるでしょう。例えば，多くの教育者は，よく定義されたカリキュラムの中で，ステップバイステップで進む手続きを好みます。しかし，知識創造の実践は，そのように順序だったステップバイステップのプロセスを踏襲しません。知識創造者は，自分たちのアイディアが生まれるところに，みずから動きます。児童生徒にもっと自律的でアイディアを使った創造的な活動に従事させることと，多くの教育者が教師，児童生徒，カリキュラムにとって必要不可欠だと考える教室での定型的なクラス活動の構造とを，どのように折り合わせることができるでしょうか。どのように,知識創造の重要な要素である自己組織化によって,初期のよいアイディアが学習プロセスと組み合わさって発展していくのでしょうか。どのように,児童生徒が生み出すたくさんのアイディアの中から,発展させる価値のあるアイディアを選別することができるのでしょうか。どのようにしたら「無知の集団(知識をもっていない状態の人たちで集まって話し合っても何も出てこない状態)」を避けることができるでしょうか。

「無知の集団」は,素朴な考えをもつ学習者がオープンにディスカッションする環境を議論する時に現れる問題です。「思考の可視化」は,構成主義的なコンピュータ環境の1つの長所ですが,「無知の集団」になってしまったり,「間違った」アイディアを拡散してしまうおそれがあります。したがって,教師は児童生徒が探究している最中に公開するアイディアを,外部から編集したりコントロールしたいという誘惑にとらわれます。しかしそうすると,児童生徒は自分たちのアイディアではなく,教師によって権威づけられたアイディアを提示したほうがよいと学んでしまうかもしれません。そこでまず「無知の集団」というものは本当に存在するのか,それとも想像上の問題なのかを見きわめる研究が求められています。次に,それが本当だとしても,こうしたジレンマを建設的に解決する方法を明らかにするようなデザイン研究が必要とされています。

古くからの問題について新しい方法で取り組むには,「学習しながら同時に行う状況に埋め込まれた変容的な評価」が必要となるでしょう。その時に,私たちは,コミュニティのダイナミクスに埋め込まれた形成的評価であれば,みずからアイディアを改善しながら,高いレベルの目標をめざすということができるのかを検証することができるでしょう。こうしたことはほとんどの教育場面でこれまで目にすることのなかったことです。

● 複雑な介入へのチャレンジ

ブラウン (Brown, 1992),コリンズら (Collins et al., 2004),フレデリクセンとコリンズ (Frederiksen and Collins, 1998) は,複雑な介入や詳細な測定をつくっていくための理論的,方法論的なチャレンジについて解説しています。彼らは,これまでの研究によって明らかになった理論的な原則に基づいて授業をデザインし,実践して改善を行うという形成的な研究の実施方法として,デザイン実験の必要性を重視しています。これは「漸進的改良 (progressive refinement)」のアプローチといえるでしょう。コリンズら (Collins et al., 2004) は,デザイン実験について下記のように説明しています。

> デザイン実験では，最初に考えた授業デザインがどのように効果的であるか実際に実践して検討します。そして，授業デザインはその経験に基づいて絶えず修正されます。なぜなら，デザイン実験は現実の学習環境の中で行われるため，事前に統制できない多くの変数があります。デザインを行う研究者は，可能な限りデザインを最適化し，そのうえで様々な要因がいかに働いているかを注意深く観察しようとするのです。(p.18)

ATC21Sの白書シリーズの１つ「評価方法論からの視点（*Perspectives on Methodological Issues*）」では，21世紀型スキルの評価に関わる方法論的課題を示しました。私たちの提案する研究によって，以下の各々の課題は，次のように解決に近づくでしょう。

(a) **状況の役割と，基本的な認知的構成概念の役割を区別すること**：実験によって様々な国や領域の状況の例を比べることでそれが見えてきます。
(b) **コンピュータやネットワークで利用可能になる新しい評価項目**：私たちの提案するネットワークは，新たなデザインを実現し新しい評価項目を探究します。
(c) **教室の活動を圧迫せずに，より多くの評価情報を得るための，新しい技術や新しい思考方法**：私たちは，評価の方法論的な課題を解決するために，国，言語，領域を問わず様々な拠点どうしを結ぶネットワークを形成し，学習しながら同時に行う状況に埋め込まれた変容的な評価が教師の時間を節約する可能性を検証することを提案します。
(d) **「集合知」と伝統的妥当性の正しい組み合わせ方**：私たちの提案する環境では，「集合知」と伝統的な手続きを簡単に組み合わせることができます。
(e) **情報やデータの利用可能性と実用性**：私たちは知識の発展を促すようなフィードバックをつくり出すデータは何なのかを直接的に探索できます。
(f) **児童生徒の学びを活性化する21世紀型スキルの評価方法**：足場かけ，適応的な推薦システム，ステルス評価，可視化などの手法を使って，児童生徒の学びを促す評価のあり方を探究することができます。

● 創発的コンピテンシーフレームワークに必要な研究

私たちは，パイロットスタディを行うことができる国際的なネットワークをつくり，以下に述べるように多面的なデザイン研究を行ったり，その地域の研究者と協同して，それぞれのローカルな状況やニーズに合わせて新しいデザインをつくってテストすることを提案します。ある場所では，特定の研究についてすべて協力するかもしれないし，そうではなく限られた協力関係かもしれませんが，いずれにせよ，そこで生み出されるデータは，ネットワーク内であげられたあらゆるリサーチクエスチョンのために利用できます。そこで，以下では，このネットワークの中で見えてきた，今後修正したり，拡大したりされるべきものを説明します。

①**21世紀型スキルの発達プロセスを明らかにする**。これまで，埋め込まれた評価と新しいコンピテンシーの創発を支援するテクノロジの節（p. 138～）で示したように，コンピュータベースの足場かけは21世紀型スキルの発達と，その形成的評価を支援するために使うことができます。それぞれのスキルを発達させるための研究プログラムが集中的に行われれば，知識創造のための支援がある場合，ない場合のそれぞれで，様々な年齢の児童生徒が21世紀型スキルに関連して何ができて，何ができないかを決定することができるでしょう。そして，私たちは表3. 2（p. 101）の発達のプログレッションズを精緻化することができるようになるでしょう。
②**既存の詰め込まれたカリキュラムに分割してスキルを追加するよりも，知識構築型の教授方法を取り入れたほうが授業時間を効率的に使うことができることを実証する**。現在，基礎的なスキルを学習することと新しい知識を創造することは，授業時間を取り合う関係にあると考えられています。しかし知識構築環境においては，児童生徒は問題解決のために，読んだり，書いたり，算数も使いながら，様々なメディアのかたちで表現をします。つまり，それぞれ別々のカリキュラムのもとで行うのではなく，カリキュラムの全領域にわたって彼らの理解を促すことをめざす有意義な活動を通して行います。知識構築活動の前提条件としてリテラシーを扱うのではなく，多様なリテラシーを育成するために知的活動を扱うことが可能になります。これまでの結果は，各教科の学習，多様なリテラシー，21世紀型スキルの広い範囲に恩恵があることを示しています。これらの結果は追試され，様々な学校に拡張される必要があります。
③**新しいテクノロジや方法，そして学習成果の一般化を試す**。パイロットスタディを行う国際研究ネットワークは，新しいツールや形成的評価を試すテストベッドとなる場を提供するでしょう。効果の再現性に関する研究では，ウィリアムズ（Williams, 2009）による研究が，効果的なコラボレーションができれば，他の分野での学習も促進されることを示しています。このように，学習したスキルが，他の分野での学習にも役立つという「学習成果の一般化」は私たちの主張と一致

しています。というのも，21世紀型のスキルを一つひとつ操作的に定義することは測定の目的のために重要ですが，複雑な目標に向けた協調的な作業をより全体的な見地から検討して，教育実践活動の中によりよい形で具体化することも重要です。そこで私たちはまず，対象とした分野の研究をした後に，対象としていない分野に拡大して研究することを提案します。例えば，私たちは，対象となるスキルである協調的問題解決の測定方法を開発するでしょう。そして，それから協調学習，コミュニケーション，その他の21世紀型スキルと協調的問題解決との関係を調査します。私たちは同時に，対象となるスキルの教科内容と関連する様々な変数を測ることになるでしょう。このようにして私たちは，知識創造をする文化の担い手として児童生徒を育てていくという大きな目標に向けて，学習成果の一般化の程度を検証することができます。

④**知識構築のための包括的なデザインをつくる**。すべての児童生徒が知識構築のコミュニティに貢献できる方法を見いだすことが重要です。そして，個々人の成長とグループ全体の進捗をどちらも示すことが大事になります。児童生徒は彼らの好きなメディア（文章，グラフ，ビデオ，オーディオノート）や考え方を通して対話に参加することができます。結果として，従来示されていたように「女子のほうが男子よりリテラシー能力が優れている」というのではなく，むしろ，男子も女子も両方成長できることが示されています。これは，伝統的なリテラシーのプログラムは男子にとって，やりがいや魅力が欠けていたために遅れをとっていたのであり，探究的なカリキュラムはそれらを満たしていたためであることを示しています。包括的な知識構築を支援する環境をつくる際には障がいのある児童生徒を支援する新しいデザインを加えることが欠かせないでしょう。

⑤**多言語，マルチ・リテラシー，多文化の問題を探究する**。私たちの研究は，国際的なチームで取り組みます。したがって，多言語空間を使って多言語環境を創造していく可能性を探究できるでしょう。もっと一般的に言えば，ここで提案する研究は，国際的なプロジェクトとして遂行されることによって初めて，知識構築社会の問題を探究することが可能となるでしょう。

⑥**共通テストと質問紙を作成する**。表3.1（p. 97）に示したような知識創造組織の担う高度な知識労働は，遅くとも小学校の中学年の段階で，学校教育の中に埋め込むことが可能であるという証拠はありますが（Zhang et al., 2009），幅広い年齢，様々な状況，教師などの条件を問わず適用可能であること，児童生徒は伝統的な環境よりも知識構築の環境でより動機づけされるという主張を支持するデータが必要です。様々な個別の実験から最大の知見を得るためには，評価のツールや機材，データのフォーマットを標準化する必要があるでしょう。直接的な評

価の作業を通じて，知識構築を可能にするための実践やパラメータを特定することが可能になるでしょう（Law et al., 2002）。

⑦**知識創造組織における実践を，教育現場に持ち込めるかを見極める**。知識創造組織でなされている実践を教室に埋め込むことによって，学校を知識創造組織として運営するために何が必要かが明らかになり，そのような実践を促すような職能開発をデザインすることができるでしょう。教室におけるプロセスデータによって，表3.2（p. 101）で示したような発達の軌跡を洗練させることができるでしょうし，個人，グループ，教室レベルでの発達を示すための評価を構築することができるでしょう。

⑧**より大きな評価システムの視点が，大規模でオンデマンドの総括的評価にどのように役立つかを示す**。私たちは，21世紀型スキルを発展させ，知識構築環境と，形成的評価と大規模評価を結びつけるうえで，「後戻り」と「創発」のアプローチの違いを議論してきました。創発的アプローチでは，いくつかの重要な方法を用いて，児童生徒の成果物と形成的・総括的評価との関係をより強めることができます。例えば，上述のように，足場かけを学習環境に埋め込むことによって，児童生徒が「自分が何について考えているのか」をタグづけできるようにすることもできるでしょう。結果として，考えがはっきりするとともに，分析ツールによってそれらのパターンを形成的に評価でき，次のステップを情報提供するのに役立ちます。児童生徒が評価のプロセスについて知識をもち，意図的に関わることができると，彼らはそのプロセスにおいてより能動的な学習者になることができます。様々なラーニングプログレッションズやベンチマークと比較して，自分たちの理解を意図的に高めようと努めるようになるだけでなく，それらに対して意見を述べたり，超えていくことさえ可能になるのです。知識創造組織と同様に，参加者はスタンダードを越えることを意識するようになります。例えば，ある単元で児童生徒の課題が終わりそうな時に，教師が彼らの電子空間に今学習していることと関連するカリキュラムスタンダードを投稿したところ，彼らは基準に対して意見を述べたり，それに照らした時に自分たちの学びがどこに位置するかを議論することができました。子どもたちは，そのスタンダードに示された目標をみて，自分たちの学びはいろいろな方法で目標を達成していることに気づきました。そればかりか，スタンダードには書かれていない重要なことさえ学んでいることに気づいたのです。テストされる側（学習者）とテストをデザインする側の建設的な対話は，双方にとって有益であることがわかったといってもよいでしょう。意味解析ツールは，創発的なフレームワークが大規模調査に対しても意味ある情報を提供できるという可能性を拓いてくれます。そのツールを用いて，「基

準となるコーパス（カリキュラムや評価資料からつくった意味の集積）」「児童生徒個人のコーパス（例えば，児童生徒個人の投稿の最初の3分の1と最後の3分の1の組み合わせなどでつくった意味の集積）」「クラス全体のコーパス（例えば，クラスの全員の投稿の最初の3分の1と最後の3分の1の組み合わせなどでつくった意味の集積）」をつくることが可能です。意味解析およびデータマイニングの技術では，児童生徒個人のコーパスもしくは基準となるコーパスいずれかで，意味空間と経時的な意味変化を表示して，学習の進捗状況を追跡し，通知することができます。

広範囲のデータを扱うｅポートフォリオが教室の対話までも取り込めば，それを大規模で総括的な評価の結果を予測するために使うことができます。そして，形成的なフィードバックを通して，児童生徒のパフォーマンスを高めることができます。このようにして，大規模な総括的評価の結果はパフォーマンス評価にさかのぼって解釈することができ，継続的な改善を支えることができます。簡単かつ迅速に，児童生徒の成長をモニターし，次の学習にその情報を活用することができる点で，教師も，児童生徒も，保護者も，みんなが利益を享受します。これは，これまでにないレベルで説明責任を果たすとともに，学習者の成長を可能にします。

スキル開発の支援における技術的・方法論的な進展

テクノロジの進化，特にWeb2.0やWeb3.0の発展によって，ある領域固有の知識を学んだり，その領域における児童生徒の対話を支援するうえで，様々な環境を相互運用することができる機会が生まれました。一貫して様々なメディアに支えられたオンラインの学習環境ができたことにより，アイディアを話題の中心に持ち寄り，学習しながら同時に行う状況に埋め込まれた変容的な評価を支援できるようになりました。これまで述べてきた通り，今や，教室での学習活動をかなり豊かなものにすると期待できる，幅広く多角的な形成的評価が可能になりました。

Web2.0の重要な特徴は，ユーザーが単なる情報の消費者であるのではなく，他者がアクセス可能な情報を能動的につくり出す存在になるという点です。同時に，例えば，MySpace，LinkedIn，Flickr，Facebookといったオンラインコミュニティが出現したことによって，皮肉なことに，つながりを決める「友だち」の数を数えるという実践の中で，個人と，これらのコミュニティにおける役割に焦点が当てられることになりました。大きなコミュニティの中の社会的相互作用のパターンを発見するネットワーク分析を使って社会ネットワークの性質を特徴づけることに，かなりの関心が寄せられています。Web3.0のデザインは，意味情報をエンコードする方法を大きく変えることで，コンピュータが様々な情報の間の関係を推定することを可能にしました。Web3.0の世界では，アイディアどうしの関係やダイナミクスは，ユーザーどうしのものと同程度，あるいはそれ以上に重要です。このような関係性を理解する方法として，私たちは社会ネットワーク分析に倣って，アイディアネットワーク分析を開発することができます。このことは，アイディアの改善を可能にする社会的な相互作用に関心が集まる知識構築環境においては特に重要です（Teplovs, 2008を参照）。アイディアネットワーク分析は，社会ネットワーク分析が学習者間の関係性を記述するのと同じように，アイディア間の関係性を記述する方法を提供します。アイディアネットワークを可視化すると，ネットワークの密度のような関連の指標が示され，長時間にわたる社会的なパターンやアイディアの変化の特徴を知ることができます。それゆえ，知識の発展を導く社会的なダイナミクスを理解し，支援することが，今は難しい概念的・研究的な課題です。

私たちは対話の環境や，オンラインの知識リソース，形成的および総括的評価を統合することを目的としたデザインを進めていくことを通して，学びが起きる場所や方法，その評価をどこでどうするかといったことをこれまで以上に広く考えることができるでしょう。参加者の発話やオンラインカリキュラムの教材，テストの内容，分野の専門家によるテキストなどの意味空間を追跡することで，私たちは特定の対話やコーパスが他の対話やコーパスとどのように関係しているかを示し，アイディアの発展を追跡することができます。協調的なオンラインの対話が知識構築コミュニティの運営に統合されれば，私たちは形成的評価を拡張し，学習者に新しい学習機会や，様々な領域の専門家を探すように促すこともできるでしょう。

効果的に学習環境をデザインするには，知識創造組織で行われていることを反映させて，コミュニケーション，コラボレーション，チームワーク，情報リテラシー，批判的思考，ICTリテラシーなどを同時に育成できるようにしなければなりません。

学習環境と評価を分析するためのテンプレート

学校名　　　　　　　　名前　　　　　　　　担当教科または担当クラス

1．今現在，あなたの学校の学習環境と評価について記述してください（文字制限はありません）。

2．記述内容に対して，学校改革が付加型モデルもしくは変容型モデルのどちらにフィットするかどうかを示して下さい。この評価をするために，スコア1（完全に付加型）から10（完全に変容型）の10段階いずれかの数字に丸をつけて下さい。

スコア＝1　現在の学習環境または評価のデザインが学校活動の全体構造をほとんど変えずに，新しいタイプの学習課題や，プロジェクト型の学習や環境，新しい評価を単に付加するだけになっている場合は，目標は「付加型」です。

スコア＝10　学習環境または評価が，児童生徒が学校運営に組み込まれた知識構築環境に支えられた知識創造組織の一員になるように，実質的に学校の状態を変える場合には，目標は「変容型」です。

スコア　1 － 2 － 3 － 4 － 5 － 6 － 7 － 8 － 9 － 10

そのスコアを付けた理由（文字制限はありません）

3．学習環境と評価の特徴を評価するため，下記の評価フォームを使ってください。

■創造性とイノベーション

スコア＝1　与えられた情報を自分のものにする。他の誰かが正解や事実を知っているという信念をもっていたり，それをもとに行動する。

スコア＝10　未解決の問題に取り組む。理論やモデルをつくったり，リスクを覚悟して取り組む。有望なアイディアやプランを追求していく。

スコア　1 － 2 － 3 － 4 － 5 － 6 － 7 － 8 － 9 － 10

この指標に関連して，学習環境もしくは評価を改善する方法があると思いますか？　ある場合，あなたがどうするべきか，もしくは，本書で紹介したアイディアがどのように助けとなるかを簡単に記述してください。

■コミュニケーション

スコア＝1　仲良くおしゃべりできる。対話の目的は，事前に決められている目標に全員が到達すること。メンバーどうしや，それ以外の人々とやりとりできる場は限られている。

スコア＝10　領域を発展させることをめざした知識構築・漸進的な対話。より包括的で高次の分析を行うための議論。コミュニティのために開かれた知識空間でメンバーどうしあるいはそれ以外の人々とのやりとりが促される。

スコア　1 － 2 － 3 － 4 － 5 － 6 － 7 － 8 － 9 － 10

この指標に関連して，学習環境もしくは評価を改善する方法があると思いますか？　ある場合，あなたがどうするべきか，もしくは，本書で紹介したアイディアがどのように助けとなるかを簡単に記述してください。

■コラボレーション・チームワーク

スコア＝1　小グループによる活動ができる。最終成果を作成するうえで一人ひとりが責任を分担する。最終成果は分担したものを合わせただけのもので，それを超えるものではない。

スコア＝10　多くの個人間の協調や競争から集合的あるいは共有された知性が生まれ，既存の知識をみんなで蓄積し，それを拡張することを目的とする。チームのメンバーは効果的な相互作用に集中してそれを達成し，ネットワーク化されたICTを用いて活動する。コミュニティの知識が発展することが個人の成功よりも称賛され，各々の参加者がそれに対して貢献できる。

スコア　1 － 2 － 3 － 4 － 5 － 6 － 7 － 8 － 9 － 10

この指標に関連して，学習環境もしくは評価を改善する方法があると思いますか？　ある場合，あなたがどうするべきか，もしくは，本書で紹介したアイディアがどのように助けとなるかを簡単に記述してください。

■情報リテラシー・調査活動

スコア＝1　問いに対して答えを探す。情報を見つけてきてそれをまとめる。変数を変えたらどうなるのかを検討するような調査。

スコア＝10　今手に入る情報を越えていこうとする。知識リソースを建設的に活用し，またそれに対して貢献することで，よりよいアイディアを社会的に蓄積して拡大する。知識リソースや情報を発展させるための取り組みの中に調査活動が位置づけられる。

スコア　1 － 2 － 3 － 4 － 5 － 6 － 7 － 8 － 9 － 10

この指標に関連して，学習環境もしくは評価を改善する方法があると思いますか？　ある場合，あなたがどうするべきか，もしくは，本書で紹介したアイディアがどのように助けとなるかを簡単に記述してください。

■批判的思考・問題解決・意思決定

スコア＝1　指導者や教師，カリキュラム設計者によってデザインされた有意義な活動。学習者は，あらかじめ用意された課題に取り組む。

スコア＝10　真正な知識労働の中で高次の思考スキルを発揮する。自分で問題発見し有望なアイディアへ発展させる活動を通して，達成の基準は継続的に上がっていく。参加者は，複雑な問題とシステム思考に取り組む。

スコア　1 － 2 － 3 － 4 － 5 － 6 － 7 － 8 － 9 － 10

この指標に関連して，学習環境もしくは評価を改善する方法があると思いますか？　ある場合，あなたがどうするべきか，もしくは，本書で紹介したアイディアがどのように助けとなるかを簡単に記述してください。

■地域とグローバルのよい市民であること（シチズンシップ）

スコア＝1　組織・コミュニティの規範を守る。その中で最善を尽くす。個人的な権利を優先する。

スコア＝10　市民として，知識創造社会の一員であると認識し，グローバルな取り組みに貢献することをめざす。チームメンバーは多様な視点を尊重して価値を置き，フォーマルな学校や仕事場だけでなく，インフォーマルな場面でも社会的に共有された知識を構築していく。そのような中でリーダーシップを発揮し，あらゆる立場の権利を支持する。

スコア　1 － 2 － 3 － 4 － 5 － 6 － 7 － 8 － 9 － 10

この指標に関連して，学習環境もしくは評価を改善する方法があると思いますか？　ある場合，あなたがどうするべきか，もしくは，本書で紹介したアイディアがどのように助けとなるかを簡単に記述してください。

■ICT リテラシー

スコア＝1　一般的なアプリケーションやウェブ上のリソースや各種サービスに慣れ親しみ，使うことができる。

スコア－10　ICT は組織の日常的な活動に埋め込まれている。共有されたコミュニティ空間がつくられ，そこでは世界規模の組織やリリースとの関係も構築しつつ，継続的に参加者によって改善される。

スコア　1 － 2 － 3 － 4 － 5 － 6 － 7 － 8 － 9 － 10

この指標に関連して，学習環境もしくは評価を改善する方法があると思いますか？　ある場合，あなたがどうするべきか，もしくは，本書で紹介したアイディアがどのように助けとなるかを簡単に記述してください。

■人生とキャリア発達

スコア＝1　個々の特性に合ったキャリアのゴールをめざす。キャリアの目標を達成するために必要なものや可能性を，現実的に評価しながら進む。

スコア＝10　継続的に「生涯にわたって」「生涯の様々な場で」様々な学習機会に参画する。人生をとりまく状況や文脈にかかわらず，知識創造者としての自己アイデンティティをもつ。

スコア　1 － 2 － 3 － 4 － 5 － 6 － 7 － 8 － 9 － 10

この指標に関連して，学習環境もしくは評価を改善する方法があると思いますか？　ある場合，あなたがどうするべきか，もしくは，本書で紹介したアイディアがどのように助けとなるかを簡単に記述してください。

■学び方の学習・メタ認知

スコア＝1　児童生徒や労働者は，組織に対して関与できると思っておらず，他の誰かが上位レベルのプロセスをコントロールしていて，意思決定等には参加しない。

スコア＝10　児童生徒や労働者は，最も高いレベルで，自分の活動に責任をもつことができる。評価は，組織の運営と統合されていて，個人レベルのメタ認知だけではなく，社会的なメタ認知能力を求める。

スコア　1 － 2 － 3 － 4 － 5 － 6 － 7 － 8 － 9 － 10

この指標に関連して，学習環境もしくは評価を改善する方法があると思いますか？　ある場合，あなたがどうするべきか，もしくは，本書で紹介したアイディアがどのように助けとなるかを簡単に記述してください。

■個人の責任と社会的責任（異文化理解と異文化適応能力を含む）

スコア＝1　個人として責任をもつ。それは狭い文脈の中で判断される。

スコア＝10　チームのメンバーは，コミュニティの知識資産を構築し改善し続ける。そこでは，文化的な影響も重視することで，多文化・多言語で変化し続ける社会に利益をもたらすようアイディアを活用，改善しようとする。

スコア　1 － 2 － 3 － 4 － 5 － 6 － 7 － 8 － 9 － 10

この指標に関連して，学習環境もしくは評価を改善する方法があると思いますか？　ある場合，あなたがどうするべきか，もしくは，本書で紹介したアイディアがどのように助けとなるかを簡単に記述してください。

【テンプレートを用いた調査から得られた結果】

表3.3は，「学習環境と評価を分析するためのテンプレート」を用いた，学習環境と評価の評定の統計データを示している。(a) は21世紀型スキルプロジェクト (ATC21S) 関係者のボランティア，(b) は大学院生のデータである。

○表3.3　学習環境と評価の評定

	(a) ATC21S関係者 ($N=7$)				(b) 大学院生 ($N=11$)			
21世紀型スキル	平均値	標準偏差	最大値	最小値	平均値	標準偏差	最大値	最小値
創造性・イノベーション	7.57	1.81	10	4	5.73	2.53	9	2
コミュニケーション	8.00	1.29	9	6	5.50	3.46	9	1
コラボレーション	7.86	1.35	9	5	5.59	3.23	9	1
情報リテラシー	7.57	2.15	9	4	5.55	2.50	10	2
批判的思考	7.14	1.86	9	4	6.27	3.07	10	2
よい市民であること	7.14	2.91	9	2	4.50	2.52	8	1
ICTリテラシー	7.71	2.69	10	2	4.27	3.10	10	1
人生とキャリア発達	7.57	2.51	9	3	5.86	2.79	10	1
学び方の学習・メタ認知	8.00	2.00	10	4	4.32	1.95	7	1
個人の責任と社会的責任	7.71	2.21	9	4	4.00	2.76	8	1

図3.6は，表3.3を図で示したものである。

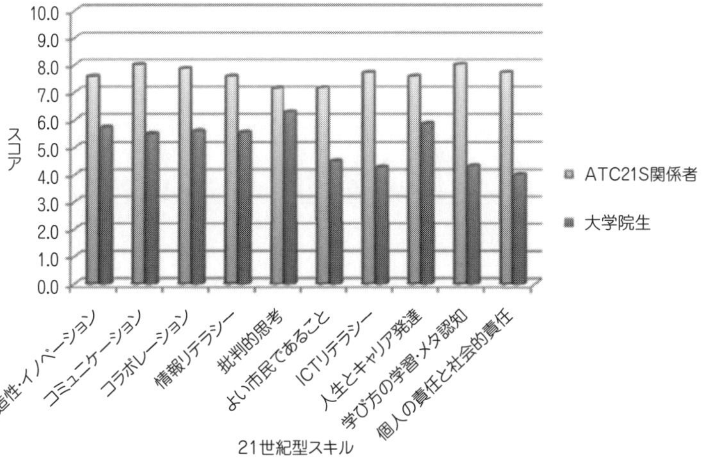

○図3.6　学習環境と評価の評定

第4章

新たな評価のための教育政策の枠組み

リンダ・ダーリング=ハモンド（Linda Darling-Hammond）

要約

21世紀型の生活や仕事に向けて，すべての子どもたちにとってよりよい準備になるよう教育を行う需要が高まり，世界中の多くの国々は，カリキュラム，教育，評価を幅広く改革することに取り組んできました。いくつかの国で実施されている大規模テストでは，一つひとつの事実を思い出して，選択肢を選ばせる多肢選択項目による評価に力点が置かれていますが，多くの国々では，より洗練された方法を使うようになってきています。これらの方法には，分析を通して厳選された選択肢問題だけでなく，口述と記述の両方を用いて幅広く分析したり知識を適用したりコミュニケーションしたりすることを児童生徒に求めるようなオープンエンドな設問を提示したり，カリキュラムの中に埋め込んだ授業の中で取り組む課題も含まれます。プロジェクト型学習，探究型学習が重視されるようになってきたことで，州や国家システムにおいて新たな学校ベースの課題が着目されるようになってきました。具体的には，研究プロジェクトを行ったり，科学的な調査をしたり，情報のアクセスや真正の問題解決にテクノロジを活用したり，ものづくりに取り組んだり，そうした活動のまとめをプレゼンテーションにするといった形で取り入れられています。

本章では，オーストラリア，フィンランド，シンガポール，イギリスの4か国の評価システムに関する教育政策のフレームワークを簡潔に述べます。特に21世紀型スキルの評価として，国家や州だけでなく，地域レベルで評価システムを開発してきた，もしくは，開発しようとしている事例を取り上げます。

21世紀型の生活や仕事に向けて，すべての子どもたちにとってよりよい準備になるよう教育を行う需要が高まり，世界中の多くの国々は，カリキュラム，教育，評価を幅広く改革することに取り組んできました。程度の差こそあれ，カリキュラムの指導書や評価システムが，21世紀型スキルに焦点を当て始めています。それらの能力は，問題解決するために情報を発見・体系化する力，研究や調査を計画・実行する力，データを分析し統合する力，新しい状況に学習したことを応用する力，自己の学びをモニターする力，学習とパフォーマンスを自分で改善する力，多様な形態で上手にコミュニケーションする力，チームで作業する力，自律的に学習する力が含まれます。

このような関心は，PISA評価でもしだいに取り入れられるようになり，これら21世紀型スキルの多くのものが問題として入っています。それにより，現在行われている多くのスタンダードテストが突きつけている疑問を乗り越えようとしています。その疑問とは「私たちが教えたことを児童生徒たちは学んでいるのだろうか？」，そして，「児童生徒たちは，学んできたことを何に活かしているのだろうか？」ということです（Stage, 2005）。PISAは，数学的リテラシー，科学的リテラシー，読解力を，新しい問題と状況に「適用（apply）」する能力として定義しています。TIMSSもまた，小学4年生（全項目の60%）と中学2年生（全項目の65%）の両調査とも，多くの問題で，学習したことを適用したり，それをもとに推論したりする認知的領域をテストしています。国際教育到達度評価学会（IEA）の読解力調査，すなわち国際読解力調査（PIRLS）は，読解力の4つの過程に焦点を合わせており，その中でも，推論することとアイディアと情報を統合することに，より力点を置いています。この種の高次な学習は，多くの国々の評価システム，さらには，世界的な評価システムの中で，ますます重視されています。

いくつかの国で実施されている大規模テストでは，一つひとつの事実を思い出して，選択肢を選ばせる多肢選択項目による評価に力点が置かれていますが，多くの国々では，より洗練された方法を使うようになってきています。これらの方法には，分析を通して厳選された選択肢問題だけでなく，口述と記述の両方を用いて幅広く分析したり知識を適用したりコミュニケーションしたりすることを児童生徒に求めるようなオープンエンドな設問を提示したり，カリキュラムの中に埋め込んだ授業の中で取り組む課題をつくることも含まれます。プロジェクト型学習や探究型学習が重視されるようになってきたことで，州や国家システムにおいて学校ベースの課題が着目されるようになってきました。具体的には，研究プロジェクトを行ったり，科学的な調査をしたり，情報のアクセスや真正の問題解決にテクノロジを活用したり，ものづくりに取り組んだり，そうした活動のまとめをプレゼンテーションにするといった形で取り入れられています。これらの評価は，しばしば試験の得点と合わせて考えられ，高次のスキルの発達や問題解決のための知識利用に焦点を当てて，日々の授業・学習に影響を与えています。

本章では，ATC21S に加盟するオーストラリア，フィンランド，シンガポール，イギリスの 4 か国の評価システムに関する教育政策のフレームワークを簡潔に述べます。特に21世紀型スキルの評価として，国家や州だけではなく，地域レベルで評価システムを開発してきた，もしくは，開発しようとしている事例を取り上げます。これらの評価システムにおける21世紀型スキルの役割を確認するのには，2 つの目的があります。第一の目的は，この整理によって，21世紀型スキルを各国がそれぞれ異なる教育管理システムのもとでどう統合しているか，それぞれのアプローチを知ることです。第二の目的は，各国の政策状況下で，いかに評価システムが機能しているかに関する情報を提供することです。カリキュラム・教育・評価と同様に，教師教育・教員研修をいかに実施するかという教育政策を通して，児童生徒の学習機会が決まってきます。児童生徒が現代社会の発展に役立つ形で貢献するために必要なスキルの習得を確かなものにするために，本章では，21世紀型スキルを重点的に支援する場合，それぞれの教育制度においてどのように展開するか，その方法を的確に考えるための見識を示します。

私たちは 4 か国の評価システムの目的と内容，そして比較的短時間で実施されるオンデマンドテストと，教室で長い時間をかけて実施されるカリキュラムに埋め込まれた評価を解説します。後者においては，児童生徒は，質問や指示に対して解答するだけでなく，より複雑なパフォーマンスを行う中で，知識をつくり出したり，スキルを発揮したりします。図4. 1は，評価システムの全体像の中で，人々が様々な種類の能力を評価することを期待していることを示したものです。21世紀型スキルの能力はすでに第 2 章で示していますが，そこでは10種類のコンピテンシーについて，知識，スキル，態度，価値の側面からまとめています。具体的なコンピテンシーは下記の通りです。

思考の方法

1．創造性とイノベーション
2．批判的思考，問題解決，意思決定
3．学び方の学習，メタ認知

働く方法

4．コミュニケーション

5．コラボレーション（チームワーク）

働くためのツール

6．情報リテラシー

7．ICT リテラシー

世界の中で生きる

8．地域とグローバルのよい市民であること（シチズンシップ）

9．人生とキャリア発達

10．個人の責任と社会的責任（異文化理解と異文化適応能力を含む）

図4.1が示すように，ある種の考え方や道具の使い方は，比較的分量の少ないオンデマンドテストで少なくとも部分的に評価できますが，より分量を多くした場合には，問題解決，意思決定，リテラシーの表現など，より挑戦を求める形式が必要です。知識，スキル，そして態度・価値・資質の発揮をとらえる方向，そして，創造性，イノベーション，働く方法や世界の中で生きることを具体的に試験する方向に近づくために，能力を発揮することができるオープンエンドや幅広い機会を設ける方向に向かっています。非構造的な問題に取り組む探究活動やその問題解決，学び方の学習，創造性，コミュニケーション，コラボレーション，シチズンシップ，個人の責任と社会的責任のような真正で複雑なスキルの実演は，

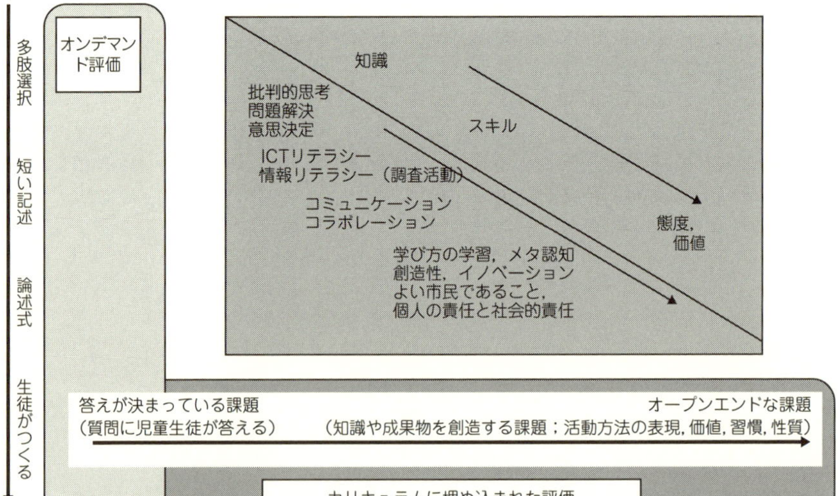

○図4.1　21世紀型スキルを評価するための枠組み

オンデマンドテストよりも，よりパフォーマンスベースで期間をかけて取り組む形を組み込んだ大規模な調査課題で評価しなければならないでしょう。したがって，教室ベースでカリキュラムに埋め込まれた評価は，21世紀型スキルのあらゆる項目の評価において重要な役割を担っています（このような形の評価は教室のみならず，インターンシップ，あるいは，職場や実生活の文脈においても考えられます）。

以下，4か国の評価システムはどのように21世紀型スキルを評価しようとしているのか，様々な観点から述べます。その過程で留意すべき点は，規模の小さな国々ではたいていナショナルスタンダードの制度があり，それに伴ってナショナルテストも実施される場合がある一方で，オーストラリアやカナダ，中国，アメリカ合衆国のようなより大きな国では，州・省レベルでスタンダードや評価システムがあることです。規模の大きな国々では，国家ではなく学校に比較的近い州において評価を運営しているので，カリキュラムや授業，学習，評価の統合システムを管理することが重要となってきました。この過程で，評価の過程に教員が強く関与できることで，カリキュラムに埋め込まれた評価が組み込まれ，採点の一貫性を保証するような調整がされました。より小さな国では，規模はおおむね州や省と等しく管理しやすいため，そのような統合システムを支援することが可能でした。

現在，評価の統合は2つの異なる方向に変化しています。1つは，オーストラリアとアメリカは2か国とも州の評価システムを残す一方で，ナショナルスタンダードの開発やナショナルテストの着手・改訂に乗り出そうとしています。もう1つは，フィンランド，およびオーストラリアのクイーンズランド州とヴィクトリア州で長らく行われてきた学校ベースの評価方法が，シンガポール，イギリス，香港，中国などにおいても，評価システムの一部として，しだいに重要視されてきています。

本章では香港の新しい評価システムについて論じていませんが，中等教育検定試験（the Hong Kong Certificate of Education Examinations）を中等教育証書（a new Hong Kong Diploma of Secondary Education）に改定した政府の決定は，学校ベースの評価の高まりによるものとしてここでふれておく必要があるでしょう。香港の「学び方の学習」の改革案を見てみますと，改革の目標は，批判的思考，問題解決，自己管理能力，コラボレーションを軸に，カリキュラムと教授を方向づけることにあります。児童生徒が自分の強みを見つけ，追加して活動する必要のある領域を見つけるようなメタ認知スキルの発達に関心が向けられています（Education Bureau, September, 2001；Chan et al., 2008)。香港教育考試院（The Hong Kong Education Examinations Authority）は，学校をベースとした評価（SBA）の活用を促そうとしている根拠について，次のように説明しています。

> SBA の最も大きな根拠は，１回限りの公的な試験では簡単に評価できないような成果の評価を含めることで，評価の妥当性を高めることにあります。長期にわたる生徒のパフォーマンスをベースとした評価をすることで，一人ひとりの生徒のより信頼性の高い評価が得られます。SBA で，口頭のプレゼンテーション，ポートフォリオの作成，フィールドワークや調査の実施，研究室での実習，設計プロジェクトの完成といった活動に児童生徒が関わることで，紙と鉛筆による試験では簡単に評価・支援できない重要なスキル，知識，仕事のやり方を習得できることを教師はわかっています。それらは教科における本質的な学習成果だけでなく，第三者機関や企業から高く評価されている成果でもあるのです。さらにそれらは，児童生徒が意味や楽しみを見いだす活動でもあるのです（HKEAA, 2009）。

本章で紹介する国々では，学校ベースの評価は，多くの場合，集中管理された「オンデマンド」試験の補完として用いられており，最終試験の点数の20％から60％を占めています。数時間のオンデマンド試験では測定できない重要なスキル，トピック，概念を課題に割り当てる必要があるため，その課題内容は，カリキュラムで期待されることやスタンダードに従って計画され，選択されます。課題は共通の規格や評価基準に基づいて，地域単位あるいは国単位で計画され，採点されます。開発の主体が地域であるか国であるかを問わず，これらの課題の管理は教室レベルで行われます。それによって，児童生徒は，最も意欲的に21世紀型スキルを引き出すような，知的で挑戦的な課題に取り組むことができ，教師も伝統的なスタンダードテストで測れないものを得て，授業を改善することにつながる学習プロセスの情報を手にできるようになります。

加えて，教師がこれらの評価課題を使えるようになることで，教師にとってもスタンダードとそれらの教え方，また児童生徒の学習ニーズを理解することにつながります。このように，これらの評価形式を使うことで授業と学習の質を改善することにより，生徒の能力測定をすると同時に，彼らの複合的な能力の向上を促します（４か国の評価システムの特徴と概要は表4.1を参照）。

◎表4.1　各国における評価システムの例

国/州	中核システムの概要	どのような評価が使われているか？	誰が評価をデザインし評定するか？
オーストラリア	全国レベルでは，リテラシーとニューメラシー（基本的計算能力）の評価が3，5，7，9年生で行われる。標本調査が，ICTリテラシー，公民，シチズンシップで行われている。州と特別地域はそれぞれ独自の評価システムを運営している	国レベル—多肢選択式，短答式，記述式問題	国レベル—州の教育機関によって提供される問題や指示をもとにカリキュラム・コーポレーション★がデザイン，運営，採点する
オーストラリア・クイーンズランド州	追加された評価はすべて学校ベースで，教師によって開発されている。また，それらは，ナショナルカリキュラムのガイドラインと州のシラバスに基づいている 学校では「新しい基礎・基本（New Basics）」プロジェクトでつくられた「豊かで面白い課題（Rich Tasks）」という評価課題のデータバンクを利用することもできる。これは学年レベルを超えて管理され，地域レベルで調整され，採点される	学校ベース—オープンエンド型のレポート，プロジェクト，調査 豊かで面白い課題には，研究や論文作成，あるいは多面的な作品を制作することが必要となる，複合的で学際的な課題が含まれる	学校ベース—評価は教師によって開発，管理，採点される。採点については，教師・教授がメンバーとなる地方委員会によって調整。彼らは，各学校の各学年ごとの得点が示された生徒の作品に関する得点化されたポートフォリオを精査。州の委員会もまた同様に，学校ごとに標本調査を行う。これらの調整プロセスに基づき，比較可能にするために，学校に対して評価を調整するよう指導する 「豊かで面白い課題」は評価開発者と共に教師によって開発されている。生徒の作品や採点の質を評価するため，採点ルーブリックと調整プロセスを用いる
オーストラリア・ヴィクトリア州	あらゆる追加的評価は11年生か12年生までに学校ベースで実施。その際，生徒は，大学や企業への情報提供に用いられる高校卒業資格（VCE）の一部として，いくつかの教科領域のテストを選択して受験。VCE試験には，外部と学校ベースの両方が存在。少なくとも全試験の得点の50％は教室ベースの課題と学年期間を通して取り組む課題への評価が含まれている 学校は，3～10年生の児童向けのオンデマンド型評価システムにアクセスしている。それは，州全体のスタンダード指標によって生徒を採点するコンピュータ適応リテラシー・ニューメラシーを含む すべての児童が入学時と就学前，	州の高校卒業資格—多肢選択問題（25％），オープンエンドによる筆記，口頭，パフォーマンス要素の問題（75％） 学校ベース—ラボでの実験，エッセイまたは小論文，研究論文，プレゼンテーション 入学前準備学級（5歳児）から2年生—話し言葉，話の聞き取り，流暢さ，読み，読解力，ライティング，スペリング 数学・算数のオンラインインタビュー	ヴィクトリア州カリキュラム評価局（VCAA）は，幅広い内容の学習コースを開設し，教師と大学教員による外部試験の開発を監督し，VCEの学校評価の要素の質を保証する。教師は外部試験のオープンエンド項目を採点するとともに，シラバスのガイドラインに対応して教室ベースの評価をデザイン，採点する。オンラインについては一部が導入されているが，将来的には，多くの試験で用いられる。オンラインの採点が導入されており，効率性のためだけではなく，採点の質管理を向上させてきた。教師の出す課題の質，生徒が取り組んだ作品，生徒に与えられる評価とフィードバックの

	1年目，2年目終了時に英語のオンラインインタビュー面接（The English Online Interview）を完了する。また，算数のオンラインインタビューでは，初等学校の教員がオンデマンド試験を行うことも可能であり，個々の生徒の学習に関する十分な診断的情報を得られる。算数オンラインインタビューは，準備学級から2年生の生徒を担当する教師が任意で活用でき，およそ70％の学校が準備学級の児童を評価するために，定期的に活用する		妥当性は，システムによって監査されている。学校にはこれらすべての要素のフィードバックが与えられる。さらにVCAAは同じ評価基準があらゆる学校の生徒に適用されることを保障するために，外部試験の得点に基づき統計的な調整をしている 準備学級から2年生までは，ヴィクトリア州エッセンシャルラーニング・スタンダード（VELS）に対して児童の到達度状況を示すために，英語のオンラインインタビューがデザインされている。インターネットを利用したシステムを介して学級担任によって管理，記録される
フィンランド	カリキュラムと学校への投資に関する情報提供のために，フィンランドの教育当局は，2年生と9年生の終わりに，児童生徒のパフォーマンスに関する標本調査を行っている それ以外のすべての評価はナショナルカリキュラムをもとに，各地域でデザイン，管理されている ほとんどの生徒は，大学に情報を提供するために，任意の入学試験を受験する。生徒は，必修である母国語の試験に加えて，どの教科を受験するか選択する（通常少なくとも4科目）	国レベル―児童生徒の考えを応用することを求めるような問題や記述課題 学校ベース―論文，研究課題，プレゼンテーション試験ではたいてい，問題解決，分析，ライティングといったスキルを評価するためのオープンエンドな質問が用いられている	国レベル―フィンランド教育省を介して教員がデザインする。教員によって評価される 学校ベース―ナショナルコアカリキュラムにおける各教科・学年の推奨評価基準やベンチマークに基づいて，教師がデザインし，課題を評価する 試験は，フィンランド教育省によって任命された卒業認定試験委員会によって管理，体系化，評価されている。教師は公式のガイドラインを用いて地域で試験を採点する。この得点がサンプリングされ，試験委員会が採用した専門の採点者によって再検査される
シンガポール	外部試験は小学校の卒業時（6年生）に，算数，理科，英語，母国語（マレー語，中国語，またはタミル語）が課せられる。その結果は，中等学校におけるコース決定に利用されている それ以外のすべての評価は学校ベースである	国レベル―短文，長文のオープンエンドな解答 学校ベース―コースワーク，研究プロジェクト，調査	国レベル―シンガポール教育評価委員会が，評価をデザインし，評価システムを管理している 学校ベース―シラバスに従って，学級担任によってデザイン，評価される
	4年間の中等教育の後，生徒はイギリスのケンブリッジ試験のNあるいはOレベルを受験する。生徒は受験したい選択科目の分野を選択する。試験では学校ベースの要素が最終得点の最大20％を占めている。	国レベル―短文，長文のオープンエンドな解答，多肢選択問題 学校ベース―研究プロジェクト，ラボでの実験	国レベル―シンガポール教育評価委員会が，評価システムを管理している。ケンブリッジ試験は，ケンブリッジ国際検定試験（Cambridge International Examinations Group）によって開発されている

	結果は中等教育後（postsecondary education）の進路の為の情報として利用される また，ケンブリッジ試験のAレベル試験は2年間高等教育（tertiary education）を受けた後に行われる		学校ベース―教師は，外部試験を補完するプロジェクトや他の成果物を開発・実施・採点する
イギリス	ナショナルカリキュラムの評価は，教師が実施する学校ベースの形成的評価と進捗評価への指導として第1に行われる。7歳と11歳の時に行われる必須の評価では，外部で開発されたテストと教師が実施する観察尺度が含まれる 小学校のための評価は，児童の進度評価プログラム（APP：Assessing Pupil Progress）を介して提供されるナショナルカリキュラムとガイダンスに基づき，地域でデザイン，管理される	国レベル―教師によって作成された観察尺度で，筆記，口述，パフォーマンス課題と試験といった特定課題が含まれた児童の活動やパフォーマンスをみる 学校ベース―コースワーク，試験，プロジェクト，エッセイまたは小論文	国レベル―資格・カリキュラム局（The Qualifications and Curriculum Authority（QCA））では，教師が実施・採点するナショナルアセスメントを管理・開発している。資格・カリキュラム局は，幅広く指導を行い，学校における評価の支援を行っている 学校ベース―教師は，ナショナルカリキュラムとシラバスに基づいて児童生徒のパフォーマンスと作品のサンプルを評価する。生徒のパフォーマンスと進捗を報告するためのガイダンスが広範囲にわたって提供され，ナショナルスタンダードとの関係を示す指針として，児童生徒の進度評価プログラムを通して実施されている。地方当局では，評価や学校内での調整に関して教員研修でサポートしている
	ほとんどの生徒が11年生（16歳）で義務教育修了試験（GCSE：General Certificate of Secondary Education）を受ける。もし，上位学校で教育を受ける場合は，Aレベルの試験を受け，その情報は大学に提供される。生徒は自分たちの興味や専門領域に基づいてどの試験を受験するかを選択する。得点の約40～75%が国で開発されたテスト，20～60%が学校ベースの得点となる	国レベル―エッセイまたは小論文と，オープンエンドな問題解決課題，言語については，口頭試問 学校ベース―コースワーク，試験，プロジェクト	国レベル―外部試験は，それぞれの学校に試験を提供するグループによってつくられ，採点される（例：オックスフォード・ケンブリッジ（Oxford Cambridge），エデクセル（Ed Excel），評価資格同盟（the Assessments and Qualifications Alliance）） 学校ベース―教師はシラバスに基づいて，学校ベースの要素を開発し，採点する

★：カリキュラム・コーポレーションは，オーストラリアの全教育大臣の協力のもと，すべての学生に教育・学習機会を与えるための州政府の取り組みを促進し支援する活動を行っている。カリキュラム開発，eラーニング，評価など，課題ごとに専門家が集まり，学生からのあらゆる種類の学習ニーズに対するサービス・情報提供を行っている（大学評価・学位授与機構「諸外国の高等教育分野における質保証システムの概要」（http://www.niad.ac.jp/english/overview_og_j.pdf, p. 24-25より抜粋）。

オーストラリア

オーストラリアは，6つの州と2つの特別地域からなる連邦制国家です。教育の最高責任は，オーストラリア連邦憲法の下，州と特別地域に与えられています。近年，教育に対して国が関与するようになってきました。現在は，国の方針と成果の達成に向けた取り組みが地域の状況や優先度と両立するように，州と特別地域の行政機関が，政策の進展，サービスの提供，各学校での取り組みの確認・評価や学校管理の責任を担っています。オーストラリア政府は，学校教育のために，一般会計による補助や，特別予算による支援プログラムのほか，政策展開を行ったり，全国的に重大な教育問題に関して調査分析するなどして支援を行っています。政府にとって最優先事項は，全国的に一貫した学校システムをつくり上げるために，重要な教科領域において全国共通試験を行い，カリキュラムの成果を一貫させることで，リーダーシップを発揮することにあります。州と特別地域の行政機関は，一般会計の大部分を公立学校に提供する一方で，オーストラリア政府は私立学校に重要な資金源を提供しています。

全国レベルで，すべての子どもたちが21世紀型の生活や仕事に対して準備できるように教育を行う需要が高まっているとの認識から，オーストラリア政府は，州と特別地域の行政と協力して，一連の教育改革に全国レベルで着手しています。21世紀型スキルに関連する改革の重要な特徴について，以下に概要を述べます。

国の取り組み

●評　価

オーストラリアカリキュラム評価報告機構（Australian Curriculum, Assessment and Reporting Authority：ACARA）の設立によって，国家レベルで初めてカリキュラム，評価，報告の管理が1つにまとめられました。これは，合理化を促すことで国家レベルの教育政策を簡素化するために行われました。それによってリソースやコストの重複部分の削減を一層促し，オーストラリア政府が教育に関する国家レベルの優先事項に集中できるような中心的仕組みを提供することが期待されています。

ACARAによって管理される新しい国家評価プログラム（National Assessment Program：NAP）では，毎年全国規模のリテラシーとニューメラシー（基本的計算能力）の評価，3年ごとの科学リテラシー，公民とシチズンシップ，そしてICTリテラシーに関する全国規模の抽出評価が行われています。オーストラリアが国際的な評価（PISA，TIMSS，および PIRLS）に参加することも，この一連の NAP 評価に含まれますが，別々に管理されています。2010年の作業プログラムの一環として，ACARA は，NAP 抽出評価の見直しに着手しており，それにあたって ATC21S プロジェクトの成果を取り入れようとしています。

リーディング，言語規則，およびニューメラシーの NAP テストでは，いくつかの短い記述問題もありますが，ほとんどは多肢選択問題で構成されています（問題の約75％）。ライティングのテストは，指定したトピックやジャンルについて書くように求められる長文のものです。NAP 抽出評価は，あらゆる校種で各州・準州から出されてくる典型的な代表抽出校に対して実施されます。その調査では，第６学年での科学的リテラシー（NAPSL），第６学年と第10学年での公民とシチズンシップ（NAPCC），および第６学年と第10学年での ICT リテラシー（NAPICTL）のテストが含まれています。これらの評価は，３年ごとに実施されています。

抽出テストでどの問題を選択するかは，成績評価の均等化のために必要とされるテストを除き，児童生徒の評価に使いたいテストを学校が選択して使うことができます。多肢選択問題と短い記述問題に加えて，科学的リテラシーのテストにはグループで行う実践課題が含まれています。児童生徒は，グループで行った実践課題から得た情報をもとに，児童生徒一人ひとりが個別に解答欄に記入します。グループで行う実践課題自体は得点化されず，コラボレーションも特に評価されません。ICT リテラシーテストでは，多くの場合，評価プロセスの一環としてオンラインに接続されたコンピュータを利用します。児童生徒は，シミュレートされたウェブの情報と，ワープロ，表計算，そしてプレゼンテーションのためのソフトウェアのようなコンピュータプログラムを活用して作業することが求められます。

現在，オーストラリア政府は，ナショナルカリキュラム上の主要学習領域のために，ICT ベースの評価ツールやリソースが有用かどうかを評価するプロジェクトを実施しています。それに加え，研究として，職業教育訓練（vocational education and training：VET）の ICT ベースの評価ツールとリソースや高等教育のリソース，それに加え，諸外国における類似のツールとリソースを報告するよう提案されています。この研究によって，ICT ツールやリソースを使用することで教授・学習を豊かにする機会を最大化するために欠かせない情報が提供されていくでしょう。このプロジェクトでは，ATC21S における取り組みの情報を取り入れることが期待されています。

●カリキュラム

オーストラリアは現在，全国各地での教育状況は多様かつ複雑です。それぞれの州や地域には独自のカリキュラムがあるため，時間をかけて，地域の状況を配慮して評価・報告システムを構築しています。ACARA が開発しているナショナルカリキュラムは，オーストラリアの若者が社会の中で関与・成功し，グローバル化した世界で競争し，情報があふれる将来の職場で成長していくために必要なスキル，知識，そして能力を身につけることをめざしています。

ACARA は，あらゆる学習が，学校のカリキュラムによって伝統的に分割されてきた学習領域に限定されるものではないことを認識しています★1。したがって，ナショナルカリキュラムは，カリキュラム全体で取り組むべき10のスキルを含んでおり，これらは21世紀型スキルを開発することを目的としたものです。その10のスキルとは，リテラシー，ニューメラシー，情報通信技術（ICT），思考スキル，創造性，自己管理，チームワーク，異文化理解，倫理的行動，そして社会的能力です。

●授　業

教師の質を向上する国家的パートナーシップスマータースクール（The Smarter Schools Improving Teacher Quality National Partnership：TQNP★2）は，質の高い教師とスクールリーダーを呼び込み，養成・配置し，成長・維持する改革のための資金を提供しています。これらの改革には，全国的に一貫した要件と原則からなるスタンダードベースの「全国教職専門性フレームワーク」の設定が含まれます。これは，教師やスクールリーダーがキャリアを通じて専門的な学習と実行力の価値づけを高めるために，大学院レベルの有能で高度に熟達した指導的レベルの教員を認定するものです。また，このフレームワークで教員養成の教育コースを認定することで，全国的に一貫性のある教師採用と教員養成の質の向上をサポートすることになります。TQNP には他に，次のようなものが含まれます。第1に，校長が自校の児童生徒のニーズを満たすために学校をよりよく運営できるようになるための教員研修と支援に取り組むこと，第2に，質の高い卒業生を教職へ引き寄せるためのメカニズムをつくること，そして第3に，質の高い教師とスクールリーダーに報償を与え，教師の労働の質を改善することで退

★1：ACARA『オーストラリアのカリキュラムの姿』http://www.acara.edu.au/publications.html 参照

★2：詳細は以下を参照。
www.deewr.gov.au/Schooling/Programs/SmarterSchools/Pages/default.aspx

職率を改善する手立てを提供することです。

TQNPの枠組みに加えて，オーストラリアの州と準州の教育大臣は，教育と学校リーダーシップのためのオーストラリア研究所（the Australian Institute for Teaching and School Leadership：AITSL）の設立に合意しています。AITSLは，教育と学校リーダーシップの専門性の卓越化に向けて以下のように推進していきます。

・教育と学校リーダーシップに関するナショナルスタンダードを開発・監督，これらのスタンダードに基づく教師の国家認定に関する協定システムの実行
・教師やスクールリーダーの教職能力開発における卓越性と国家的リーダーシップの推進

児童生徒の学びを促進させる学校としてよりよくするための権限がAITSLにはあり，世界をリードする教職能力開発を生み出し，そのためのサポートを提供してアドバイスすることが，AITSLの優先事項です。

●テクノロジ

大規模なデジタル教育革命（Digital Education Revolution：DER）イニシアティブを通じて，オーストラリア政府は，6年間で22億ドルを次のように投資しています。

・全国中学校コンピュータ基金を通じて，9～12歳の生徒が通うすべての中学校に対する最新の情報通信技術（ICT）設備の提供
・オーストラリアの学校への高速ブロードバンド接続の展開のサポート
・児童生徒の学習を充実したものに変えるためのICT活用研修に初任者また現職教員たちが参加できるようにするための，州・準州と教員養成大学の学部長とのコラボレーション
・ナショナルカリキュラムや，多言語などの専門科目をサポートするオンラインカリキュラムツールやリソースの提供
・保護者がオンライン学習とアクセスを通じて，子どもの教育に参加可能にすること
・ICTを活用していくうえで不可欠な支援を学校に提供するための支援メカニズムの構築

● 州の評価システム

大半の州において，21世紀型スキルの多くを対象にした学校ベースのパフォーマンス評価は，長年にわたってシステムの一部として運用されています。州によっては，パフォーマンス評価の内容を州が中心となって一元的に開発してきたところもあります。ここでは，オーストラリアの各州における，こうした様々なアプローチについて説明します。特に，我々は，クイーンズランド州とヴィクトリア州の評価課題を深く追究していきます。このうちクイーンズランド州には，地域のパフォーマンス評価を中央で調整するための高度に発達したシステムがあります。また，ヴィクトリア州では，集中管理と学校ベースをブレンドした評価を使用しており，どちらも得点を調整するために使われています。

多くの州では，児童生徒が問題解決の方法を説明したり，アイディアや成果物を提示する機会を提供するような評価システムを開発してきました。そして，教授の質を高めつつ，探究やイノベーションに対する前向きな態度，価値観や資質の発達を支援するような革新的なアプローチもあります。

例えば，ニューサウスウェールズ州の中等教育科学基礎学力評価（the New South Wales Essential Secondary Science Assessment：ESSA）プログラム（8学年で実施）は，多肢選択問題とともに論述式の課題が含まれる診断テストです。また，成績評価とは関連なく，理科および理科の学習に関連する生徒の価値観と態度を評価する調査も含まれています（教師に対する調査と保護者に対する調査も評価プログラムに加えて毎年実施しています）。このテストは開発が完了したもののまだ必須にはなっていませんが，その１つの特徴に，科学の研究をシミュレートしたオンラインでの実践的な課題があります。生徒はオンラインの課題に取り組む中で，多肢選択式，短答式，そして論述式の問題に解答していきます。鉛筆と紙で行うテストの形態が，2011年には完全にオンライン試験に置き換えられることになっています。

教師は，オンラインでの実践的課題を含めた３つの論述問題の採点を，採点センターで行います。ニューサウスウェールズ州教育地域社会省の学校測定・評価・報告ツールキット（SMART）は，結果を柔軟に表示でき，学校がデータを加工できる効果的なコンピュータのパッケージとなっており，それを通して結果は学校に報告されます。調査参加校は，テスト項目に関連したカリキュラムサポート資料をオンラインで入手することができます。

西オーストラリア州：理科と，社会と環境の２科目の外部評価が，第５，７，９学年で実施されます。それに加えて，教育課程審議会は，第11，12学年で教科横断的なコースと試験を設置して，西オーストラリア州政府教育修了資格（the

Western Australian Certificate of Education：WACE）での学校ベースの評価内容の質を保証しています（同様のシステムは南オーストラリア州やヴィクトリア州でも用いられています）。外部試験が学校ベースの評価と組み合わせて用いられていますが，学校ベースの評価では，ラボでの実験から，エッセイ，研究論文，プレゼンテーション，実演，プロジェクト，および学校ベースの試験まで，幅広い内容が含まれます。州の外部評価は主に筆記試験で行われ，いくつかのコースでは外部の実践的な試験も行われます（例えば，語学の口述試験，音楽の独奏，視覚芸術のビジュアルダイアリー，航空科のフライトシミュレーション）。教育課程審議会は，第11，12学年で，学校間で同じ評価基準が生徒に適用されることを保証するために外部試験の点数に基づいて統計的な調整を行っています。

教師が教授・学習プログラムを開発する際の参考資料として利用するシラバスに加えて，西オーストラリア州教育省は，診断的評価・報告ツールとともに，評価基準や児童生徒の作品例を提供しています。それらは，生徒の成績に関して適切かつ一貫した判断を行う際に活用されています。

テストの管理やデータを記録するのに，大規模なデータベースが使用されています。テストデータに基づいてオンライン対話型プログラムを提供することで，児童生徒，グループ，学校および教育システムのパフォーマンスの診断的評価や調整，総括的評価を容易にします。高度な印刷スキャン技術が，地域で行う評価に用いられています。それは，手書きのフルスキャンデータをスクリーン上で採点するためのものです。

オーストラリア首都特別地域（ACT）：同様に，第10学年までは学校ベースの評価が主ですが，学校が開発した評価基準やカリキュラム関連文書に基づいて，個々の教師による評価課題の設計と採点が行われています。これらは，ACTのカリキュラム・フレームワークに示された発達段階を基に行われています。生徒たちも，決まった基準に照らして自己評価を行います。生徒たちがICTを活用する際の評価は，あらゆるカリキュラム領域全体に埋め込まれています。それは，評価と生徒の作品の管理・採点・調整・共有を統合することでもあるのです。「MyClasses」というオンラインリソースは，教師間の評価用の課題を共有するために利用できます。

南オーストラリア州：学校ベースの評価をより比較可能な評価として作成され始めていて，興味深い進展がみられます。第10学年を通じ，すべての生徒は，教師が開発した学校評価で評価されており，南オーストラリア州カリキュラムスタンダードとアカウンタビリティ（the South Australian Curriculum Standards and Accountability：SACSA）のフレームワークに示された到達度に照らして判断されます。学校は，SACSA アチーブメント・システムソフトウェア（SAS）にその結果のデータを入力できます。教育・児童サービス局(the Department of Education and Children's Services）のカリキュラムサービスは，教科領域を超えた学校のランダムサンプリングによって，学校間での一貫性を促進し，SAS に入力されたデータの質保証を提供するためのピアレビュー調整プロジェクトを運営しています。このプロジェクトはまた，アイデンティティ，相互協力，思考，将来を見通す力およびコミュニケーションの5つの能力からなる SACSA のエッセンシャルラーニングス（基盤的学習内容：Essential Learnings）（http://www.sacsa.sa.edu.au/index_fsrc.asp?t=EL）の評価を拡張しようと計画しています。多くの学校には，コミュニケーション，コラボレーション，批判的思考，シチズンシップ，ICT リテラシー，学び方の学習を取り入れた評価プログラムが存在しています。

第11，12学年では，南オーストラリア州政府教育修了資格(the South Australia Certificate of Education：SACE）における学校ベースの評価に多様な評価ツールが用いられています。ステージ1のすべての教科では，完全に学校ベースの評価が用いられています。筆記試験，パフォーマンスや実践的な試験，研究，調査，および口頭試験を含む外部評価コンポーネントは，ステージ2の科目に適用されるものもあります。新しい SACE は，2011年にステージ2で導入されますが，すべての教科は，70％の学校ベースと30％の外部評価のコンポーネントで評価されるようになります。SACE を終えた児童生徒は，次のように期待されています。

- 積極的に自信をもって学習プロセスに参加する（自信）
- 自分自身の学習やトレーニングに対する責任を負う
- 挑戦的な学習機会に立ち向かい，卓越性を追求し，様々な学習とトレーニングの状況で達成しようとする
- 個人やチームの目標を達成するために，1人で，そして学校内外の他者とともに活動・学習する（相互協力，コラボレーション，アイデンティティ）
- 様々な問題やアイディアに対して論理的，批判的，そして革新的な思考を適用する（思考，チャレンジ精神，問題解決，将来を見通す力）
- 他者の文化的・知的なアイディアと関われるように効果的に言語を用いる（コミュニケーション，リテラシー）
- 数的・空間的概念と手法を選択・統合・適用する
- 有能で，創造的で，批判的な情報通信技術のユーザーである（情報技術）
- 他人への関心を含む，地域および世界的なレベルで力を発揮する市民となる

ために必要とされるスキルや能力がある（シチズンシップ，相互依存，環境に対する責任，他者に対する責任）
・さらなる教育，トレーニング，雇用および生涯学習に対して積極的な姿勢である（生涯学習）

新しいSACEの導入にあたって，5つの能力（コミュニケーション，シチズンシップ，自己開発，仕事，学習）があらゆる教科に埋め込まれており，一部またはすべての能力が明示的に評価されます。また，新しいSACEの導入によって，管理システムの向上に加えて，eポートフォリオ，eアセスメント，eモデレーションを含むテクノロジが活用できる新たな機会が生まれてくるでしょう。
クイーンズランド州：クイーンズランド州では，学校ベースで行う評価が40年間標準となっています。1970年代初頭までは，集中型の試験システムがカリキュラムを統制していました。それが廃止された後，すべての評価が学校ベースでおこなわれるようになりました。これらの評価は，ナショナルカリキュラムのガイドラインと州のシラバスに従って，教師たちによって開発・管理・得点化され，他の学校の教師や高等教育機関の教授らからなる委員会が調整を行っています（州のシラバスも教師によって開発されたものです）。最近では，中央で開発された課題と第12学年のテストが新たに追加されました。

州全体で使用されるスタンダードを作成するために，中央当局は，異なるレベルの到達度を規定し，それぞれのレベルにおける生徒の作品の特徴を描き出すために，教師集団や教科の専門家のグループを招集します。図4.2は，クイーンズランド州の理科に関するスタンダードからの抜粋ですが，左の列には教師が指導・評価しなければならない目標と「エッセンシャルラーニングス」が記述されています。目標には，それぞれのスタンダードで期待される知識やスキルが記されています。右の列に記されたスタンダードの記述には，作品の期待される特徴や質が詳述されます。また，教師や専門家は，様々なレベルのモデルとなる作品のサンプルを開発しています。これらのスタンダードが，教師が開発した評価とその得点を方向づけていきます。

シラバスには，「インフォームド・プリスクリプション（informed prescription）と「インフォームド・プロフェッショナリズム（informed professionalism）」とのバランスをとることが求められます。前者は，スタンダードに基づいて，期待される学習範囲や必須の学習内容を決めたものです。後者は，それに対して教師がプロとしてカリキュラム作成時に意思決定をしていく上での様々な条件を示した物です。どちらも，それぞれのコースで学ぶべき少数の鍵となる概念やスキル

教えられ，評価されなければならないこと

成果物の期待されるクオリティ

調査プロセス	スタンダードの説明	
	A 基準	C 基準
生徒たちは，調査を科学的に…量的・質的データの価値を判断…解釈…結果を適用…することが求められる。生徒はデータと科学的手法を操作し見直し…科学的知識を向上させる。彼らは，当初の目的と関連して議論するために始めた研究をまとめる。コースの終了までに生徒は以下のことができなければならない	生徒の作品は，以下の特徴がある	生徒の作品は，以下の特徴がある
・**物理の研究課題を実施・評価する**―問題を定式化し，仮説・計画を立て，運営・評価し，調査中に行った意思決定の改善と正当化ができる能力を含む。同様に研究のゴールを達成するために必要な批判的内省も求められる	・調査の**効果的・効率的な**デザイン・改善・運営をしていることが読み取れる，**誰もが納得できるような重要な**問題・仮説の定式化	・調査の選択・運営するための問題や仮説の定式化
・**科学的装置・テクノロジを安全に操作する**―テクノロジやラボ，フィールドワーク用の装置を安全に選択・適用し，その限界を考察する能力を含む。また，これを個人またはグループで行うことができる能力を含む	・リスクの評価，装置の**安全な**選択と適用，**価値あるデ**ータの収集・記録・処理のためのテクノロジの適切な活用	・リスクの評価，装置の安全な選択と適用，データの収集・記録のためのテクノロジの適切な活用
・**一次・二次データを活用する**―データから分析・推定する，また一次・二次データにおける関係性・パターン・異常を同定する能力を含む	・パターン，傾向性，誤差・異常値の**関係性を同定する**ための一次・二次データの**体系的な**分析	・明らかなパターン・傾向・誤差・異常値を同定するための一次・二次データの分析

◯図4.2　クイーンズランド州における理科のスタンダードからの抜粋

について，児童生徒たちにさせるプロジェクトや活動の種類（最低限の評価要件も含む）を詳しく説明しています。各学校は，これを念頭に置きつつ具体的なテキストやトピックを選択し，児童生徒のニーズや経験に合わせてプログラムをデザインしています。しかし，すべての学校は，コースの目標に基づいた共通の基準とA，B，C，D，またはEという特定の基準を用いて生徒の作品を評価します。

図4.3は，物理の「知識と概念的理解」のカテゴリのシラバスに示された基準です。A基準に該当するのは，解釈，比較，および複雑な概念，理論と原則の説

クイーンズランド州の理科コースにおいて，生徒は，長時間の実験による調査を完了しなければなりません。作業の指示は以下の通りです。

このカテゴリでは，仮説を調査したり，実際の研究課題に解答するために道具が開発されています。生徒が長時間かかる実験調査の計画を立て，問題解決し，自らの実験から得られた一次データから分析できるかが焦点です。実験については，ラボで行うかフィールド調査のどちらかになります。長時間の実験調査は，4週間ないし作業ユニット全体にわたって続きます。その成果は，科学的レポートとしてまとめます。3つの基準のそれぞれの側面が調査で明らかになる必要があります。レポートの議論・結論・評価・提言は，1500語から2000語でまとめられねばなりません。

調査を完了するために生徒がしなければならないことは以下の通りです。
・計画している一連の行動を具体化する
・調査の目的を明示することで，仮説や研究課題を明確にまとめる
・実験について説明する
・修正の根拠や自らのデザインを示す
・一次・二次データの収集と選択によって根拠を示す
・実験を行う
・データを分析する
・実験結果を議論する
・結論を評価し，正当化する
・科学的レポートにおける関連情報を提示する

○図4.3　オーストラリア・クイーンズランド州の理科の評価

明が示されたものであるのに対して，E基準では，単独の事実の複製や単純で一定のアルゴリズムの適用と見なされるものが該当します。このコースでは目標としても「調査のプロセス」と「評価と結論」が含まれており，それぞれについて評価指標が明示されています。この図の例に示されるように，挑戦すること，そして批判的思考，問題解決，意思決定，調査活動，そしてコミュニケーションスキルが含まれていることが期待されています。

「エアポケット」と名づけられた問題を生徒がいかに調査しまとめたかを示した例が，次の第12年生が書いたレポートです。図4.4に示すように，ストローから垂直に空気を吹き出し，水面上に空洞をつくり出す画像から評価は始まります。

生徒は，空洞の体積に影響を与えるパラメータを調査し，前述の基準に合致した全32ページのレポートを提出しました。そこには，問題の理論的・実証的評価，表とグラフによるデータが提示されていました。また，個々の結果の要約と空洞の体積に関する複数の変数を結合した効果を評価するための回帰モデルを開発するとともに，結果を評価し，潜在的な誤差や新たな今後の課題もあげるかたちで知見の分析がなされました。提出されたレポートは全体的に，伝統的な高校物理のテストよりも科学研究室から出される研究報告書に近いものとなりました。生徒は以下の通り結論づけています。

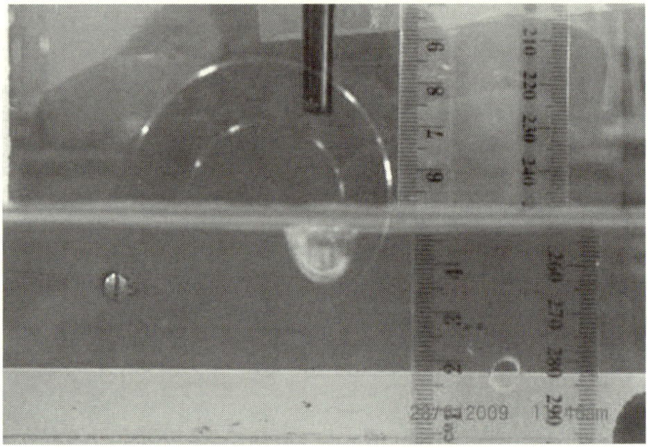

◯図4.4　エアポケット問題の写真

空洞の体積に最も影響を与える要因は，空気速度，ノズル・ストローの直径，ストロー・ノズルと水との間の距離であることが，当初の理論研究によって決定された。体積に関係する個々のパラメータを変更して影響をテストするにあたって，すべての可能な変化を試み，最終的にはそのような値の完全な組み合わせが得られた。単一の式に異なるパラメータを結合するために重回帰分析を用いたが，定数係数と各変数の累乗の両方を決定した。その結果，平均パーセント誤差1.59%，中央値パーセント誤差6.71%，相関係数の値は0.96であり，データと優れた一致を示していた。… ［残った課題として］モデルにない要因の精度への影響を削減するために，表面張力の作用を実質的に排除できるよう，より大きな規模で実験を行うことが示唆される（体積は，立方センチメートルまたは立方メートルで測定することができるので，極端に正確でないデータをもってより現実的な近似で結果を求めることができる)。最後に，ストロー・ノズル傾けることで，まったく異なる形の空洞が発生するため，方向の影響も試行してみることが示唆される（空気の分散特性による影響)。

このように，生徒たちは，彼らの調査結果の精度や，調査を改善するための手段について振り返ることで，自身の実験データや結論を越えた内容を成果として生み出すことができます。このような論述式の課題が，教科領域の核となる概念や探究方法によって形成された形であらゆる教科で求められています。生徒のリフレクションも評価の共通の要素です。このような知的で意欲的な取り組みを一貫性のある形で得点化することは，内部および外部の調整プロセスと，スタンダードを設定するために用いられたシラバスとルーブリックの明確な指導によって可能となりました。

低学年レベルでは, 近年, クイーンズランド州学習局（the Queensland Studies Authority：QSA）が，第4，6，9学年における英語・数学・理科の「エッセンシャルラーニングスとスタンダード（Essential Learnings and Standards)」の中で，中央当局で考案されたクイーンズランド比較可能評価課題（Queensland Comparable Assessment Tasks：QCATs）を開発・先行導入しています。これらの課題は,評価バンクでいつでも利用できるようになっており,真正のパフォーマンスベース評価を提供することをめざしています。それは，学習を評価するために利用でき，報告された結果の比較可能性を検討するために教師が調整プロセスの中で得点化をしています。図4.5に示す課題は，第9学年の数学のためのものですが，課題によって評価されるのは，ある種の問題解決，批判的思考，コラボレーション，創造性，およびコミュニケーションであることがわかります。

クイーンズランド州の11学年と12学年に在籍する98,000名すべての生徒は，ナショナルスタンダード，州のシラバス，学校で承認されたプランに基づく，多様な評価を実施しています。学年の終わりには，教師たちは，それぞれの生徒の作品に関するポートフォリオを収集しますが，その中には明確な評価課題が含まれており，5段階尺度で評定します。これらの成績評価の調整を行うため，教師は各段階からポートフォリオを選択して集めます。例えば，5段階のそれぞれから1つずつ選び，それにボーダーラインのケースを加えて調整をしてもらうため，地域委員会へ送付します。5名の教師からなる委員会が，ポートフォリオを再度得点化し，成績評価が正当なものか，普及させるべきかどうかに関する判断を議論しています。州の審査委員会はまた，すべての学区の学校がスタンダードを実施するのを保証するために，各地区からの生徒の成果物のサンプルを確認しています。この分析に基づき，第12学年で実施されるクイーンズランド州コアスキル（the Queensland Core Skill：QCS）テストとよばれる標準化された州全体のテストによって，クイーンズランド州当局は，学校のプログラムによって提案された到達度のレベルを確認します。基準に適合しない場合には，当局がそれらを調整することもあります。

さらに応用的で学際的な課題をめざし，クイーンズランド州は，スタンダードや評価に関する「豊かで面白い課題（rich tasks)」のアプローチを開発し，2003年に試験的に導入しました。「新しい基礎・基本（New Basics)」プロジェクトの一環として，内容に幅のある学際的な課題をつくることがめざされました。この課題の開発自体は中央で行われますが，教師がふさわしいと判断する時期に地域で活用され，地域におけるカリキュラムと統合することができます（Queens-

生徒への指示：あなたの学校の職員と生徒全員が座るスタッキングチェアを格納する空間をデザインすることが課題です。

あなたは，

適切な空間をデザインするのに有効な一連の手順を考えてください。

あなたのアイディアや大まかな作業を記録するためにリサーチジャーナルを使用してください。

プロセスおよび解法についてのレポートを書いてください。

質問

1．積まれたイスの山について，各次元から数学的モデルをつくってください。イスの数は不明です。

2．あなたがイスを実用的に収納できる状況を考えやすくするために，数学的モデルを活用して次のことを考えてください。

a. 4メートルの高さがある収納室に収まるスタッキングチェアの山1つに積むことができる最大のイスの数

b. それぞれの山に10のイスが積まれている場合，3.2m の幅がある部屋に入るスタッキングチェアの山の数

c. 学校のすべてのスタッキングチェアが1つの山に積まれている場合の山の高さ

3．質問2を通してわかった，実用的にイスを収納できる状況を活用して，実際にイスを収納できる領域を見つけてください。

これらの質問に答えるために，以下のページに示された手順に従って作業してください。作業中に行うすべてのことをリサーチジャーナルに記録してください。

リサーチジャーナルの活用

リサーチジャーナルは，あなたとあなたのグループが何を行っているかの記録です。あなたのリサーチジャーナルには，以下のものが含まれなければなりません。

あなたとあなたのグループが各クラスのセッションで行ったこと

アイディア

質問

計画

直面した困難

その困難をいかに解決しようとしているか

収集したデータ

計算

数学的表現

あなたが友人，先生や他の人から受けた支援に対しての謝辞

あなたのリサーチジャーナルには，レポートを書くために必要なすべての情報が含まれているはずです。それは，あなたの先生があなた1人で何ができるか，またグループの一員として何ができるかを判断するのにも役立ちます。

結果についての報告

あなたの調査に関するレポートを書いてください。レポートには以下のものが含まれなければなりません。

イントロダクション：シナリオの概要と問題の紹介を含めてください。

問題の解決方法（数学的表現，データ，計算，図，グラフ，文章を使って書いてください）。なお，説明にあたっては，問題を読んでいない人でも何を計算しているのかがわかるぐらいまで十分な情報が必要です。

次のことをまとめた結論：

―あなたの解答の実用性についての振り返り

―考えられることや，あなたの解答の限界

―活用した調査や方略を改善するための提案

○図4.5　クイーンズランド州の数学の評価課題：「スタッキングチェア」

land Government, 2001)。これらの課題では「現実世界で価値をもち使用できる具体的な活動に生徒たちが着手し，その活動を通じて彼らが重要な概念やスキルの理解と活用を目に見える形で表す」ことができるのです。「豊かで面白い課題」は，次のように定義されます。

> それ自体が目的をもち，人生の役割を具現化する累積的なパフォーマンス，デモンストレーションまたは作品です。それは，解決すべき実質的・現実的な問題となっており，学習者は社会の中で真に価値のある実際の活動の形で関与していきます。その問題は，確認・分析・解決が必要で，生徒たちは分析・理論化し，現実社会と知的に関わる必要があります。その課題は，教室の枠を越えて現実社会につながりをもつだけでなく，それ自体も，実際行ってみる上で意義深いものです。そして，この課題は，明らかにかなりの知的・教育的価値のある教育成果を示しています。そして，その課題が本当に豊かであるためには，その内容が学際的でなければなりません。学際的な学習は，それぞれの学問領域の整合性を維持しながら，学問領域を超えた実践やスキルを引き出すのです。

ある課題の説明を上記図4.6にまとめてあります。現在，学年の壁を越えてこのような課題が蓄積されており，そこでは得点化ルーブリックと調整プロセスも一緒に公開され，それによって課題の質や生徒の作品，成績が評価されています。いくつかの研究によって，「豊かで面白い課題」を活用している学校では，生徒

生徒たちは，倫理的視点からバイオテクノロジのプロセスに関する確認・探究・判断を行わねばなりません。生徒たちは，その分野への重要な最新知見だけでなく，使用される科学的手法も確認します。彼らは，確認された倫理的問題や疑問と折り合いをつけるような倫理原則の枠組みも研究します。この情報をもとに，生徒たちは国際会議で，各分野のリーダーの中から選ばれた登壇者たちに提出する，事前会議資料を準備します。

これを行うために，生徒たちは，未解決の倫理的な問題があるバイオテクノロジの領域を選択・探究し，実験室における実践を理解するために実験室の活動を実際に行わなければなりません。

①この分野において使用中または使用される可能性のあるテクノロジに関する基本的な技術的な差異について文章で説明しましょう（必ずしもこの分野の専門家とは限らない登壇者に対して配布する事前会議の資料に含めるものです）。

②この領域の目的と行動，科学技術と原理に関して提起される倫理的問題を考察しましょう。そして，倫理的な枠組みの観点から論争となっている倫理的問題の深い分析を提示しましょう。

③この分野に何らかの貢献をした６名の実際の人物を選択し，彼／彼女らの貢献について個々に150〜200語での要約を書き，そのうちの１人への招待状を書きましょう。

この評価では，次のような研究と分析のスキルを測定します。実験室での実践。生物学的・化学的な構造・体系・命名法・表記の理解：アイディアの体系化・アレンジ・取捨選択・意味づけ。フォーマルな文書によるコミュニケーション。目的をもった要約の記述。倫理的問題と原則の理解。時間管理，等々。

○図4.6　豊かで面白い課題：「科学と倫理を協議する」—オーストラリア・クイーンズランド州

たちが学校に対してより積極的に関与していることが明らかとなっています。「新しい基礎・基本（New Basics）」を学習した生徒は，従来型のテストでは伝統的なプログラムの生徒とほぼ同じ得点ですが，より高次の思考を測定するためにデザインされた評価では特に優れた得点をあげています。

ヴィクトリア州：オーストラリアの他の多くの州と同様に，集中化と分散化の評価を組み合わせ，ヴィクトリア州エッセンシャルラーニング・スタンダード（the Victoria Essential Learning Standards：VELS）を指針とする州実施の一連の試験と学校ベース評価の実践を組み合わせています。VELSを評価するための教師の能力に対して細心の注意が払われています。スタンダードは，それぞれのレベルで生徒が知っておくべきことやできることを定義しています。だからこそ，学習のねらいに記述された活動をもとにした各単元での学習活動が評価可能なのです。現実世界の課題であることを強調することで，学習の転移が促されます。評価マップは，すべてのスタンダードを評価する際に教師を支援するため，各領域内で提供されています。これらは，各領域での生徒の作品例を収集したものです。それらには，生徒の作品の属性やスタンダードの特定要素との関連，それぞれのレベル内での進度を説明する進行度を記述する注釈がつけられます。教師向けのアドバイスは以下のように書かれています。

> スタンダードに対する生徒の到達度を評価するには，生徒が何を達成したかを決定する総括的評価と次の段階の学習に関する情報を提供する形成的評価との組み合わせが必要です。これは，生徒が本質的な知識やスキルを現実世界で活用することが求められるような真正の評価（オーセンティック・アセスメント）に基づくべきです。また，個々のあらゆるスタンダードをバラバラに扱うのではなく，統合されたやり方で，知識，スキル，行動が評価されなければなりません。これによって，評価課題とその後のレポートの不要な重複を避けることができ，一層効率的に生徒の評価を行うことが保証されます。それだけでなく，生徒たちがいかに実際に学んでいるかをより明確に反映し，新しい別の文脈に転移することができるような学習者の深い理解をより一層明確に促すことにもなるのです。（VCAA, 2009）

中等教育レベルでは，ヴィクトリア州教育修了資格（the Victorian Certificate of Education：VCE）が，大学でのさらなる学習，技術教育・継続教育★（Technical and Further Education：TAFE），あるいは仕事の世界への道筋を提供しま

★：主にイギリスで行われる義務教育終了後の成人向けの教育のこと。

す。VCE内の学校ベースの徒弟制度や訓練制度を受ける生徒たちもいます。ヴィクトリア州カリキュラム・アセスメント局（The Victoria Curriculum and Assessment Authority）は，幅広い学問分野のコースを準備し，外部試験の開発やVCEの学校評価のコンポーネントの質保証を行っています。

VCAAは，評価を「学習の（of）」「学習のための（for）」「学習としての（as）」評価として概念化しています。教師たちは，対象教科領域の大学教員とともに，評価の開発に携わっています。前年の評価はすべて公開され，スタンダードと測定手段をつくる取り組みも可能な限り透明化されています。教科に関する外部試験が実施される前には，教師や研究者たちはあたかも生徒であるかのように着席し実際に試験を受験します。科目ごとの外部試験は，第11学年および第12学年で実施されています。そのうち約25％は機械的に採点される問題であり，その他がオープンエンドの問題で，担任の教師によって採点されます。その試験には，記述，口頭，およびパフォーマンスの要素が含まれることがあります。例えば，語学試験ではオンデマンドの口頭テストが，芸術の試験ではダンスや音楽の演奏のようなパフォーマンスの要素が含まれます。

VCE試験は，判断や革新的思考が必要となる問題解決の文脈で，知識を適用できるようになっています。例えば，「デザインとテクノロジ」の試験は，生徒が多くの側面—材料，工学的機能，安全性，信頼性，および美的配慮—に配慮しなければならないようなデザイン課題が提示されます。その中でデザインのジレンマを解決しつつ，彼らの意思決定を正当化することが求められます。

英語の試験の中のオンデマンド部分は，分析スキルとコミュニケーションスキルをテストするいくつかのエッセイで構成されています。生徒たちは，みずから読んだ文献の様々な側面を分析し，自分自身の分析やアイディアをもってテキストの批判的解釈を述べなければなりません。そして，異なる種類の情報や視点が提示された複数の資料を読んだ後，トピックについて自分の考えを発展させ，説明しなければなりません。ある課題では，生徒たちは，親や政府が定めた法律が潜在的な危害から市民を「過保護」にしようとしているかどうかを分析するように求められます（図4.7参照）。

オンデマンドテストに加えて，総得点の少なくとも50％は，年間を通して行われる教室ベースの課題から構成されています。教師はシラバスで求められる課題と評価（中心テーマに関するラボでの実験や調査から，研究報告やプレゼンテーションを作成）をデザインします。これら教室の課題は，生徒たちが後に受ける評価に対する準備となるような学習機会につながります。また，彼らが改善の必要があるというフィードバックを得て，このようなテストに取り組むだけでなく，

パート1

言葉の使用の分析：次の課題を完成してください。一貫して構造化された散文の中で，14・15ページに記載された**両者**の意見の観点を提示するために，どのように言葉が使われているかを分析しなさい。

パート2

a. **視点の発表**：以下の課題の**1つ**を完成させなさい。13ページから17ページに提供された資料の中で，あなたが適切だと思うものを活用しましょう。あなたは，パブリックフォーラムで話すことになっています。あなたのトピックは，「われわれは過保護に育てられたのか？」です。このトピックに関するあなたの考えを表現する**スピーチ**を書いてください。

もしくは

b. 新聞で，エッセイのコンテストが行われています。トピックは，「われわれは過保護に育てられたのか？」です。このコンテストのためにあなたの**エッセイ**を書きなさい。

もしくは

c. あなたは，新聞に掲載されている2つの記事を読みました（14・15ページに掲載しています）。われわれは過保護に育てられたのかどうかについてのあなたの見解を表現し，新聞の**編集者に手紙**を書きなさい。

課題資料

子育てスタイルは，長年にわたって変化してきており，子どもたちを育てるための最善の方法についてはたくさん書かれてきました。ある専門家は，新しい親たちに，厳格な管理と厳密なルーチンを実現することが，子ども自身を保護するうえでよいとアドバイスする専門家もいます。一方で，子どもたちが独立するように促す寛容でリベラルな子育てスタイルのほうが，よりレジリエントな大人になると主張している専門家もいます。このパターンは，大人になっても続いています。人々を保護することを目的とした法律は，自らの行動に関する個人的な責任をとるのを妨げているようにみえます。次の資料は，この問題に関する様々な視点を提示します。

[資料には，子育てや社会規制に関する意見だけでなく，警告され保護された場合と警告されず保護されなかった場合の両方に関して，子どもや大人に起こった事故の新聞記事が含まれています。傷害に関する様々な情報源に関するデータも，グラフ形式で提供されます。]

◎図4.7　高校英語の試験問題—オーストラリア・ヴィクトリア州

大学生になった時，人生において成功する準備にもなるのです。そこでは，これらの方法で知識を適用する必要があります。

図4.8は，ヴィクトリア州の生物のテストの例ですが，特定のウイルスについて説明した上で，ウイルスを破壊するため薬剤を考案することが求められます。数ページにわたって，薬がどのように作用するかを説明し，それをテストするための実験をデザインすることが求められます。

このようなオンデマンドテストの準備のため，生物を選択している生徒たちは，シラバスに記された具体的な学習成果をカバーするような6つの年間課題で評価されています。例えば，植物や動物の細胞を研究するために顕微鏡を使用する「実践課題」が実施されています。生徒たちは，細胞のスライドを準備・染色した上で様々な方法でそれらを比較し，図表などを含むレポートを仕上げます。彼らは，酵素や膜，また動物や植物にとって安定した内部環境の維持に関する「実践課題」についても取り組んでいます。最後に，彼らは生物が病気から身を守るための病科学者が感染性病原体に対する薬剤を考案する際，「デザイナードラッグ」という用語がしばしば使用されます。
A. この用語が何を意味するのか説明しなさい。
科学者たちは，人間に感染する特定のウイルスに対する薬剤の開発をめざします。このウイルスには，タンパク質コートがあり，それぞれのコートは，感染サイクルにおいて異なる役割を果たしています。ある部分は，宿主細胞へのウイルスの付着を支援しており，他の部分は，宿主細胞からの放出において重要です。その構造は次の図で表されます。

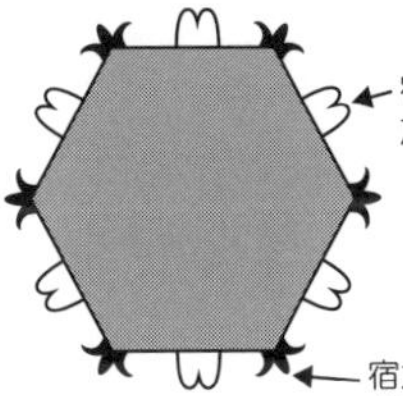

ウイルスは，宿主細胞の表面に自身を付着させ，宿主細胞の中にDNAを注入することによって再生します。ウイルスのDNAは，再生のために宿主細胞の構成体を利用し，数百の新しいウイルスが宿主細胞から誕生します。最終的に宿主細胞は死にます。
B. このウイルスに対して有効な薬剤をデザインしなさい。解答の中で，考慮する必要がある重要な側面を説明しなさい。また，薬剤がウイルス粒子の再生サイクルの継続をいかに妨げるかを説明しなさい。解答には図を使用しなさい。作図のためのスペースは，次のページにあります。
C. 薬剤はヒトに使用される前に，通常は動物で実験されます。この場合には，調査中のウイルスをマウスに感染させます。考案した薬剤の有効性をテストするために，マウスを用いた実験を設計しなさい。

◯図4.8　高校生物の試験問題―オーストラリア・ヴィクトリア州

原性生物やメカニズムの特性に関する研究報告書を仕上げ，発表することになります。これらの課題は，最終試験のスコアの一部として評価され，外部試験で求められていることと直接的に結びついていますが，いかに児童生徒が自分の知識を適用するかの観点で試験が測定するものを超えています。

課題は，シラバスに定められた基準に従って採点されます。教師が設定した課題の質，生徒が取り組んだ成果物，生徒の成績とフィードバックの妥当性が，検査システムを通じて監査されています。学校は，これらすべての要素に関してフィードバックを受けています。また，VCAAは，同じ評価スタンダードがあらゆる学校の生徒に適用されることを保証するために統計的調整を活用しています。外部試験は，この調整の基礎として利用されます。共通の外部テストの得点で同じ生徒集団のスコアのレベルと広がりを一致させるために，各学校の評価レベルと広がりを調整しています。生徒の学習成果を分析する上で比較可能な手段を用いることで，そのシステムが生徒に対する豊かなカリキュラムと意欲的な評価をできるようにサポートしています。

フィンランド

フィンランドは，ここ15年以上にわたって経済的競争力・教育的成果の両方において国際ランキングで急速にトップに上りつめて注目を集め，その原因を探るために多くの研究が行われています。2006年には，PISAの数学的リテラシー，科学的リテラシー，読解力においてOECD加盟国中1位になりました。フィンランドのリーダーは，この成果は教師教育への集中的な投資，およびカリキュラムと評価システムの整備の結果によるものとしています（Laukkanen, 2008；Buchberger and Buchberger, 2004）。

将来教師になりたい人は，大学の卒業時に選抜によって選ばれ，3年間の大学院レベルの教員養成プログラムを受けます（ほとんど授業料はかからず，生活給付金（a living stipend）が支給されます）。この修士プログラムは，探究志向の教授法と多様な学習者のニーズを満たす教授法の両方にフォーカスしています。そして，大学と連携しているモデル校で少なくとも丸1年の臨床的実践経験を積まなければなりません。また，そのプログラムでは，児童生徒の学習に対する形成的なパフォーマンス評価の活用の仕方に重点が置かれています。

非常に優れた教師を育てることに投資をすれば，何をどのように教えるかを決定する自律性を各学校にゆだねることができると教育政策決定者たちは考えました。それは，これまで整備してきた中央集権システムとは逆行するものでした。フィンランドのナショナルコアカリキュラムはより薄い文書となり，高度に詳述された規定を減らして，各学年で獲得する少数のスキルとコア概念の記述だけになりました（例えば，数学のスタンダードはすべての学年を合わせても約10ページしか書かれていません）。これによって，教師たちに対して，児童生徒が新しい状況で問題解決をする時に情報を発見・分析・活用できる能動的学習者になるために，地域のカリキュラムや評価を共同で開発するよう仕向けられています。

フィンランドでは児童生徒や学校をランクづけするための外部からのスタンダードテストはいっさいありません。フィンランドのリーダーは，国際的なテストで顕著な成功を上げている重要な理由として，カリキュラムに埋め込まれた学校ベースで，オープンエンドな課題が活用されていることをあげています。（Lavonen, 2008；Finnish National Board of Education, 2007）。フィンランドの教育当局（Finnish education authorities）は，カリキュラムと学校への投資の情報を得るため，定期的に（おおむね2学年と9学年の学年末で）児童生徒のパフォーマンスを学校レベルで抽出して評価しています。他のすべての評価は地域でデザインされ，管理されています。ナショナルコアカリキュラムは，各教科また各年度の生徒の進捗についての全体的な最終評価に関して，学年別の推奨評価基準を提供します（Finnish National Board of Education June, 2008）。

地域の学校や教師は，それらのガイドラインを，より詳細なカリキュラムや各学校での一連の学習成果，および，カリキュラムにおけるベンチマークの評価アプローチを作成するために活用しています（Finnish National Board of Education June, 2008）。教師は，学校の方針や学校経営といった他の領域と同様に，カリキュラムと評価の領域での意思決定に関して強い権限をもっている教育専門職（pedagogical experts）としてとらえられています（Finnish National Board of Education April, 2008）。

フィンランド国家教育委員会（2008年6月）によると，児童生徒を評価するおもな目的は，児童生徒自身によるリフレクションや自己評価を導き，促すことです。したがって，教師からの学習活動中のフィードバックはとても重要です。教師は，言語的なフィードバックとカリキュラムの目標に関するパフォーマンスレベルに基づいた数値化スケールの両方から，児童生徒に対して形成的・総括的評価を与えています。すべてのフィンランドの学校では4から10の評価尺度を使います。5は「可」であることを示し，10は「優」を意味します。推奨評価基準は，8，つまり「良」のあたりで設定されます。教師のレポートは，テストだけでなく多様な形態の評価に基づかなければなりません。学校には，9学年，そして大学入学前の追加クラスまでに，普通科学校の様々な到達目標を達成したことを示す基礎教育資格を与える責任があります（European Commission, 2007/2008）。

多くのフィンランドの生徒は自発的に入学許可試験（卒業認定試験）を受けます。この試験では，問題解決・分析・ライティングスキルの応用力の観点から大学入学資格に関する情報が提供されます。大学や高校の教員は，オープンエンドの小論文や問題解決で構成された試験を作成しています。問題の作成にあたっては，入学試験委員会（試験の編成・運営・管理のためにフィンランド教育省が任命）の指導を受けています（The Finnish Matriculation Examination, 2008）。委員会のボードメンバー（全員で約40名）は，大学や国家教育委員会によって評価・選出された各教科領域の教員やカリキュラムの専門家です。300名以上の準会員（通常は高校や大学の教員）は，テストの作成やチェックを手伝います。高校の教師は入学許可試験を公式のガイドラインを用いて個々に採点し，得点のサンプルは委員会が採用した専門的な評価者によって再検査されます。

生徒は必修の母国語（フィンランド語，スウェーデン語，サーミ語）のテストを含む少なくとも4つの試験を受けます。これらの試験には生徒の分析スキルや言語表現を評価するテキストスキル分野と，思考・言語表現・一貫性の発達に着目した小論文が含まれます。その上で，彼らは，以下のものから3つを選択します。第2母国語，外国語，数学，そして，科学・人文学（例えば，宗教，倫理学，哲学，心理学，歴史，社会科，物理学，化学，生物学，地理学および健康教育）に関する総合テストです。テストには領域を横断する問題も含まれます。

フィンランドのシステムは，大学をめざすすべての生徒（過半数を占めます）が少なくともバイリンガル（母国語とあと1つの言語）か，多くはトリリンガル（母国語とあと2つの言語）になることを想定しています。言語のテストでは，リスニング，リーディングの理解，そして，その言語でのライティング能力を評価します。

生徒はどのテストを受けるかということを選択することに加えて，試験ではどの設問に答えるかを選びます。総合問題（the general battery）では，一般的に6つか8つの選択をしなければならない問題や指示が与えられます。数学のテストでは15前後の問題があり，彼らはその中から10題を選んで答えなければなりません。問題を解くには，批判的思考やモデリングと同様に直接的な問題解決能力を必要とします。

例えば基礎数学の試験では，以下の問題が出題されます。

> 食塩水は25%の塩を含んでいます。食塩水は水を加えることにより薄まります。どれだけの水を加えることで1キログラムの25%の食塩水を10%の食塩水にできますか。図を用いて2%から25%の食塩水を得るための水の量を図示しなさい。25%の元の食塩水（1キログラムの）に加える水の量（キログラム）を横軸とし，新しい食塩水の塩の量を縦軸で表しなさい。

応用数学の試験では，以下のような問題が出題されます。

> 社会では，生活水準を向上する意欲はすでに得られた生活水準に反比例します。すなわち生活水準が高くなればなるほど，それをさらに上げる意欲は少なくなります。生活水準を表す微分方程式に基づいたモデルを形成して，それを解きなさい。生活水準は永久に上昇しますか。変化率は増加，それとも減少しますか。生活水準はある一定のレベルに接近しますか。

フィンランドでは，複雑な問題をみずから提起する能動的学習スキルを育てるため，そしてそれら問題を取り組むのを助けるために評価が活用されています。

例えば，フィンランドでは，教室の前で50分間立って講義をしている教師を見かけることはほとんどありません。代わりに教師は，頻繁に自己調整が求められる実践的な課題に取り組む児童生徒を指導する姿が多くみられます。コルペラ（Korpela, 2004）は，フィンランドの学校では，児童生徒がどのように活動的で自己主導の学習に取り組んでいるかを紹介しています。具体的には，ワークショップや情報収集を通し様々な役まわりをしたり，教師に質問をしたり，小グループで他の児童生徒と作業したりしています。児童生徒は，個人またはグループのプロジェクトを完了させたり，彼らが編集している雑誌の記事を書くことに一生懸命になります。自律的，能動的学習を促すことで，児童生徒の思考を発展させる分析的思考や問題解決，メタ認知スキルのようなスキルを重視しながら，幅広い知識に児童生徒が着目することを可能にします（Lavonen, 2008）。

国の義務的な評価システムの中には含まれませんが，ATC21Sに関連するような評価プロジェクトとして，「学び方の学習」プロジェクトがあります。このプロジェクトは1990年代中盤に，フィンランド国家教育委員会，ヘルキンシ大学教育評価センター（the Centre for Educational Assessment at the University of Helsinki），ヘルキンシ市の教育部門の協力で行われました。2002年までのレポートには，6年生，9年生，そして高等学校の児童生徒を対象とした筆記テストと態度テストによる認知面・情意面の測定を活用したいくつかの研究結果が記述されています（Hautamaki et al., 2002；Hautamaki and Kupiainen, 2002）。プロジェクトは「学び方の学習」を概念化するために入念なフレームワークを開発しました。それは要約レポートで次のように定義されています。

> …学習活動に関わる適応的，自発的習得。最初の課題が受け入れられたあと，学習活動は情意的，認知的自己制御を通して維持されます。「学び方の学習」は新たな課題に取り組むためのレディネスであり意欲であると定義できます。それは，認知的能力と自己や文脈に関する信念からなる複雑なシステムから成り立っています。レディネス，あるいは認知的能力とは，関連する事実の知識と，思考・推論の使用の両方をさします。すなわち，すでに学んだことを検索する，新しい状況に適応できる一般的な手続きを応用するということです。「学び方の学習」の認知的構成要素は，推論の習得ということでもあります。これはピアジェの反省的抽象に関連しており，評価指標は，形式的操作シェマの習得と関連した目標に準拠したものになっています。具体的操作と形式的操作は柔軟性があり教えることができると見なされているため，伝統的な知能測定とは区別されます。「学び方の学習」の情意的構成要素は，自己と文脈に関連する信念の両方を含むいくつかの比較的独立したサブシステムで構成されると見なされて

います。これらの間で，学習動機，行動制御の信念，科目に関する信念，課題の受け入れ，社会的道徳的コミットメント，自己評価，重要な他者からの経験的支援は，「学び方の学習」を学校レベルで評価する時の中心とみなされています。(Hautamaki and Kupiainen, 2002, pp. 3－4)

そのレポートでは，概念的フレームワークによって形成される関心と（全体的な議論は，ハウタマキら（Hautamaki et al., 2002）を参照してください)，筆記式や多肢選択項目でデータが集められることへの懸念について述べられています。研究者は，その後の人生における「本物の」学習状況は筆記式では準備できないことを指摘し（Hautamaki and Kupiainen, 2002, p. 22)，もしコストの問題を克服できれば，オープンエンドの問いや実生活の課題を行うことで（本物の見本を見せるやり方により近くなり）より理想的なものへ近づくと提案しています。

シンガポール

シンガポールでは最近，大規模試験システムを統合した学校ベースの評価に一層力点が置かれています。シンガポールの生徒がTIMSS（Trends in International Mathematics and Science Study）評価において1995年，1999年，2003年に数学と理科でトップをとって以来，シンガポールの教育制度は教育政策分析者から強い関心が集まっています。これらのランキング結果は，マレー人やタミル人など少数民族も含んだシンガポールのすべての生徒の高い学力に基づいており，かつての大きな学業成績のギャップは急速になくなっています（Dixon, 2005)。約90％のシンガポールの生徒は，TIMSSテストで国際的な中央値を超える点数をとっています。家庭で日常的に英語を話すシンガポールの生徒は全体の半分以下の状態であるのにも関わらず，英語で書かれたテストでこの偉業は注目すべきです。多くの生徒は英語以外のシンガポールの公用語（標準中国語，マレー語，タミル語）のうちの１つを話し，他の言語や方言を話す人もいます。

30年間にわたる集中投資と改革によって，シンガポールの教育制度は変容していきました。私立学校，自治体立学校，公立学校などがあり，その中には植民地時代から続く学校もあります。これらはすべて政府の補助金を受け取っていますが，複雑なシステムを調整することで，教育へのアクセスが広がり，平等性は高められました。地域の学校は改革が求められており，これらの学校では多くの点で意図的に多様となっていますが，中心的科目は共通のナショナルカリキュラムに沿っており，教育に対する共通の期待と支援が保障されています。

1997年に首相が「考える学校・学ぶ国家」イニシアティブを提起して以来，シンガポールのカリキュラム，評価，教授法の改革の焦点は，生徒に創造的で批判的な思考のスキルを明確に指導・評価することで，それらを学校文化として育てることでした。教師の間にも同様に探究的な文化が創造されることで，自分たちの授業のアクションリサーチ，そこから学んだことをふまえての指導方略の修正に対する支援がされています。このイニシアティブは，教育のあらゆる面がテクノロジと統合し（ミッションがほぼ完全に達成されるのは10年後になります），また，大学の入学制度を劇的に開放的にするという取り組みに結びつきました。

高等教育はいまや事実上あらゆるシンガポール人が利用できます。生徒の関心，労働力ニーズ，成績，Oレベル試験（高校進学向け統一テスト），その他の達成物に基づいて，生徒たちは，中等学校が終わる10年生の後，3つの進路から1つを選びます。約25％はジュニアカレッジに2年間通い，その後教師や科学，工学，薬学，法律，官公庁といった専門職の道につながる大学に進学します。約60％はポリテクニック（科学技術大学）に3年間通い，その後半分の生徒は大学に行き，残り半分は技術・工学分野に就職します。そして，残り15％は技術教育研修所（Institute of Technical Education）に2年間通い，その後短大や大学に行く人もいます。このように実質的にすべての生徒が3つの中から1つの進路に進みます。

歴史的に，シンガポールの学校はイギリスの教育制度を修正した形で運営されてきました。児童生徒は，シンガポール試験・評価局（the Singapore Examinations and Assessment Board : SEAB）による国家試験を受けます。6年生（12歳）の終わりに，児童は小学校卒業試験（Primary School Leaving Examination : PSLE）を受けます。このテストは，オープンエンドな記述と口頭テストで，4つのコア科目（数学，理科，英語，母国語）からなり，採点の調整セッションにおいて教師が運営・採点しています。英語と母国語のテストは4構成になっており，150語以上の2つの小論文，リスニング能力，言語理解，15分間あるトピックについて会話することが求められる口頭試験があります。2人の試験官は会話を観察し，児童の会話能力について採点します。数学では，生徒は問題解決の手順を示さなければなりません。

児童生徒はその後10年生（16歳）でシンガポール・ケンブリッジGCE試験のNレベル（職業専門学校向け統一テスト）あるいはOレベル試験（the General Certificate of Examinations Normal or Ordinary Level）を受けます。GCE試験のNレベルおよびOレベル試験は，共通のコースシラバスを基にしており，それには何を教わるべきかの概要が記されています。生徒は自分自身で受験したいと思って選んだ領域から広範囲にわたって出題される短文・長文のオープンエンド問題に解答し，小論文を書くことが求められます。その結果は，高校の卒業判定ではなく中等教育後の学校の入学許可に使われていますが，高校のカリキュラムに実質的な影響を与えています。近年の改革は，カリキュラムや評価システムを創造性や自律的な問題解決によりフォーカスするように変化しています。多くのコースでは，パフォーマンス課題において生徒がどのように問題解決ができるのかを実演を通して確認する応用的な試験項目が含まれています。

例えば，N レベルのコンピュータアプリケーションコースの試験の得点については，筆記問題(30%)，実践問題(35%)，コースに埋め込まれた一連の課題(35%)で構成されており，共通の評価基準を基に教師が採点します。実践問題では，一連の課題でワープロと表計算ソフトの活用能力をテストしています。コースに埋め込まれたプロジェクトでは，生徒はテクノロジを使ってデータベースやウェブサイトや作品をデザインすることが求められます。O レベルでのコンピュータアプリケーションコースの試験では，14週間にわたる学校ベースのプロジェクト(25%）が求められます。生徒たちは自分たちが取り組みたい問題をはっきりさせ，テクノロジベースの解決法を考案し，実装し，解決法が正しいかどうか評価する方法を考案・実装し，解決方法とテストの結果を記述し，成果と課題について評定します。これらの試験では，得点を学校内外で調整したものに基づいた共通基準を比較に用い，教師が採点します。

ジュニアカレッジ★1（11および12年生）に通って大学に進学する生徒は，12年生（18歳）の終わりに GCE 試験の上級レベルである A レベル（大学進学向け統一テスト）を受けます。新しい「A レベル」カリキュラムと試験システムは2002年に導入されました。この新しい試験は，生徒が「異なる教科領域にわたって学んできた知識やスキルを選択し，結びつけ，新規で未知の領域や問題にそれらを応用して取り組むこと」を要求することで学際的な学習を促すことを意図しています。(Singapore Examinations and Assessment Board, 2006, p. 2)。

A レベルのカリキュラムフレームワークには，生徒が受けるコースや関連する試験（人文科学，数学，理科，言語）の中核となる領域が含まれています。また，リーダーシップ，エンリッチメント★2，他者への奉仕を強調したライフスキル(Life Skills)や知識スキル(Knowledge Skills)が含まれ，レポート，プロジェクトワー

★1：大学予備教育を行う学校で，この間に GCE A レベル試験への準備を行う。
★2：基礎的知識をいろいろな領域，分野で活用できるようになること。

ク，知識と探究のコースを通して評価されます。典型的なAレベルの生徒は3つの必修科目（レポート，プロジェクトワーク，母国語の評価）と4教科で評価されます。

ライフスキルと知識スキルといった新しい領域は，伝統的な教科内容ベースのカリキュラムや試験システムでは不足していると考えられる，よりレベルの高い思考スキルを発達させることを意図しています。それらは，「考える学校・学ぶ国家（thinking schools, learning nation）」イニシアティブの一部として1997年に始められた教育改革のゴールを示しており，多くの変化をもたらしました。

シラバス，試験，大学入学基準はこれまでの考え方を脱却し，リスクテイキングをはたらきかけるように変わりました。現在生徒は，創造性や主体性，相互協力学習を促すようなプロジェクトワークやより高次の思考問題によく取り組んでいます（Ng, 2008, p. 6）。

各教科のコースでは，その内容の習得とともに，ますます批判的思考や探究，調査を含むよう発展しています。高校の教科内容テストの多数は，生徒によって考案，実施された研究プロジェクトや実験といった学校ベースの課題に基づきます。理科のコースではそれぞれ「学校ベースの科学実践評価（School-based Science Practical Assessment：SPA）」とよばれる内容が含まれます。これらの学校ベースの内容は，試験委員会（the Examinations Board）によって提供されている仕様書に従って教師が管理，採点しており，試験の得点の20％までを占めています。採点は学校内外で調整されます。生徒ができるようになるべき目標は，次のような内容です。

1．一連の指示手順に従い，技術，装置および材料を安全かつ効果的に使用すること。
2．観察，測定，方法および技術を精密かつ正確に作成・記録すること。
3．観察と実験データを解釈し評価すること。
4．問題を同定し，調査の設計・計画を立て，方法と技術を評価した上で，デザインの改良点を提案すること。

プロジェクトは願書の一部として大学に提出することができるため，大学では試験の点数以上に生徒の成果についての根拠を精査することが勧められています。以下，試験システムにおける革新についていくつか述べます。

試験システムの革新的特徴

● プロジェクトワーク

プロジェクトワーク（PW）：学際的な科目で，大学を進学する生徒全員に義務づけられています。生徒が長期間プロジェクト課題を実行するために専念できるカリキュラムの時間を設定しています。学際的な科目として，異なる教科領域を超えた知識を引き出し，スキルの応用を求めることで，知識とスキルを別々に取り扱うことをやめ，学際的な成果に焦点化しています。この経験の目標は，課題とその評価の要件の中に組み込まれていますが，それは，主にシンガポール試験・評価委員会（The Singapore Examinations and Assessment Board）によって設定されています。課題は，課題の要件を満たしつつも，生徒が興味をもっているプロジェクトを遂行できるようにするために十分幅広く設計されています。

- **グループワークを通した協調学習を促すことが必須である**：教師がランダムに編成したグループで，生徒は一緒になってブレインストーミングを行い，お互いのアイディアを評価し，グループが取り組むプロジェクトに同意し，どのように作業を割り当てるか決定します。
- **すべての生徒が口頭でプレゼンテーションを行なわなければならない**：グループまたは個人で，それぞれの生徒は聴衆の前で口頭でグループプロジェクトに関するプレゼンテーションをします。
- **制作物とプロセスの両方が評価される**：評価のために以下の 3 つの構成要素があります。
  - **レポート**：プロジェクトのためのアイディアを生み出し，分析し，評価するグループの能力を証明します。
  - **口頭でのプレゼンテーション**：グループの個々のメンバーのスピーチの流暢性・明確性，質問への対応や聴衆に対する意識を評価します。グループとしても，プレゼンテーション全体の有効性の観点から評価されます。
  - **グループプロジェクトファイル**：それぞれのグループメンバーは，プロジェクト実行時のプロセスの「スナップショット」に該当する 3 つの文書を提出します。これらの文書は，個々の生徒の①プロジェクトへの予備的アイディア，②選んだプロジェクトで集められた研究の資料，③プロジェクトの洞察や振り返りを生成・分析・評価する能力を示しています。

プロジェクトワークの評価課題に取り組むことにより，生徒は自律的探究スキル（self-directed inquiry skills）を習得すると考えられています。なぜなら，生徒は自分自身のトピックを提案し，スケジュールを作成し，個々の作業を割り当て，異なる能力や性格をもつチームのメンバーと交流し，一次資料・二次資料を集め，評価をするからです。これらプロジェクトワークのプロセスは，知識の応用，コラボレーション，コミュニケーション，自律的学習といったライフスキルやコンピテンシーを反映しており，生徒たちが将来職場で働くための準備となるのです。

約12,000人の生徒が毎年この課題を終えています。評価は学校ベースの目標準拠で行われます。課題設定，条件，評価基準，達成基準，採点プロセスはSEABによって外的に規定されていますが，プロジェクトワークにおける3つの構成要素すべての評価については，委員会から提供される一連の評価基準を活用して，現場の教師が行います。すべての学校に，期待される採点基準を説明する模範例となる資料が与えられています。また，委員会は，評価者と校内のモデレーターに対するトレーニングを提供します。他のすべての評価と同様に，採点は学校内と外部の両方から調整されます。

● 知識と探究

知識と探究（Knowledge and inquiry）は人文系の教科で以下の項目に関する生徒の成長をねらっています。

- **知識の性質と知識構築の理解**：生徒は関連する概念を広く読み，理解し，応用できることを示すよう期待されています。また，評価課題に取り組むことで関連する資料を選択するスキルを示すことが生徒たちに期待されています。
- **批判的思考**：生徒は批判的思考のスキルを行動で示すことが期待されます。生徒は，いくつかの異なる主張や情報を分析し，仮説と論点を同定，評価し，主張を検証し，理路整然とした裏づけのある議論を提示することが期待されています。
- **コミュニケーションスキル**：生徒は適切な英語で明確かつわかりやすくアイディアや主張を表現することが期待されます。生徒は，尋ねられた質問に適切な応答をし，それらの質問に異なる観点から取り組む明確な能力を示すために，自分の議論を構造化し，適切なスタイルのプレゼンテーションを選択することが期待されています。

3つの評価要素があります。

- **小論文**：「知識の性質と知識構築」で学んできた概念を応用する能力を発揮する機会を生徒に与えるものです。これはシラバスで定義された探究対象の領域を理論的な側面でカバーしています。また，次のような質問セットによって，生徒は，研究活動を通して得た知識を引き出すことが求められます。その鍵となる質問は次の通りです。
    - なぜ質問をするのですか
    - 知識とは何ですか
    - 知識はどうやって構築されるのですか
    - 何が知識を有効にするのですか
    - 知識はどのように社会に影響を与えるのですか。
    - 知識はどのように使われるべきですか
- **批判的思考**：生徒は資料に示された様々な主張や情報を批判的に分析し，仮説と論点を同定・評価し，主張を検証し，理路整然とした裏づけのある主張を提示することが期待されます。生徒は明確かつ十分構造化された議論をするために，適切かつ効果的に言語で表現しなければなりません。
- **自律的な学習**：自律的な学習の要素では，生徒が選んだ研究領域に関する知識の性質や知識構築について彼らが理解したことを説明させたり，ある文脈で適切な材料を選んで取り組ませる中でその理解を適用させたり，文献調査結果を提示したり生徒たちが主張を支えるために読んだ内容を示すことで研究中に関連文献を読み込んだことを示させたりします。生徒は，明確で十分に構造化された議論をするために言語を使って適切かつ効果的に表現しなければなりません。6か月の自律的な調査研究の最後には，生徒は2500〜3000語の長文の小論文を提出する必要があります。

高校の試験で行われているより知的でチャレンジングな学校ベースの評価は，より低学年の児童生徒の対象でも同様に推奨されています。ナショナルスタンダードに従ったカリキュラムや評価のガイドラインにおいて，教師は継続的な評価が奨励されており，教室での観察や口頭でのコミュニケーション，筆記課題やテスト，実践課題や調査課題などといった様々な評価方法を用いることができます。教育省は教師のための数多くのカリキュラムや評価サポートを開発してきました。例えば，SAIL（能動的・自律的な学習のための方略：Strategies for Active and Independent Learning）は，教室における学習者中心型プロジェクトワークをより支援することをめざし，学習で期待することを明確にするために評価ルーブリックを提供します。すべての学校はこれらのツールの活用に関する訓練を受けてきました。

小学校算数，中学校数学の両方に向けた教育省の2004年の評価ガイドには，数学的調査やジャーナル作成，教室での観察，自己評価，教室内でのポートフォリオ評価のような，教師が指導方略に取り入れることを支える様々な資料，ツールやアイディアが含まれています。児童生徒がスタンダードを自分のものとして理解し，自律的な学習者になることを可能とする問題解決やメタ認知，自己調整学習の評価に重点が置かれています（Kaur, 2005）。国立教育研究所は，新しい評価に関する学習を支援するために様々なワークショップを開いており，こうした新しい方略を教員研修プログラムの中に組み入れました。

イギリス

イギリスでも一世紀以上にわたって世界中の英語圏の試験システムに影響を与える形で，学校ベースの評価に向かう動きがいろいろ起きています。評価は通常，オープンエンドの論述試験と自由記述式の試験でしたが，課題の性質や運営形態は，この20年の間に，より学校ベースの課題やプロジェクトを含めるように変化してきました。

イングランド

イングランドの評価システムは，資格・カリキュラム局（Qualifications and Curriculum Authority：QCA）とよばれる組織が，国レベルで管理しています。学校では，ナショナルカリキュラムに基づいて児童生徒の指導・評価がなされていますが，それには特定コースのシラバスが含まれています。教師は継続的に生徒の進度を評価し，7，11，14歳（キーステージ1，2，3）で国のデータシステムに報告するためのエビデンスを集めます。このエビデンスは教室ベースの宿題，観察，および課題に基づいていて，結果は教科領域ごとにそれぞれの学習尺度を使って学習進度をおおまかに示したパフォーマンス指標で評価されます。

キーステージ1（6～7歳）では，児童の学習進度が，教室でのエビデンスと中央で開発された英語と算数のオープンエンドのテストや課題の結果に基づいて評価されます。これらのテストや課題は教師が採点し，学校内および外部の調整担当が調整します。キーステージ2（8～11歳）では，児童の学習進度は，教師の概略的な判断と，英語，算数，理科のオープンエンドのテストの結果によって評価されます。テストは外部で採点され，結果は国レベルで報告されます。イングランドでは最近，キーステージ3での外部テストを廃止しており，現在すべての科目で，到達度を報告するために教師の評価を使っています。教師の判断は調整され，その結果が国レベルで報告されます。

この作業をガイドする児童生徒の進度評価（Assessing Pupils' Progress : APP）プログラムは，QCA によって以下のように説明されています。

> APP は，教師の評価に関して新たに計画されたアプローチであり，教師が児童生徒の進度を判断できるように国家戦略との連携の下，QCA によって開発されました。APP によって，教師が学習者が必要としている理解を微調整することを支援し，計画や指導に反映させることを支援します。それは，指導や学習，児童生徒の進度を改善するために，幅広いエビデンスに基づくナショナルスタンダードの判断を信頼できるものにすることで，児童生徒の得意不得意に関する診断的な情報を使ったり，児童生徒の進度を追跡することが可能になるからです。
> APP に関する科目の教師向けの教材には，ナショナルカリキュラムレベルに基づいた児童生徒の成果を評価するためのガイドラインが含まれています。これは，教科の評価観点ごとの評価基準を示す単純な記録フォーマットと，児童生徒の日々の成果物を注釈付きでまとめた評価基準ファイルを提供します。後者は，様々なレベルでナショナルスタンダードを具体的に示したものとなっています。これらは，教師が，ナショナルカリキュラムのレベルに関して一貫した信頼できる判断ができるようにするための助けとなります。（Qualifications and Curriculum Authority 2009, p.1）

国が開発した課題の一部は，教師の評価を支援するためにデザインされ，学校に配布されています。キーステージ2（11歳）では，教師は，これらの一連の課題とテストを，授業で集める他のエビデンスと組み合わせて，児童を評価するために使用しなければなりません。他の学年では，課題の使用は任意です。QCA は，「課題は，教師の評価を支援するようにデザインされています。児童が何を行うことができるかを示し，今後の学習と教授方略を知らせるために活用できます。また，個々の課題で何が達成されたかを教師と児童とで議論するための基礎を提供し，次のステップを確認するために使用することができます。そして，日々の評価を支援し，その時々の変容的な評価の基礎として活用される，様々なエビデンスにつながる成果を生み出します」と説明しています。

キーステージ4（15〜16歳）では，国の資格認定のフレームワークでは複数の進路が示されるため，生徒の到達度の測定には複数の尺度が必要です。生徒の卒業後の希望に基づいて，徒弟制，ディプロマ（職業認定資格），義務教育修了試験（General Certificate of Secondary Education：GCSE），およびケンブリッジ試験のAレベル試験の4つから選べます。職業に関連する科目を履修するために専門学校（Further Education college）に進む生徒もいます。彼らは通常，徒弟制モデルで学んだ上で，国家職業資格（National Vocational Qualification）を取得します。

ほとんどの生徒はGCSEを選択します。これは2年間の学習コースで，その2年間の間に履修するコースや単元の期間中および終了時の試験によって義務教育修了を評価するものです。生徒は好きなだけ単一科目または複合科目の評価を受けることができ，自分たちの興味や専門領域に基づいてどれを取るかを選択します。試験は多肢選択型問題と，最終試験得点の25％から60％を占める構造化された教室ベースの発展課題を含みます。イングランドは，現在，教科をまたいだ個人の学習スキルや思考スキルだけでなく，問題解決，チーム育成，およびコミュニケーションのような機能スキルにしだいに重点を置いて，GCSEの新しい課題を試行しています。「制御型評価（controlled assessments）」とよばれるこれらの新しい課題は，資格授与機関がデザインし教師が採点するものと，教師がデザインし資格授与機関が採点するものがあります。どちらにしても，教師が制御型評価のタイミングを決定します。

これらの教室ベースの評価は，ビジネス研究，古代文化史，英文学，地理，歴史，人文科学，または統計のような科目の総合試験得点の25％を占めています。また，応用ビジネス，音楽とダンス，デザインと技術，演劇，工学，英語，英語言語，芸術表現，健康と社会的ケア，家政学，ICT，製品の製造，メディア研究，現代外国語のような教科領域では総合試験得点の60％を占めています。英語における教室ベースの課題の例を表4.2に，インタラクティブコンピュータ技術（ICT）の例を図4.9に示しています。

キーステージ4の間に，ほとんどの生徒が5つ以上のGCSE試験を受けます。彼らの成績によって，受けるディプロマ（職業認定資格）のレベルや，大学入学資格を与えるAレベルの試験によってその後評価される高度な学習プログラム（Advanced Studies）に進むかどうかが決定します。イングランドでは，Aレベルの試験には45の領域があります。図4.10の例に示すように，試験問題は，深いレベルの理解と，現実世界の問題への知識応用を評価するために長文の答えが求

表4.2　教室ベースの評価課題—英語のGCSE

単元と評価	課題
テキスト読解リテラシーの制御型評価（コースワーク）40点	課題やテキストから3つを選択して解答。受験者は，社会的，文化的，歴史的文脈でテキストを理解する必要がある
創作文の制御型評価（コースワーク）40点	テキスト開発か情報メディアを選択し，2つの関連する文章を続けて作文する問題
スピーキングとリスニングの制御型評価（コースワーク）40点	3つの活動：演劇に焦点を当てた活動，グループ活動，個人の広範囲な貢献。1つの活動は，教室内外の実生活と関連したものでなければならない
情報やアイディアについての筆記試験 80点（各セクション40点）	ノンフィクションとメディア：これまでに見たことがない，真正の作品をつくる 情報とアイディアの記述：2つの選択肢から1つを選択し，途切れない1つの文章を作成

市議会は，渋滞税を導入することにより，交通渋滞を緩和しようとした。金額は，最初の年は4ポンドに設定され，その後毎年2ポンドずつ値上げした。最初の8年間は毎年，市議会は，市内中心部に入る自動車の1日あたりの平均台数を記録した。結果は表のとおり。

金額（ポンド），x	4	6	8	10	12	14	16	18
1日あたりの車両の平均台数（百万台），y	2.4	2.5	2.2	2.3	2.2	1.8	1.7	1.5

1．これらのデータの積率相関係数を計算せよ。
2．xが独立変数である理由を説明せよ。
3．xからyへの回帰直線の式を計算せよ。
4a．その式を利用して，渋滞税が20ポンドに引き上げられたときの1日当たりの市内中心部に入る自動車の平均台数を推定せよ。
4b．推定値の信頼性についてコメントせよ。
5．議会は，1日あたりの市街地に入る車の平均台数を百万台に減らすために必要な渋滞税を推測したい。信頼性の高い予想を推定できると仮定して，xからyへの回帰直線，またはyからxへの回帰直線のどちらを使用すべきかを述べよ。また，その理由を示せ。

図4.9　確率統計の試験における，イングランドのAレベル問題

められています。

試験のほとんどは，論述式です。数学の試験では，生徒に解答の背後にある考えを示すことを求める質問が含まれています。

外国語の試験では，口頭でのプレゼンテーションが必要です。英文学の「Aレベル」の試験では，詩，演劇，文章，および一般の4つの領域でスキルや知識を示すことが求められています。そこで，生徒は，カリキュラムの一部として，表現技巧や作文指導と同様に，意味や解釈の観点から文献を分析する読み方も学習

> リッチフィールドプロモーションは，40以上のバンドやアーティストとともに，彼らの音楽をプロモーションし，イングランドでの公演を主催しています。登録バンドの数は徐々に拡大しています。各公演では，すべての人件費と間接費をカバーするだけでなく，利益を上げるために十分であることを保証する必要があります。バンド，音響技術者，および照明技術者など，多くの人々に給料を支払う必要があります。会場を借りるコストもかかります。リッチフィールドプロモーションは，必要なすべての情報をもち，確実に最新の状態に保たれるようなICTソリューションが必要です。ソリューションには，収入，支出，利益の表示も含まれます。
>
> 受験者は次の作業に取り組んでください。①類似の企業がソリューションをどのように生み出したかを調べる研究を，他の人と協力して計画し遂行しなさい。調べる企業は必ずしもバンドやアーティストとビジネスするものであったり，プロモーション会社である必要はありません。②調査結果を明確に記録し提示しなさい。③課題の要件を満たすソリューションを考えて，推薦しなさい。④タイムスケール，目的やターゲットオーディエンスを含む計画の概要を作成しなさい。
>
> ソリューションを作成するにあたって，以下の条件を満たさねばなりません。①さまざまな状況で利用されるよう修正できる。②ユーザーフレンドリーなインターフェイスを備えている。③ターゲットオーディエンスに適している。④十分にテストされている。また，次のことを行う必要があるでしょう。①ソフトウェアの機能，マクロ，モデリング，適切に利用できるかの妥当性の確認，を取り入れること。②ユーザーからのフィードバックを取得すること。③改善が必要な領域を特定し，妥当な理由により改善を提案すること。④統合された文書として情報を提供すること。⑤あなた自身と他者の活動を評価すること。

◯図4.10　GCSEのインタラクティブコンピュータ技術に関する制御型評価課題

しています。コースワークは，Aレベル試験の得点の25～30%を占めており，それはコースによって若干異なります。生徒は現在，Aレベル評価の一環として，自分で計画した長期の研究プロジェクトを遂行する必要もあります。一連の試験を企画する5つの試験機関が管理する調整プロセスを経て，教師が評価の成績をつけます。

イングランドでは，パフォーマンスベースの評価システムに学校ベースの評価をいくつか含める方向に進んできましたが，スコットランド，ウェールズ，そして北アイルランドでは，評価のアプローチの見直しが進んでいます。

スコットランド

スコットランドには，イギリスとは別の教育システムの運営組織があり，スコットランド到達度調査（Scottish Survey of Achievement）とよばれる一連の評価が，小学校の3，5，7年と，中学校の標準的なコースとベンチマーク試験で実施されています。小学校コースと中学校の一般コースの評価課題に関しては，教師や講師がデザインし採点しています。また，中学校の中級，上級のコースでは外部評価が活用されています。スコットランド資格機関（Scottish Qualifications Authority）が試験，プロジェクトワーク，またはポートフォリオの形態の成果物の評価をデザインし採点します（Scottish Qualifications Authority, 2004；The

Scottish Government, 2008)。

ウェールズ

ウェールズは，イングランドで運用されているシステムから最近分離され，今では教育システムを独自に運営する組織があります（Archer, 2006)。ウェールズでは，14歳までの子どもを対象としていた国家試験が廃止されました。フィンランドのようにウェールズの初等教育段階の学校では，教師によって作成・運営・採点される評価に支えられて，ナショナルカリキュラムが運営されています。中学校では，教師は，14歳の生徒についてはすべての評価を作成・管理する一方，16歳以上の生徒については，関連するGCSE試験とイギリスの資格・カリキュラム局（Qualifications and Curriculum Authority）によって運営されるAレベルのコースと試験に参加することが奨励されます（Welsh Assembly Government, 2008a, b)。評価システムのこうした変更により，ウェールズでは，生徒の関心を高め，より創造的な課題を生徒に行わせるようになるとともに，テストのための授業が減ることが期待されています（Archer, 2006)。

北アイルランド

北アイルランドでは，「学習のための評価（Assessment for Learning)」とよばれるアプローチを，あらゆる学校種別で実現しようとしています。このアプローチでは，評価は地域で開発，運営，採点されるという点が強調されており，次の5つの鍵となる行動に焦点化されています。

1. **学習活動の意図を共有する**：児童生徒と教師が学習活動の意図を納得し，児童生徒に学習活動の主体性を与える。
2. **成功の基準を取り決め，共有する**：自己評価を支援するために児童生徒と教師が共同で課題の成功基準を作成する。
3. **フィードバックする**：教師が形成的評価をしている時に，その時々に必要なフィードバックを提供する。
4. **効果的に質問する**：児童生徒たちが考えを言葉にしたり推論を説明したりするのに自信をもてるようになるように，教師は，オープンエンドの質問を活用したり，より多くの思考時間を与えたりするなどの手だてをとる。
5. **いかに自身の学習活動を振り返るか**：教師は，児童生徒に学んできたことについて考える方法を提供する。

北アイルランドでは，14歳まで学校が生徒を外部評価することは求めていませんが，北アイルランド教育課程・試験・評価評議会（Council for Curriculum Examinations and Assessments：CCEA）を通じて外部評定される，ステージ３終了時評価を生徒に受けられるようにするオプションが教師に与えられています。この評価は，主に生徒がどのように推論し，考え，問題解決するかを評価するオープンエンドの評価です。CCEAは，大学をめざしているか，職業的学位をめざしているかにかかわらず，GCSE試験を受けたり，イギリスの制度上のAレベルのコースと試験を受けることも含め，進路にしたがって生徒が選択できるよう，ステージ４のための複数の評価を提供しています（Council for the Curriculum Examinations and Assessment, 2008a, b）。

結　論

スタンダード，カリキュラム，評価，授業に，21世紀型スキルを取り入れようとしている国々は，様々な課題に直面しています。これらの４つの国や地域の評価政策やその実践から，オンデマンドテストとカリキュラムに埋め込まれた評価の双方において，21世紀型スキルを評価するための様々な可能性が示唆されました。教育における営みの中で，テストはそれとは異なる要素として見るのではなく，「学習の」，「学習のための」，「学習としての」評価としてとらえられるようになってきています。これにより，21世紀型スキルの評価だけでなく，21世紀型スキルの授業と学習を強固にする機会が提供されることとなるでしょう。

多くの国で学校ベースのパフォーマンス評価を重視する傾向が増しており，教師が児童生徒の活動の評価に参画することで，スタンダードをどのようにつくるかについてより深く学び，授業が充実しているようです。あらゆる児童生徒が共通の活動に参画しつつ，必要な評価の一環として支援を受けられるようになり，カリキュラムの公平性も高まるでしょう。評価の教育政策の中では，これまでの活動に対するフィードバックと，これからの活動に対する「前向きに進むフィードフォワード（feedforward）」の両方の情報を提供する方法を検討することで，授業を充実させるために評価を活用しようとするものもありました。これらは，何が学習されたかについて児童生徒，教師，学校に豊かなフィードバックを与えるとともに，学び方の学習を支援する児童生徒と教師の内省の機会を提供し，将来の学びを具体化します。こうした取り組みのためにテクノロジによる支援はますます高度になっており，州と国を超えて共有されるべきです。

これまで述べてきたような21世紀型スキルの授業と学習の先進的取り組みから考えると，ATC21S プロジェクトは，意欲的で知的なパフォーマンスを測定する学校ベースの評価と，問題解決，批判的思考，コラボレーション，学び方の学習を一層洗練された方法で測定できるような大規模評価とを統合する最適な教育政策戦略をつくっていくように，各国に努力を促していくべきでしょう。

第5章

新たな学びと評価は日本で可能か

白水　始

本章では，21世紀型スキルの教育と評価が日本の現行の教育制度で可能なのかについて考えます。結論を先取りすれば，現行の教育課程（学習指導要領やその解説，評価資料，教科書などのリソースを含む日々の授業の枠）や評価（入試や指導要録を含む評価の枠）の中で，それを妨げる制度的な障壁はなく，十分実施可能という答えを導きたいと思います。あとは，何が実際の障壁となっているのか，それを乗り越えるために私たちの見方をどう変えていけばよいかが焦点になります。21世紀型スキルの生き生きとした教育と評価の具体例は，第6章に展開されますので，ここでは，日本の教育の現状や経緯に照らして，21世紀型スキルとは何か，それを教育目標として取り上げる価値はどこにあるのか，その教育と評価はいったいどのようなものなのか，それがもし価値ある取り組みだと思うのならば，明日から私たち一人ひとりにできることは何なのかといった問いに答えることに主眼を置きます。

21世紀型スキルとは何か？―「生きる力」とどう違うのか

21世紀型スキルとは何か？―この問いに答えるような簡潔で包括的な定義は本書に見あたりません。代わりに，次のような複数のカテゴリや下位スキルが提案されています。このリストを見ると，すでに私たちがよく見かける「問題解決」や「学び方」「コミュニケーション」といった目標が並んでいます。

思考の方法

1．創造性とイノベーション
2．批判的思考，問題解決，意思決定

3．学び方の学習，メタ認知

働く方法

4．コミュニケーション

5．コラボレーション（チームワーク）

働くためのツール

6．情報リテラシー

7．ICT リテラシー

世界の中で生きる

8．地域とグローバルのよい市民であること（シチズンシップ）

9．人生とキャリア発達

10．個人の責任と社会的責任（異文化理解と異文化適応能力を含む）

これを，現在の学習指導要領の源となっている1996年の中央教育審議会答申「21世紀を展望した教育のあり方について」の「生きる力」の定義と見比べてみましょう。

> これからの子供たちに必要になるのは，いかに社会が変化しようと，自分で課題を見つけ，自ら学び，自ら考え，主体的に判断し，行動し，よりよく問題を解決する資質や能力であり，また，自らを律しつつ，他人とともに協調し，他人を思いやる心や感動する心などの豊かな人間性であると考えた。……我々は，こうした資質や能力を，変化の激しいこれからの社会を［生きる力］と称することとし，これらをバランスよくはぐくんでいくことが重要であると考えた。

下線は筆者がつけたものですが，21世紀型スキルのリストの多くが含まれています。それらを包含した「スキル」が，ここでは「資質や能力」とよばれており，知識の習得だけでなく，それを超えた力が，約20年前から日本では求められていたといえます。

そうだとすると，21世紀型スキルの何が新しいのでしょうか？　1つは，本書の中でたびたび言及されている「テクノロジの力を利用できること」でしょう。それは，例えば，第2章の要約で次のように述べられています。

> （知識基盤社会では）複雑な問題を解決するために情報を伝達したり共有したり利用したりできるかどうか，新しい要求や変化する環境に即して適応したり革新したりできるかどうか，新しい知識をつくり出すためにテクノロジの力を集

結させたり拡張したりできるかどうか，人々の能力や生産性を拡張できるかどうかが成功への鍵なのです。(p. 21)

生きる力の提唱時に想定された「社会の変化」が，高度な情報技術を基盤とした知識社会への変化であることが明確になって，テクノロジの活用能力が明示的に含まれるようになったと考えられます。21世紀型スキルのリストを見直すと,「働くためのツール」のところに情報系のリテラシーしかなく，OECDのキーコンピテンシーや各国のナショナルカリキュラムによく含まれるような読み書きのリテラシー（literacy）や数的処理に関わるニューメラシー（numeracy）は明記されていません（国立教育政策研究所，2013)。テクノロジで読み書き計算すら補償できると考えたかは定かではありませんが，いずれにせよ，大きな特徴だといえます。

しかし，テクノロジは道具でしかありません。大事なのは，その道具で何をするか，目的のほうです。上の記述を見直すと，テクノロジの利用は「新しい知識をつくり出すため」だと書かれています。上記リストでも，「創造性とイノベーション」が（トップの優先順位かどうかは別として）スキルの１番目にあげられています。この知識の創出―イノベーション―の重視が，21世紀型スキルのもう１つの特徴です。生きる力における問題解決の結果（解）も知識の１つだととらえれば，21世紀型スキルは，知識基盤社会を知識創出社会と見定めて，問題解決の意義を大きく見るようになったといえます。

３つ目の特徴は，協調的な対話能力の重視です。リストの「働く方法」にコミュニケーションやコラボレーションが優先的に入れられているように，職場での協働の重要性が増すにつれ，教育現場でも協調的な問題解決能力が標準的に求められるようになりました。

以上をまとめて，21世紀型スキルはどのようなものだと定義できるでしょうか？　幸い，本書は，読み手一人ひとりが21世紀に必要なスキルを考え定義し教育・評価することを推奨しています。このオープンさは，教育目標に関する他の著書（例えばRychen and Salganik, 2003；Trilling and Fadel, 2009）にない重要な特徴です。論を進めるために，私たちも簡単に定義してみましょう。

21世紀型スキル：他者との対話の中で，テクノロジも駆使して，問題に対する解や新しい物事のやり方，考え方，まとめ方，さらに深い問いなど，私たち人類にとっての「知識」を生み出すスキルこのように定義すると，考える方法や働く方法，世界の中で生きるあり方を貫くものとして，協調的な知識創造が位置づけられます。これがいちばん鮮明に打ち出されているのが，スカーダマリアらの第3章です。知識創造というと，社会全体を大きく変えるイノベーション（“Big-C”とよばれる Macro-creativity）がイメージされますが，毎日の仕事のやり方や自分の生き方を少し変えるイノベーション（“small-c”とよばれる Micro-creativity）なら，誰にでも可能だし，必要だということをスカーダマリアらは説いています。

> 21世紀型スキルを知的エリートだけのものとしておくのではなく，誰にでも使えるようにするためには，知識創造を支援する環境をすべての人に利用可能なものにする必要があります。「創発」の視点から見ると，課題となるのは，児童生徒が幅広い21世紀型スキル（アイディア創出，探究，コミュニケーション，問題解決など）を自然と発揮できる環境へと変えていき，今は知的エリートだけのものになっているアイディアの継続的な創出に参画できるような環境に関われるようにすることです。（p. 102）

21世紀型スキルは，IT 会社がスポンサーをしたこともあって，経済社会的な要求にこたえられる優秀なシンボリック・アナリスト（Reich, 1991）を輩出するためのものだといわれることがあります。しかし，上記のように，スカーダマリアたちは，すべての子どもの権利として，自分の考えをつくりかえ知識をつくり続けるスキルが自然に使えるようになることを求めています。加えて，それらのスキルは「すべての人がすでにある程度もっているもの」（p. 84）なので，白紙から育成するのではなく，潜在的にもっているスキルを使える場面を準備し，学校から社会へと継続的に，しかし少しずつ高度化・自覚化させながら活用できる環境を整えることが鍵になります。

生きる力も，私たちが日々生きているという点ですでにもっている力だといえます。問題は，それを活用してどれだけよりよい人生を送ることができるかでしょう。21世紀型スキルとは，そうした目標を時代に合わせて具体化し構造化して，実現可能にしようとする試みだと考えられます。テクノロジ活用のスキルだと矮小化してとらえることは，その本質を見誤らせます。

21世紀型スキルを取り上げる価値―「確かな学力」では不足か

本書の特徴は，21世紀型スキルのような教育目標が，実際どのように教育・評価可能かを示した点にあります（このような実践への言及は先述の類書にはない特徴です）。Teaching を担う第３章を見ると，知識創造を21世紀型スキルとみなした場合の教育について，次のように書かれています。

> （「ソフト」スキルとよばれる21世紀型スキルは）イノベーティブな能力の中核にあり……近年のカリキュラムスタンダードにもみられるものの，スタンダードや評価で主に強調されているのは，言語や数の「ハード」スキルや，どれだけ事実を知っているかという「ハード」な知識です。「ソフト」スキルに注目することで，学校が説明責任を問われるような基礎的スキルや教科内容の知識習得の努力が軽視されてしまうのではないかという心配がなされるのです。学習科学の研究者間で一致した見解は，それら２つは矛盾するものではないというものです。それらが相互に依存する関係にあることは，図3.1が示している通りです。（pp. 100–102）
> （アイディアを継続的に創出する）知識構築プロセスへの参加を通して児童生徒のイノベーティブな能力を高め，他者にとって価値ある公共の知識を生み出し，知識の発展に対する集団責任をもつプロセスが根づきます。このようにしてアイディアの改善は，深い領域知識の学習へとつながりつつ，知識構築の中核にたどり着くのです。この時，21世紀型スキルはその実現に不可欠な鍵となります。（pp. 102–103）

基本的知識や基礎的スキルの習得と，21世紀型スキルの活用・獲得が一体的に行えることを示した本書の図3.1は，“How people learn”（Bransford et al., 1999）以来の学習科学の知見の集大成だといえます。そのハイライトが，小学校の低学年生や就学前児でも科学的な現象についての「理論構築」を行えることを示した第３章の例でしょう。理論構築を「仮説検証」や「条件制御」といったハードスキルに分割して積み上げるのでなく，有意味な目標に向けて知識習得とスキル活用を一体的に行うことが，子どもの潜在的な有能さを引き出すことにつながることが主張されています。

それでは，日本の生きる力を支える構成要素である「確かな学力」は，どのように表現されているのでしょうか？　学校教育法の改正第30条２項には「生涯にわたり学習する基盤が培われるよう，基礎的な知識及び技能を習得させるとともに，これらを活用して課題を解決するために必要な思考力，判断力，表現力その他の能力をはぐく（む)」と書かれており，思考力他の能力を基礎的な知識および技能の習得と「ともに」はぐくむことが目指されています。ただし，知識・技能には「習得」，能力には「活用」という語が当てられていますので，基礎的知識・技能を「まず」習得して初めて，それを活用する思考力他の育成が可能になるという「分離・段階モデル」を招きかねないおそれがあります。

学習指導要領を例に，この知識習得とスキル・能力活用の関係について考えてみましょう。下記は，小学校理科の第5学年「電流の働き」に関わる目標を抜粋(一部編集；下線筆者）したものです。一見，条件に目を向けて調べるなどの科学的な活動（一重下線部）がスキル育成に当たるように思えますが，その上位に，電流など科学的な事象についての自分なりの考えをもつことが目指されています(二重下線部)。その具体的内容が波線下線部だという訳です。

1　(学年の）目標

（1）物の溶け方，振り子の運動，電磁石の変化や働きをそれらにかかわる条件に目を向けながら調べ，見いだした問題を計画的に追究したりものづくりをしたりする活動を通して，物の変化の規則性についての見方や考え方を養う。

2　内容

A（3）電流の働き

電磁石の導線に電流を流し，電磁石の強さの変化を調べ，電流の働きについての考えをもつことができるようにする。

ア　電流の流れているコイルは，鉄心を磁化する働きがある

教えるとは，このような内容を次々子どもの頭に入れていくことだと思われがちですが，知識創造モデルでは，科学的活動を通して考え方を養った結果，それが理解できればよいことになります。小学校理科の学習指導要領解説（平成20年8月版，p. 11）にも「理科の学習は，児童のすでにもっている自然についての素朴な見方や考え方を，観察，実験などの問題解決の活動を通して，少しずつ科学的なものに変容させていく営みである」と書かれており，内容が順次カバーされるアイテムではなく，変容のターゲットであることが示されています。

もし子どもが自分の経験や知識に基づいて「鉄は磁石ではない」と思っていたとすると，その子どもにとっては，授業の出発点での素朴な考えを，実験したり仲間と話し合ったり教科書を読んだりしながら，科学的な考え（「鉄も磁石になる」）へとつくりかえていく過程が「学ぶ」ことになります。学びを，このようなダイ

ナミックなプロセスだととらえると，具体的内容は，考えをつくり変える「目安としての到達点」であり，その先にさらに考えを深めるための「通過点」になります。子どもが結果に驚き，「鉄以外の物も磁石になるのか」といった新しい疑問をもつ場面を想像すると，ゴールが通過点になり，次の学びへの出発点になるイメージがつかみやすくなるでしょう。

このように「確かな**学力**」をテストの得点をあげることではなく，自分の考えをつくりかえる学びに従事できる「**学ぶ力**」だととらえると，知識の習得と科学的スキルの活用を一体として行うプロセスこそが，各自にとっての知識を創造するという高次なスキル活用・育成の場となることが見えてきます。21世紀型スキルを教育目標に取り上げる価値は，学びを見直し，何のための内容かを考え直し，教育目標に優先順位をつけて構造化することに役立ちます。それは同時に，教育と評価のイメージも変えてくれます。つまり，子どもが授業の最初に比べて最後に「自分の考えが変わった，学んだ」と感じられるような教育を積み重ねることこそが21世紀型スキルの教育であり，その連綿と続くダイナミックなプロセスを記録し振り返り次に活用することが評価である，というものです。

これが，どの程度常識的に感じられるでしょうか？　特に，固定したゴールに全員が同じように到達することを目指すのでないとすると，学びのゴールをどう考えればよいのか，一人ひとりのゴールも次の出発点も違うとすると，その多様性にどう対処するのか，一様に教えておいた方がよいこともあるのではないか，というあたりが疑問になるかもしれません。

21世紀型スキルの教育と評価―「指導と評価の一体化」と同じことか

21世紀型スキルの教育と評価について，何を常識と感じ何に疑問を感じるかの底には，私たちの教育や評価のモデル，広くは学びのモデル（学習観）があります。そこをはっきり自覚して質を高めることが，明日の教育につながります。そこで，まず複数の学習モデルを検討し，第 3 章の創発的アプローチを実例も含めて吟味したうえで，日本で言われる「指導と評価の一体化」や「言語活動」とどう関係あるのかについて考えてみましょう。

フォークペダゴジー

ブルーナー（Bruner, 1996）を参考に，表5.1の 4 つのモデルを対比してみま

◎表5.1　４つのフォークペダゴジー（Bruner, 1996より改変）

モデル	子どもの見方	ペダゴジー（教え方）	能力と対処法
1	模倣する者	モデリングによるノウハウの獲得支援	・スキル，才能 ・さらなる見本と練習
2	無知な受容者	一斉教授による命題的知識の教示	・IQ などの心的能力 ・ゴールの明示とテスト
3	思考する者	発見や対話を通したモデル構築	・メタ認知能力 ・課題や活動の見直し
4	知識の運営者	文化との対話も含めた客観的知識の生産	・協調的メタ認知能力 ・広い時空間への定位

す。ブルーナーは，私たちが子どもをどういう存在だとみなし，知識をどういうものだと考えるかによって，学びをどう援助するかが左右されると考え，これを「フォークペダゴジー（教え方に関する直観的なモデル）」とよびました。

１つ目は，やり方を知らない子どもはそれを見せられることで学ぶと考え，行動で示すモデルです。重視される能力は，知識や理解よりもスキルや才能です。うまく教えられない時は，さらなる演示と練習で対処します。２つ目は，子どもは無知で，満たされることを待つ受動的な存在だと考え，教えるべき事実やルールを告げるものです。絶対的に正しい知識が世の中には存在し，子どもは無垢なので，教えれば次々と知識は積み上がっていくと考えます。うまくいかない子は，IQ など一般的な心的能力が低いとされ，ゴールを明示してできるまでテストされます。３つ目は，子どもは自分の考えをもち，それを発見や他者との対話を通してつくりかえながら世界に対するモデルを構築すると見る構成主義的な見方です。教育は，協調的な学習活動のデザインと支援が中心になります。子どもの能力は，仲間との意見の違いに気づいて，根拠に戻って議論しあいながら，自分の考えを見直せるメタ認知能力が重視されます。これは，子どもが本来もっている能力と見なされるため，教育がうまくいかない時には，授業者側の課題や活動デザインが見直されます。４つ目は，子どもが個人的な信念と文化によって承認された知識を区別できるセンスをもち，自分のつくったモデルも協調的な吟味に掛けて客観的なものへと洗練することができると見るものです。仲間どうしの対話に，先人の知的遺産である文化（教材）や専門家との対話が意図的に組み込まれます。知識が歴史（生まれた過程）の中に基盤をもつことを了解し，集合知を漸進させる能力を獲得することが目指されます。

ブルーナーは，これら４つの見方を融合して調和の取れた教育を実践すべきだと主張します。彼がユニークなのは，あれかこれかという二項対立ではなく，模倣や命題的知識が有効な文脈もあることを認める点でしょう。それを認めたうえで，やはり考えさせられてしまうのは，次の3点です。

- 私たちは，モデル1，2を他の文脈に広く使いすぎているのではないか。それが役立つ限られた文脈もあるが，その経験を頼りに誤用しすぎた結果，モデル3，4を示す子どもの姿を見る機会を失っているのではないか。
- モデル3，4のベースにある構成主義的な見方を取ると，子どもが自分の知識の枠組み（スキーマ）に基づいて自分なりに考えていること，したがって，一人ひとり違った考え方をしていることが見えてくるのではないか。
- しかし，教育の場が「同じ（みんなと同じ，正解と同じ）」を求める（と思われがちな）ので，その「違い」が見えない，あるいは見えても不安を覚えるのではないか。

モデル1，2と3，4の間に，概念変化とよぶべき大きなギャップがあるのでしょう。したがって21世紀型スキルも，モデル1のまま，スキルをトレーニングしたり，モデル2のまま，細分化し明示して覚えさせたりする教育が起きるかもしれません。21世紀型スキルを本当に教育したいのなら，モデル3や4，あるいはさらに違うモデルに従った教育実践をもっともっと行い，対話によって子どもが学ぶ実態を示し，メカニズムを解明する研究が必要です。それによって，一人ひとりの子どもを考える主体と認めること，そして，考えの違いを通して各自が考えの抽象度を上げ適用範囲を広げることの2つを認める必要があるでしょう。

対話を通して抽象度を上げた考えが，科学的に正しい，あるいは社会文化歴史的に承認された考えと一致するのかどうか，どのようなメカニズムで一致するのかは，まだはっきりとはわかっていません。ブルーナーは，そこで各自に，より一般的な原理や共有可能な信念を判断できるセンスを仮定したのでしょう。筆者は，そのようなセンスや外在的な規準によってではなく，人が自分の正しいと思う考えを，違う視点にふれて見直す内省を通してしか抽象度は上がらず，したがって，必ずしも正しいとされる考えに同じように到達するわけではないと考えています（皆がまったく同じセンスや規準を共有しているなら，文化の進展も止まってしまうでしょう）。これは第6章で説明される建設的相互作用という考え方ですが，いずれにせよ，この「違い」と「正しさ」の問題は，今後教育実践の場で検証されるべき大きな研究課題になりそうです。

さらに，子どもを考える主体と認めるかどうかのモデルは，私たち大人が自分自身をどう見るかにもつながります。自分を考える主体と見なさなければ，21世紀型スキルなどの教育目標も専門家が決めたものを教示されて従うだけになります。しかし，自分も考える主体なのだとすれば，専門家の意見もあくまで一案として，自分の考えの幅を広げたり，取り入れて試したりするリソースに使えるでしょう。専門家の側も，自分と同じように相手も考えをもつと見れば，現場教員の意見を聞くことや，教育改革の計画や実施過程に全面的に参加してもらうことを求めるでしょう。

前向きアプローチと後戻りアプローチ

このような能動的主体と受動的客体の対比は，これまでも散々言われてきたことかもしれません（その良書として稲垣・波多野，1989)。それでも再度もち出したのは，本書にもその相反する2つのトレンドが含まれているように感じたからです。それを最も的確に表したのが，第3章の創発的アプローチと後戻りアプローチでしょう（Scardamalia and Bereiter, 2013で前者をわかりやすく「前向き（Forward）アプローチ」とよんでいましたので，以降こちらを使います)。第6章で詳述されるように，これは教育のゴールの決め方のアプローチですが，それだけでなく，誰がゴールを決めるのかも絡んでいます。つまり，後戻りアプローチが「他人が固定したゴール」から逆算する方法なのに対し，前向きアプローチは「自分がゴールを変えていく」方法だといえます（「自分」には，教員だけでなく，子どもも含め，現場の主体すべてが含まれます)。

本書が，第1章から「21世紀型スキルを評価することで教育を変えることを狙う」と繰り返し主張する時，その内実が「21世紀型スキルを**著者ら専門家が定義し問題をつくって**評価することで教育を変える」のか，それとも「**現場が**21世紀型スキルを**定義し**評価する**過程を専門家が支援する**ことで教育を変える」のかに注意する必要があります。第2章で紹介される「短期間で，とにかくICTを使って，コンテンツ抜きの高次スキルを，シミュレーションや主観評価でテストしようとする試み」は，容易に前者に陥る危うさを感じさせます。一方，第4章で紹介される「長期間かけて，子どもたちの在籍校で，仲間と一緒に，教科等の内容に根差した『豊かで面白い課題』を解く評価例」は，後者の教育と評価の一体化を目指した例に見えます。本書がもし「テストが目的化する危険性」(p. 27；p. 82）を防ぎたかったのであれば，評価の具体例の提供とともに，それをどう位置づけるのか，どのような教育と評価のあり方を望ましいと考えているかのメッセージが全章で一貫しているとよかったと思いました。そこで，前向きアプローチの一例としてスカーダマリアたちの実践，そして，後戻りアプローチを誘発しかねない例としてPISA2015の協調問題解決テストを紹介し比較検討しながら考えを深めていきましょう。

「前向き」授業例

第 3 章の実践例の一部は，スカーダマリアらの所属するトロント大学がもつ実験校 Dr. Eric Jackman Institute of Child Study Laboratory School で得られたものです。幼稚園から小学校まで一学年22名の小規模校で，visible minority（黒人やイヌイットなど）を優先的に入学させる関係で，毎年 3 割ほど学習支援が必要な児童がいます。それでも小学 6 年生時点では州の統一テスト（CTBS）で学校平均が90点以上となるなど，基礎学力を保証しながら，知識創造が可能になる活動に挑ませています。

例えば，小学 1 年生が「秋になると葉っぱが赤くなるのはなぜだろう」と呟いたのを先生が拾い上げ，探究へと展開した授業があります（Scardamalia and Bereiter, 2013）。子どもたちは，思いついた答えや調べたこと，話し合ってわかったことを電子掲示板システム「ナレッジフォーラム」に書き込んでいきます。その際，書き込みの支援として「私の考えでは」「もっと知りたいことは」「わかってきたことは」など，自分の書きたいことに合った「書き出し」を選んで文頭につけます（図5. 1a）。投稿がある程度たまったところで各書き出しの使用頻度をグラフで見せると，小学 1 年生でも「僕らは自分の考えばかり書き込んでいるから，もっと証拠を探さないと」などと内省します（図5. 1b）。図5. 1a の児童のノートは「もともと葉が緑なのは，葉緑素が根っこから葉っぱに行っているから」という誤った内容なのですが，図5. 1b のグラフ背後の画面に見るように，こういっ

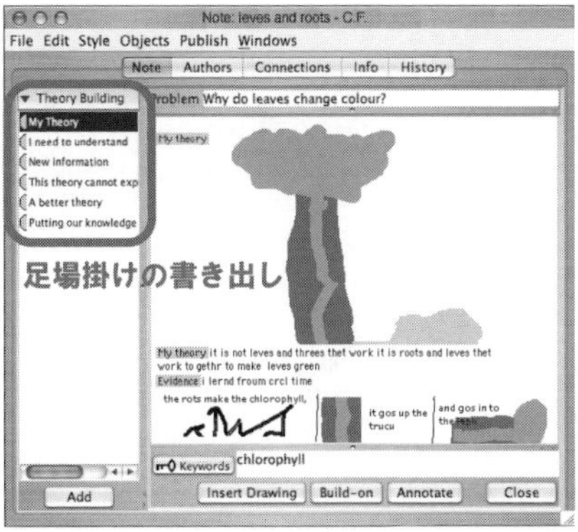

○図5. 1a　ナレッジフォーラムの書き出し支援

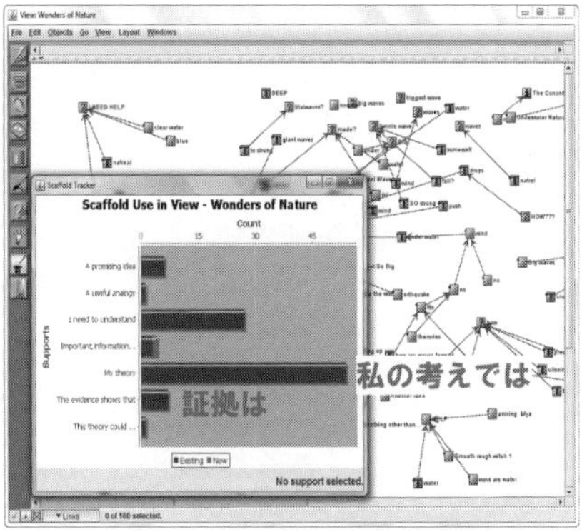

○図5. 1b　書き出しの使用結果の評価

たノートをたくさん互いにつなげて積み重ねて(build-on),鳥瞰する(rise-above)ことで,よりもっともらしい理由をつくっていきます。そこにさりげなく教師が州の学習指導要領の内容をノートとして投入すると,児童は「『植物をサイクルで考えなくてはいけない』なんて,いいこと書いてある!」と,さらに自分たちの考えの幅を広げていくそうです。そのほか,専門家が議論に使う用語と自分たちの用語を比較してクラウド表示するツールや,語彙と作文量の伸びを見比べられるツールもあります(pp. 131–137参照)。

テクノロジも駆使して,考えながら話し合い書き合う学習の積み重ねで,読解力や語彙力などのハードスキルが身に付くだけでなく,協調的な問題解決スキルや探究スキルなどの21世紀型スキルが存分に発揮されます。そこから,「理論の仕事は因果的な説明をすることだ」と了解し,その説明力を上げる実験をデザインするなど,協調的な知識創造が実践できるようになります。こうした学びが「真空」の中でなく,皆で共有した問いにしっかり答えを出そうとする文脈の中で行われることで,科学的な概念変化が起き,成功例では,学年以上の内容を学ぶ力が付いたり,教師の期待を超える疑問が生まれたりして,学習者主体の学びがさらに駆動される基盤が作られます。

評価は,まさに「前向き」な評価—学習しながら同時に行う(concurrent),状況に埋め込まれた(embedded),変容的な(transformative)評価—の好例です(p. 131)。具体的には,探究授業における学習支援システムの中で(embedded),書き出しを作文の足場掛けに使いながら(concurrent),結果を見て証拠を強化する方に学習活動の舵を切る(transformative)ものになっています。授業で用いられた専門家の用語や指導要領の内容も,そこに誘導するものというより,子どもたちのすでにもつ考えとなるべく違うものを見せて,その幅を広げるために使われています。前向き授業を行うクラスでは,発表の場も,調べたことの報告会ではなく,自分たちの知識の進展を確認する機会として機能し,学習の終わりでなく,次の探究の始まりになります(スカーダマリアら,2010)。このように評価は,できる子を選んだりみんなに順位を付けたりするためではなく,全員が集団として知識構築活動を行えているのかのモニタリングと,その過程に対する一人ひとりの,その子らしい参加・貢献の仕方ができているかを明らかにするために使われます。

あくまで実践のスケッチでしかありませんが,ここまで読んでどう感じられたでしょうか? テクノロジを除いて,日本の伝統的な練り上げ授業や成功している総合的な学習の時間と変わらない感じでしょうか? 実際,上記をスカーダマリアらが語ったシンポジウムでは,1人の教員が「日本では明治時代からやっていた授業な気がする」とコメントしていました。それに対して，ベライターは「最初の疑問を子どもたちが出すクラスはたくさんある。しかし，そのアイディアを先生ではなく，子どもたち自身が最後まで責任をもって改善していくクラスがなかなかないんだ」と語り，スカーダマリアは「先生たちが『私の授業は来年もっとよくなります，子どもたちのパフォーマンスももっとよくなりますよ』といってくれる時，知識創造環境の中で働いているなと感じる。そこには天井の感覚がないの」と答えました。子どもも教師も成長し続け，新しいゴールを見つけ続ける姿が，21世紀型スキル教育の目指す１つだと感じます。

「後戻り」評価例

PISA2015に，ATC21Sプロジェクトのメンバーも作成に関わった「協調問題解決（Collaborative Problem Solving；以下CPS）」のテストが加わります。PISA2018まで実施予定で，すでにOECDからDraft Collaborative Problem Solving Frameworkが2013年３月に発表されています。問題の枠組みと具体例を見てみましょう。そこでは，協調問題解決能力が次のように定義されます。

> 協調問題解決能力とは，２人以上のエージェント（行為者）が解に迫るために必要な理解と努力を共有し，解にいたるために必要な知識とスキル，労力を出し合うことによって問題を解決しようと試みるプロセスに，効果的に従事できる個人の能力のことである。（OECD, 2013, p. 6）

こう定義したうえで，能力をさらに「共通理解を構築・維持する」「問題解決に対して適切な行動をとる」「チーム組織を構築・維持する」という３つの下位能力に分解し，すでにPISA2012から実施されている「問題解決」の４つの下位プロセス，すなわち，「問題の探索と理解」「問題の表象や定式化」「プランと実行」「モニターと振り返り」と掛け合わせて，12の具体的スキルへと落とし込みました。コンピュータ・エージェント相手に15～30分程度で解ける問題に取り組み，その過程での行動から，スキルの習熟度を判定して得点化します。

例えば，サンプルとして示されている「学校の玄関を明るくするために新しく置いた水槽の水質を設定して，魚にとってベストにする」という水槽問題では，自分と違う変数をもつアビーというエージェントと協力して全５回のチャンスで水質を変えていきます。図5.2の上部の通り，自分は水の種類，背景，照明の変数を変更でき，アビーはエサ，魚の数，水温を変更できます。変えた結果は，下部のバーに表示されます。タイピングによって差が出ないよう，左側のチャット

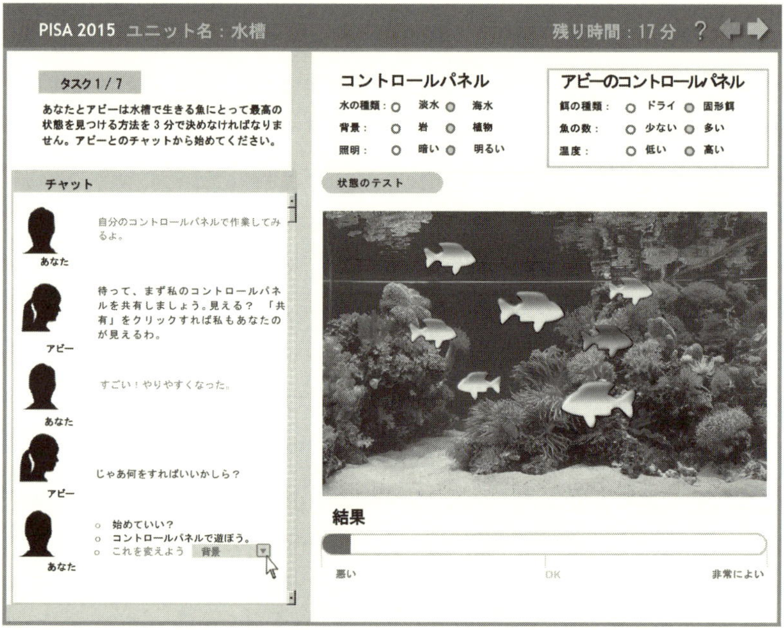

○図5.2　PISA2015のCPSサンプル問題：水槽問題

画面は自動的に進むようになっていて，所々ラジオボタンで自分の発言を選択します。図は課題状況を共有できたので，最初の変数設定をすべき場面です。「背景を変えてみよう」と「プラン」を提案し，実行前に相手の同意を得て「共通理解」を構築できれば，得点が得られます。変数設定に進まなかったり，同意を得なかったりすると得点を失います。こうやってエージェントとやりとりしながら解決を進め，途中にアビーが結果の解釈を誤ったような場合は，それを訂正します。終わったら，自分の協調の仕方を振り返ります。

これによって，領域知識を問わない，協調問題解決に関する認知・社会的スキルを測定しようとしたわけです。もう1つのサンプルであるロゴ問題は，その狙いがより明確に出ています。「運動会の表彰用のロゴ」を作成する問題で，自分以外の2人のエージェントがつくるロゴへのクラスの評価を見ながら，会話で2人の作成過程をコントロールして，その質を上げていきます。自分はロゴのデザインすらしないわけです。

ご覧になって「これで協調的な問題解決力がばっちり測れそうだ」と思われるでしょうか？　21世紀型スキル教育の狙いや前向き授業の例も含めた協調的な学

びの実態からすると，次の点に注意をした方がよいように筆者は思います。

・「違いから学ぶ」など協調問題解決の多様なあり方や効果をカバーしたものではなく，調整や監督能力に特化している。さらにそれをスキルに分解して一つひとつの行動を得点化しているため，後戻りアプローチを誘発しかねない。
・評価のベースに「協調場面で人は互いの違いを解消して共通理解を得ようとすることで学ぶ」という収束モデルがある。しかし，収束しようとしているように見えても，詳しく調べると，一人ひとりの理解の過程や成果は違い，それが理解深化につながっていることが多い（Shirouzu, 2013）。立脚するモデルの幅を広げる必要がある。
・「一般的な」問題解決能力を調べるために，領域知識を問わない結果，問題がまるでコンピュータ・ゲームのように人工的なものになっている（水槽問題では，一般的にどのような条件が魚によいのかを生徒が考えたりそれを評価したりできない）。そのため，条件制御や人間関係の調整など下位スキルだけをトレーニングした場合でも得点できる問題になっている。

パトリック・グリフィンらがCPSを紹介した学会のワークショップ（Looi and Dillenbourg, 2013）に同席しましたが，学習科学研究者の反応は，厳しい制限の中で実行・測定可能な課題を作成した成果は認めながら，その制限（正答を決めるなど）ゆえに，CPSが本来もつ多様性が犠牲にされてしまう点などを懸念するものでした。コメンターのペレグリーノ（第2章の図2.1「評価の三角形」の提唱者）は，「今回の課題は協調問題解決という認知過程を調べるための1つの窓でしかない。1つでしかないことをみんなが了解して，これからも『この課題は何を調べることになるのか』を考えながら，たくさんの窓を開ける方法を考えていくしかないだろう」とまとめていました。

たった1つの標準テストに私たちの教育目標を合わせ，本来伸ばせるはずの協調的な問題解決能力を伸ばせなくなるのは本末転倒です。それよりも，どのような能力を引き出したいのかを見定め，教育方法を最大限工夫し，その質を高めるような評価方法を探していきたいところです。そのような主体性を私たちがもっていれば，標準テストも，1つの目安に使えるでしょう。

日本における「指導と評価の一体化」は，「学習過程における評価を用いて，後の指導を改善し，その成果を再度評価するサイクルを回す」「それを子どもにも共有し振り返りの機会にする」「そのために評価の基準を明確化する」などを狙っていて，前向きアプローチにもフィットするものになっています。問題は，現場が学習のゴールをどうとらえ（固定か可変かなど），学習者のゴールへの迫り方の多様性を認めているかによって内実が左右される点です。「言語活動」も，それ自体学びの支援であり，同時に話し合いを聞く評価にもなる格好の手段ですが，「正しい話し方」を訓練するなどの誤った使われ方もしかねません。ラーニングプログレッションズや発達段階も，使い方をよく考えるべき概念です。

明日から私たちにできること

以上のように，21世紀型スキルの教育と評価を日本の現状に照らしてみると，制度的に強力な障壁となるものは少なく，むしろどのような形ででも利用できる枠組みがある状態だといえます。それを有効に利用するためには，どうしたらよいのでしょうか？　ここまでをふまえ，簡単に提言をまとめておきます。

- **学びのモデルの幅を広げる**：学習観の幅を広げる必要があります。稲垣・波多野（1989）が受動的で有能でない学習者から能動的で有能な学習者への学習観の転換を「コペルニクス的転換」とよんだように，私たちはラディカルなシフトを急ぎすぎたのかもしれません。全面的に入れ替えるのではなく，後者のモデルを自分のものにして子どもの見方を少し変えてみるところから，モデルの使用頻度を増やしたり使い分けたり発展させたりすることが可能になるかもしれません。
- **一人ひとりが考える主体だと認める**：そのための鍵は，学習者も教員も教育行政関係者も，一人ひとりが考えをもっているかもしれないと認め，まずはそれを聞いてみようとする癖を身につけることでしょう。
- **主体どうしをネットワークでつなぐ**：学習者も教員，教育関係者も全員が，自分の考えをよくできるかもしれないという信念で，互いにコメントし合えるネットワークを同期・非同期で形成する必要があります。それが教育という難しい問題を共有する協調問題解決ネットワークになります。
- **豊富な実践例を共有する**：授業を変えたいと思ったときに，さっと手の届くところに「具体的な学習活動まで制約する授業の型」があるとよいです。良質な授業実践や学校内外の教育実践，教員の研修やワークショップなど，多様な形態の協調学習の型と実践例を豊富に共有し，「考えをつくりかえ知識を創る姿」を目撃できる確率を高め，各自にとってのヒントをつかむ機会にする必要があります。

- **一体化した改革を狙う**：大人も子どもも全員が学び続けるビジョンを鍵として，ペダゴジーや教育，評価，教師教育などの諸要素を一体化させた改革を試みる必要があります。一体化は必ずしも国，地方規模で行う必要はなく，小さなネットワークで集中的に行った方がよい場合もあります。つまり，教室の「外からの改革」ではなく，「内からの改革」をどう起こせるか考えましょう。第 3 章の例のように，自分たちなりの目標を定義し，あるべき教育モデルを構想し，実践評価するなど，諸要素を切断せず，一体として行うことが理想です。
- **断片化とたたかう**：知識とスキルを切り離した教育や，教育と評価の切り離しなど，断片化しようとする圧力や欲求とたたかうことが必要です。学びのための豊富な文脈をつくるためにリソースをどれだけ動員できるかを考えましょう。
- **問いと目的をはっきりさせる**：リソースの動員は際限がなくなるため，今その場で解きたい問いや達成した目的は何かを明確にし，そこに教材や支援の方法，ICT，評価などの必要なリソースを集めるべきです。
- **学習者の姿として仮説を明確にする**：授業の最後に子どもが何をいえるようになってほしいのかなど，学習者の立場で達成目標を明確にします。前向きアプローチはけっして目標を立てることを否定するものではありません。むしろ，目標を明確に立てるほど，それを超えた子どもの学びや多様な到達点に気づきやすくなります（p. 94）。この目標の具体化を教師―子どもの間だけでなく，大人どうしの何らかの教育場面でも徹底します。
- **責めるためでなく，伸ばすために評価する**：前向きアプローチへの転換は，子どもの欠損でなく，潜在的可能性に目を付けることも促します。構成主義的な見方を取れば，子どもは本来，言われたことを言われた通りに覚えることが苦手なことがわかります。苦手なことをどれだけ無理してできるかで評価するのではなく，自分の考えを出して改変できるかで評価しましょう。
- **教育と評価の距離を近づける**：支援の記録をそのまま評価に使うなど，どれだけ両者の距離を近づけられるかを工夫しましょう。評価を見越した支援を行うといってもよいかもしれません。例えば，第 4 章のようなパフォーマンス評価に ICT を活用してデジタルポートフォリオをつくる試みが増えるとよいというのは，第 2 章で指摘されるとおりでしょう。第 6 章にも，この 1 つの具体的提案があります。

・**選別よりまずは支援のための評価を考える**：社会のあらゆる局面で希望者数と定員間のミスマッチは起きるため，選別はどうしても必要になります。しかし，そのことをもって選別や序列化を優先的に考え，公平性を重視することに頭を使う癖をやめましょう。その前に，対象者が個人的・集合的にどれだけ充実した教育を受けられるかのために評価を使うことを考えましょう。その学習活動の中で，参加の仕方や度合いが個人ごとにわかれてきますので，その時間のかけ方や興味関心が，先に進む道とマッチすることを優先する仕組みを工夫しましょう。

第6章

新たな学びと評価を現場から創り出す

三宅なほみ・益川弘如

21世紀型とよばれるスキルがすべての人にとって必要な「これからの世界を，みんなでつくり上げていくためのスキル」なら，前章でも主張されているように，地球上のどこであってもそこで生活するすべての子どもがそれらのスキルを身につけられるよう支援すべきでしょう。本章では，日本で育成したい21世紀型スキルについて，

・どんなことを達成目標（学びのゴール）にして

・どんな学習環境をつくってどんな活動を組んだら育てられそうか

をまず解説して，実際始めてみたら

・具体的にはどんな学びが起きるものか（子どもたちはどう動くか）

・そこで起きる学びをどう評価するか

を紹介し，

・ここで紹介するような新しい学びの形を広げていくにはどうしたらいいか

を検討してみます。

21世紀型スキルはどこが「新しい」のか

本書で取り上げられた10のスキル一つひとつは，それほど目新しいものではありません。それに対して「これらを包括する」２つの大きなスキル領域「協調的問題解決」と「デジタルネットワークを使った学習」は，技術的にも学習形態としても，また学びのゴールとしても，際立った新しさがあります。最も顕著に違うのは，これまでむしろエリートの到達目標としてあげられていたスキルが，これからは地球上の「**すべての教室**」で，生きて働く「**すべての人**」にとって獲得可能でなくてはならないスキルとして宣言されているところでしょう。一部の人

がICTを駆使して協調的に難問にチャレンジできればいい時代ではありません。一人ひとりが，みずから学び，みずから判断して，他者とは違う自分なりの考えをもってそれを表現し，他者の考えと交換して，それらを再評価して統合する必要があります。その上で，既存のどれとも違う解決に結びつく「自分の考え」を貢献しなければならないのです。同じような意味で，「協調的な学び」では，学びのゴールも，一人ひとりにとっての解も，「1つ」ではありません。協調的な学習がめざしているのは，こういう多様で，変化し続ける問題解決を可能にするスキルであり，多様で変化し続ける状況の中でいつでも新しい考えを試みることができるために，私たち一人ひとりが一生，育て続けていくスキルなのだと考えられます。

新しいゴール

学習過程をこれだけ多岐かつ長期にわたる文脈でとらえ直すとなると，学びの目標についてもこれまでとは相当違った見方が必要になってきます。学校の教室で「学んだこと」は，その後の日常生活で問題に直面した時や，仕事で新しいアイディアを開発しようとしている時，あるいは教員であれば将来別の学校の別の教室で「よりよい」教え方を工夫する時などにも「役立って」ほしいと思います。そのように考えると，学習の目標は，次の3つの性質をもつべきだといえるでしょう（Miyake and Pea, 2007）。

- **可搬性**（portability）：学習成果が，将来必要になる場所と時間まで「もっていける」こと
- **活用可能性**（dependability）：学習成果が，必要になった時にきちんと「使える」こと
- **持続可能性**（sustainability）：学習成果が，修正可能であることを含めて「発展的に持続する」こと

学校の授業を単位に考えれば「可搬性」は，ある授業でできるようになったことをその授業の中だけで「おしまい」にしないで，他の授業を受ける時に関連知識として役に立てたり，社会に出て仕事をする時に活用できたりすることを意味します。簡単に言えば長期保存です。ただ，単にとっておけばいいというよりは，

自分の経験に裏打ちされていたり，後から新しく学んだこととのつながりがつけられるほうがいいようです。

次の学習成果が必要な場面で役に立つかどうかを問う「活用可能性」は，学習内容そのものの特質よりも，児童生徒自身が学んだことを学習場面とは別の状況で「使える」と判断するかどうかにかかっています。活用可能性には，テスト場面で使えるという狭い意味での「活用可能性」から，職場や日常生活の場で新しい問題に対処するような広い意味での「活用可能性」まで幅があります。「そのまま使えて教室でやったのと同じ類いの答えが出せるかどうか」ではなく，「これ使ったらできるんじゃないか」と別の場面で引っ張り出してきて果敢に使ってみる，というような積極的な取り組みができるかどうか，です。人が本来もっている生きる力を支える「メタ認知」と深い関係にあるでしょう。こういうメタ認知は人はかなり幼い頃から使えるものです。いずれにせよ学校で習ったことがうまく育って，生きていくのに必要な十分広い範囲で十分使いこなせるようになった時，そのような知識の使い方を，第3章でも紹介されている「適応的熟達化」(Hatano and Inagaki, 1986）とよぶのでしょう。

3つ目の「持続可能性」は，学んだ成果を発展的に少しずつ変化，あるいは変質させ続けられることをめざしています。何かがわかってくるとその先に次にわからないことが出てくる，よく経験するあれです。獲得した知識は，たいていの場合，いつまでも同じ形で役に立つものではありません。新しい理論や技術開発が創造され続ければ，その都度古くなった知識は新しく更新しなければなりません。更新されて新しい場面で使われて深化すると，そこから発展的な次の問いが生まれやすくなります。仕事の対象領域が広がれば，それに合わせて知識を深めたり広げたり，もっと複雑なものにする必要が出てきて，自然にそうなってしまうものです。こういう更新や拡張ができることも「学び方の学習」の1つでしょう。持続可能性は，そういう意味で学習目標の1つです。

学校での学びにこういう新しいゴール設定の仕方があり得るという話を初めて聞いたという人には，大変な目標が並んでいるように見えるかもしれませんが，ちょっと立ち止まって考えてみれば，どれも私たちが生きていくうえでふだんやっていることですし，うまくやれればそれにこしたことはないといった程度のものです。ただ，私たちはこのどれも，たった1人で成し遂げているわけではありません。まわりに，一緒にこういった学びを共有する仲間がいて，先人がそのためにこしらえ上げた社会があるからこそ，私たち一人ひとりの知識や理解，スキルなど，もって生まれた様々な潜在的な能力が，日々まわりの人たちとの経験の中で，育ち上がっていくと考えられます。だからこそ，学校の教室の中という特殊な場であっても，仲間と一緒に知恵をつくり出していくような協調的な学びの場を積極的につくり出し活用していくことに意味があり，これらの目標を達成する１つの有効な手立てとして今世界中でその実践的な取り組みが私たち学習科学研究者の研究対象になっています。

21世紀型スキルを育成する学習環境

第３章では，21世紀に必要なスキルを育てるには「知識を新たに自分でつくり上げていくことが推奨される環境（知識構築環境，あるいは知識構成環境）」が必要だと説明しています。そこでは，チームが解くべき問題を共有し，メンバーがそれぞれ自分がわかっていることを解くべき問題に合わせて整理し直して自分なりの解を試しにつくってみながら，共通した問題解決のために貢献します。メンバーは，それぞれの強みを活かしつつ，お互いにとって建設的な相互作用を成り立たせるやり方も，同時に経験していきます。

認知科学や学習科学の研究では，人が複数で話し合うことがなぜ学びを引き起こすのか，その仕組みを現場に活かすための原則も少しずつ明らかになってきています。世界的にもその有効性が認められてきた仮説実験授業（板倉，1971；Saito and Miyake, 2011）など，日本にはこの分野で先進的な実践研究も多く試みられてきました。東京大学の大学発教育支援コンソーシアム推進機構（CoREF：Consortium for Renovating Education of the Future）では，小中学校の授業改善を目的とした市町教育委員会との連携「新しい学びプロジェクト」（平成24年度は９県16団体が参加），埼玉県他２県の教育委員会と高等学校の授業改善を目的とした研修プログラムの実施（埼玉県では「未来を拓く『学び』推進事業」，初任者研修「授業力向上」講座，「21世紀型スキル育成研修会」；鳥取県では「学習理論研修」）など，行政機関と一緒に新しい学びを引き起こす研修プログラムづくりに参加しています（大学発教育支援コンソーシアム推進機構，2011, 2012, 2013，詳細は http://coref.u-tokyo.ac.jp/）。また，世界でこういった動きを牽引してきた海外の動きを日本に取り入れた数少ない拠点として，静岡大学と神戸大学の研究チームでは10年以上前から第３章で紹介されたナレッジフォーラム（Knowledge Forum）を用いた知識構築環境における授業実践研究を神戸大学附属住吉小学校で行ってきました（大島，2004；村山，2010）。現在は，静岡大学に学習科学研究教育センター（RECLS：Research and Education Center for the Learning Sciences）が開設され，教職大学院カリキュラムの開発と実践（益川ら，2009）や県内外の教育委員会や学校との連携等，研究成果を拡げる取り組みを行っています（詳細は http : //recls.ed.shizuoka.ac.jp/）。私たちの研究チームが他の取り組みと大きく異なる点があるとすればそれは，現場の先生方と一緒に授業を本書全体のテーマに沿う形で「創発的（前向き）に」つくり上げようとしていることでしょう。人が本来もっている新しい社会をつくり上げながら自分の知恵とスキルの適用範囲を広げていくコンピテンシーを，もう一度「可搬性，活用可能性，持続可能性をもつもの」として学校教育の場で新たに育て直していく環境をつくるために，私たちは，授業をこれまでのように「学習目標から後戻りする方法」としてではなく，「様々な学習研究成果を取り入れつつ常に少しずつ各種コンピテンシーの新しい側面を育て続けていく教室」を実現しようとしています。

建設的相互作用と知識構成型ジグソー法

CoREF では，協調的な学びを教室に取り入れる 1 つの型として「知識構成型ジグソー法」を開発してきました。「知識構成型ジグソー法」の原形は，第一筆者が大学の教員で第二筆者がその受講生だった時代から，授業をデザイン，運営するものと直接体験したり運営を支援したりしながら評価するものとのコラボの成果として少しずつ形を変えてきたものです。この型を支える中心的な原理が，2 人で一緒に問題を解く過程を詳細に分析して得られた「建設的相互作用」（三宅，1985）という考え方です。「建設的相互作用」は，複数の人が関係する相互作用の中でも，その場に参加した人が参加する前と後とで考え方を「建設的」とよべる方向で変化させたと認められるものをさします（Miyake, 1986）。ここで「建設的」とはどういうことかというと，自分の考えていることが先にあげた可搬性，活用可能性，持続可能性をもつ考えに変わっていくこと，としておきましょう（三宅，2011）。ある問いに対して，それぞれこれまで経験や知識に基づいて，少しずつ異なる視点から独自の「解」を構築する一方，他人の視点も活用して，それまで自分が「解」だと思っていたものを少しずつつくり替え，知識の適用範囲をみずから広げて，より質の高い「解」に到達する姿が明らかになっています。こうやってみずから自分なりに「わかった！」と納得できる「解」をつくると，そこから自分にとっての「次への問い」が生まれ，さらに学びが広がっていきます。

建設的相互作用で起きることを具体的に説明すると，自分でこうだろうと思っていることを他人に説明しようとすると，すぐにはわかってもらえないので自分で自分の考えを見直し，つくり直すことになります。他人の説明を聞いている時には，他人がなぜそのような考えをするのかに思いをめぐらしつつ，同時にその考えと自分の考えを対比させ，両者を統合して俯瞰するような視点をもとうとします。複数の人で同じ問題を解こうとすると，この2つが交互に起きて，その結果，一人ひとりが，自分の考えをより抽象度の高い視点からつくり直すことになります（「みんなが同じ答えに達する」わけではありません）。

「知識構成型ジグソー法」は，この建設的相互作用を教室で，短時間に，教科書にある課題を使って実現するための「型」です。授業ではまず，その授業で答えを出したい問いを立て，その問いに答えを出すために必要な「部品」を複数，わかれて担当してその内容を理解します。そのうえで，部品を担当したものが1人ずつ集まってその内容を統合して問いに対する答えをつくり出します。答えが出てきたら，それを公表し合って互いに検討し，一人ひとり自分にとって納得のいく「解」を構築していきます。この部品を担当してその内容を確認するグループ活動をエキスパート活動，部品を統合して問いに対して自分の考えをつくり出す活動をジグソー活動，ジグソー活動の結果を公表し合って検討し，一人ひとりが自分なりに納得できる表現を導き出す活動をクロストーク活動とよびます（図6.1）。

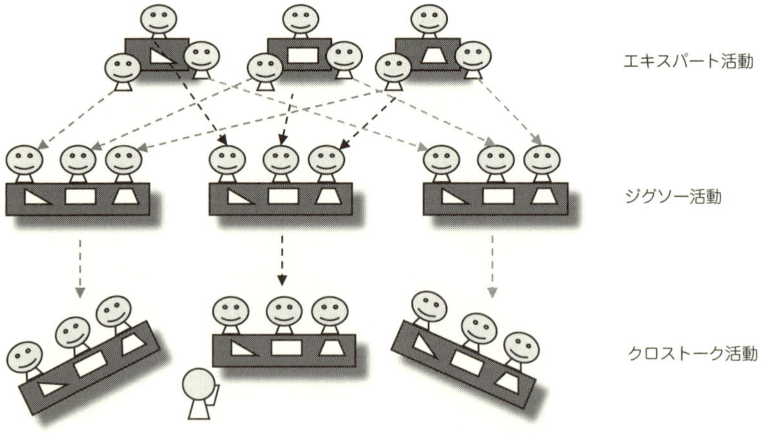

○図6.1　知識構成型ジグソー法の授業の流れ

このような学習活動を児童生徒の視点から21世紀型スキルと対応づけてみると，エキスパート活動では，担当資料からわかることを確認し直して「私には伝えたいことがある」状態を準備します。これは各自が自分の知っていること，わかっていることをベースに資料の内容をわかっていく活動ですので，そこから問いに対する自分の考えをつくって表現しようとしたりする対話が活発に起きる条件はまだ整っていません。次のジグソー活動では，１人ずつ違う資料を担当した人たちが集まっていますから，それぞれが「私には伝えたいことがある」状態が実現されます。ですから，通常の場合，グループを組み替えてこの形になった後，クラスの中での対話が活発になり，声のボリュームも上がります。ここで互いに自分が考える問いへの答えを伝え合って，考えながら対話していると，一人ひとり自分なりに答えが見えてきます。この活動を通して，「異なる意見を統合すれば新しい答えが見つかる」という創造性・イノベーション活動の楽しさが経験できます。それをどう発表しようか相談し合い，他のグループの表現も聞けるクロストーク活動を通して授業が終わった時，「私の考えは他者と話し合ってよくなる」という気づきが生まれれば，コラボレーションの価値や，どういう時こうやって他人と一緒に考えるとよさそうかを体験的に学ぶことができます。

後から具体例を紹介しますが，こういった形態で実際一人ひとりがどの程度学べるかをその場で評価するために，私たちが連携して実践する授業では，その前後に問いについての各自の答えを書いてもらうことを推奨しています。同じ問いに授業の最初と最後で２度何らかの表現を求めることで，児童生徒一人ひとりの答えを前後で比較してどれほどの内容が学ばれたのかが推測できます。児童生徒も自発的に，一人ひとり，授業中考えてきたことが本当に本人にとって納得のいく表現になっているかも見て取れます。また，わかってきたからこそ次に知りたいことは何かも書いてもらって確認しておくと，その場での持続可能性の評価も可能になります。これらの表現は，次の学びに向けた検討をするための「学習しながら同時に行う状況に埋め込まれた変容的評価」として活用できます。

こうした授業が展開されるようになって，児童生徒がこれまで以上に学びの主体として活躍する姿がみられるようになりました。子どもたちからは「ゆっくり課題に取り組める」「友だちの考えが自分と違うから楽しかった」「大事なことがすっと頭に入ってくる」「次々と知りたいことが出てくる」，教師からは「一人ひとりが分担した部品を『伝えたい』と思う状況を経験し，伝え方を工夫することによってコミュニケーションスキルの基盤をつくることができる」「『話し合って学ぶと自分の考えがよくなる』体験を通して，協調的な問題解決が好きになり，そういった問題解決を体現できる」などの報告を受けています。

授業実践事例

以下，２つの具体例を紹介します。本章で紹介した２つの事例は，CoREF と地方教育委員会の連携による，「新しい学び」に向けた授業づくりプロジェクトに参加する先生方によって，平成24年度に実践された授業実践事例です。詳細については，CoREF の平成24年度活動報告書に記されています。報告書は CoREF のサイト（coref.u-tokyo.ac.jp）からダウンロードできます。

中学校理科の取り組み

はじめに，大分県竹田市立久住中学校（当時），堀公彦教諭の中学校３年生理科「塩酸の電気分解」の授業を紹介します。科学的概念発達の研究では，知識伝達型の授業を粘り強く行っても光や力，原子などの目に見えないイメージを定着させることは困難だといわれています（Vosniadou, 2013）。そのような概念理解を，21世紀型スキルを自然に使いこなしながら，生徒一人ひとりが「前向き」かつ自分なりにつくり上げていくことを狙いました。

授業では，「塩酸を電気分解すると何が起きるか図で説明する」ことが課題でした。エキスパート活動では「陽イオンの成り立ち」「陰イオンの成り立ち」「原子のつくり」の３部品を分担して担当し，ジグソー活動ではそれら部品を組み合わせて，言葉と図を結びつけながら具体的にイオンや電子の流れをイメージできるようになることが目標でした（表6.1）。

ジグソー活動による対話過程で，ほとんどの班が電子の移動がポイントであることに気づき，答えを各班なりに図としてまとめていました（図6.2）。各班で多様な表現がみられましたが，全グループが陰極陽極での物質の発生と電子の授受について正しく図式化していたところから，塩酸の電気分解におけるイオンや電

◯表6.1 「塩酸の電気分解」の授業デザイン

ジグソー課題	塩酸に電流が流れる時，何が起きているだろう？
エキスパート活動の部品	・陽イオンの成り立ち ・陰イオンの成り立ち ・原子のつくり
授業終了時に期待する解答要素	陽極では，塩化物イオンが電子を電極にわたして塩素原子になる。その塩素原子が２つくっついて塩素分子となり発生する。 陰極では，水素イオンが電子をもらい水素原子になる。その水素原子が２つくっついて水素分子となり発生する。

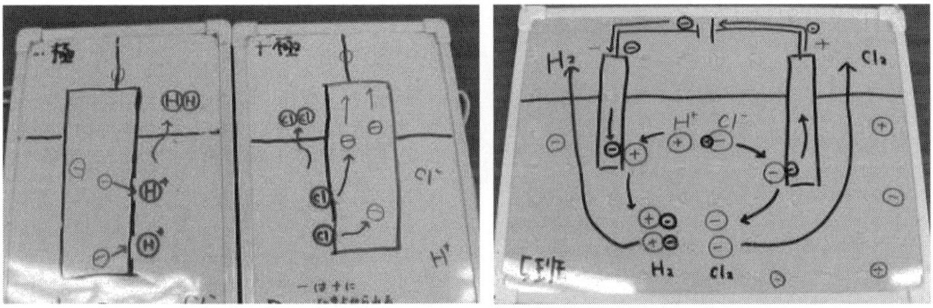

○図6.2　「塩酸の電気分解」の授業で生徒が描いた説明図

○表6.2　電解質溶液の電気分解に関する設問の正答率

設問内容	前年度の通常授業	知識構成型授業
塩化銅の電気分解の実験結果を確認する小問の平均（事実の記憶を問う問題）	62.5%	61.0%
塩化銅の電気分解を化学式で表す（事実の記憶を問う問題）	25.0%	8.0%
塩化銅の電気分解において電流がしだいに流れなくなる理由を説明する（概念的な理解を問う問題）	33.3%	64.0%

子の流れの図式的なイメージは，ほとんどの生徒に獲得されたと考えられます。

では，生徒たちの知識はどのような形で定着したのでしょうか。授業から1か月半後の「電解質溶液の電気分解」に関する設問の正答率を，昨年度に一斉授業の形でイオンの単元を学習した生徒のものと比較してみました（表6.2）。

知識構成型ジグソー法の授業を受けた生徒たちは，従来難易度が高いとみなされてきた現象の理由を文章で説明することを求める設問で，前年度に比べて2倍近い正答率を示しました。他方，化学式をそのまま憶えていて書くといった難易度が低い設問では，むしろ昨年度の生徒のほうが高い正答率を示しました。「電流がしだいに流れなくなる理由を説明する」課題は，溶液中のイオンが電子の授受によって塩素分子と銅になることで減っていくという電気分解のイメージを言葉にすることを要請する課題です。協調的な学習を通してつくり上げた図式イメージを通して，一人ひとりが自分の考えを言葉にできる概念的理解を引き起こすことができていたと考えられます。

理由の説明を求める課題や，図式化を求める課題は，化学式を正確に記憶しているなどの「基礎基本の習得」をふまえて，初めて正しく答えられるようになると考えられがちです。しかしこの実践結果からは，「発展的なモデルの理解は，基礎的な暗記事項を前提として初めて可能になるわけではない」ことを示しています。私たちは，これからの「知識活用」時代では単純な記憶の価値が相対的に下がると考えています。と同時に，こういう授業に参加する生徒が必要になったら必要な情報を探し出せるICT環境を豊富に構成しておく必要もあるでしょう。

この授業はネットワークを通じて仲間の先生方にも共有され何度か実践されており，別の市町の教室で別の先生がやっても安定した効果を上げています。

高校世界史の取り組み

次に，埼玉県立浦和第一女子高校（当時）２年生世界史，下川隆教諭の「宗教改革と当時の国際状況」の授業実践と分析を紹介します。歴史学習を「前向き」に行うことで，グループで出された「答え」の背景に，生徒一人ひとりが自分なりの視点から課題を探究し，自分なりの納得にいたる協調的問題解決を通した学びが起きていました。授業デザインは表6.3の通りです。

「カール５世はなぜルター派を容認したか」という問いは，それだけでは答えが出しにくく，16世紀前半のヨーロッパの状況をふまえ，立体的に歴史事実のつながりを把握する枠組みが必要です。そこで，資料も情報豊富なものにし，対話を通して各事実の関連性をとらえ，考えられる答えを言葉や図にすることを求めました。実際授業の最初に問いに対する答えを書く活動では「わからない」と書いた生徒が多く，エキスパート資料の読解にもかなり時間を要しました。ジグソー活動に移ってからのカール５世を取り巻く国際関係を整理し図にまとめる活動では，どのグループも活動に集中し，頭を悩ませていました。

ジグソー活動におけるあるグループの議論のようすを紹介します。明るく社交的で成績も比較的よい大沢さん，成績はそこそこでも読書が大好きな原田さん，３人のうちいちばん成績がよく，ふだんの授業では黙々とノートをとっているこ

◯表6.3 「宗教改革」の授業デザイン

ジグソー課題	カール５世はなぜルター派を容認したか
エキスパート活動の部品	・聖書のみに従い神のみによって救われると説いたルター派と，教皇や教皇の権威としてのカール５世の対立（国内問題） ・オスマン帝国のスレイマン１世の動向（東側の国際問題） ・フランス王フランソワ１世とカール５世のイタリア政策をめぐる対立（西側の国際問題）
授業終了時に期待する解答要素	オスマン帝国のスレイマン１世に侵攻されつつあり，またフランスのフランソワ１世とイタリア政策をめぐり対立している。そして，これら両国は利害が一致して同盟を結ぶ。これらの状況を考慮し，カール５世は国内勢力を結束するために，敵対していたルター派を認めた。

とが多いという鈴木さん（それぞれ仮名）。三者三様です。

以下は，ジグソー活動の中盤，原田さんが大沢さんの質問に応じてオスマン帝国とハプスブルグの勢力関係を説明し，それを受けて大沢さんがカール5世を取り巻く国際状況について自分なりに納得できた場面です。一見，なかなか答えの見えてこない大沢さんに原田さんが教えているようにもみえますが，一人ひとりの発言に注目してみると，2人が追いかけているストーリーはそれぞれ異なっており，それぞれが自分の道筋で理解を進めています。同時に，互いの言葉を聞いて自身の理解を別の視点から説明したり，まとめて言葉にしたりすることを通して，2人とも少しずつ説明の質が上がっていることも見えてきます。

原田：(自分のプリントに図を描きながら）こっち側はこの人しかいないの。だから，オスマン帝国に攻めてこられたらやばいんじゃないかって話。

大沢：え？　イスタンブルは？

原田：イスタンブルこっち。イスタンブル，オスマン帝国にこないだとられたばっか。

大沢：(じっと考えているようす）え？　オスマン帝国は…，あ，めっちゃ，あぁ！　これ，めっちゃ強いんだ！

原田：で，ハプスブルグってことだから，こっちって。ハプスブルグがめっちゃ強いの，この時代。ヨーロッパ最強なの。でもあくまでヨーロッパなの。こっち(オスマン帝国)，アジアの新興勢力なんだけど，なんかヨーロッパにまでじわじわ来てるの。

大沢：窮状を訴えたのって？

原田：フランス

大沢：フランスなのか！　あぁ！　窮状訴えたのがフランスで，フランスがこいつ(オスマン帝国)まで仲間にして，もう，全部がもうギュッ！となってくるからヤバい！って。

原田：こんだけのハプスブルグ包囲網ができてるのに，ハプスブルグこいつ(ルター派）しかいないから…

大沢：(資料を読み直しながらさかんにうなずいて）わかった，わかった，わかった。

…（中略）…

大沢：これね，どんどんプラスプラスで，全部があっちがつながってて，自分たちが最強のはずだったんだけど，全部がつながっちゃって，さぁ戦うって時にもう誰もいなくて，国の中で戦う力がなくなっちゃってたから…

「いいよ」って言ったんだよ…はぁ，でもこれ…こんな状況になってもさぁ，一時的になのすごくない？　どんだけね…

原田：どんだけ仲よかったんだろう。

大沢：…いやだったんだろうね，ルターのこと。

（議論は一段落し，図の作成に入る）

大沢さんは，「カール５世が強大な敵に囲まれている」というストーリーをその場でつくり上げながら理解を進める一方，原田さんは「ハプスブルグの弱体化」という別のストーリーで理解を進めていました。対して，鈴木さんは，２人の会話を聞きながら「カール５世を取り巻く国際状況を整理した図」をつくっていました。そして，上記２人の対話が一段落したところで「私はこの意見」と発言し，図を差し出します。３人はこの後，鈴木さんの図をもとに考えをまとめていくことになったのです。

図6.3はこのグループが最終的に作成した情勢図です。フランスおよびトルコとの対立がハンガリーでの戦争につながるという対外情勢，同時に国内では反カトリックのルター派，諸侯，農民，騎士との対立が生じているということをうまく表現していて，不十分な点もあるものの教師の期待に近い図といえるでしょう。教室では授業後「宗教改革って，ルターががんばっただけじゃないんだねぇ」のようなつぶやきが聞こえていました。

生徒たちは共通した「問い」に答えるため，自分なりの道筋で課題を探究し，「わかった」実感を得ることができていました。他者とのやりとりを通して少しずつ説明の質が上がっていきました。必ずしも活発な対話には参加していなくても，鈴木さんのように２人の言っていることを確認しながら「聞いてまとめ」て

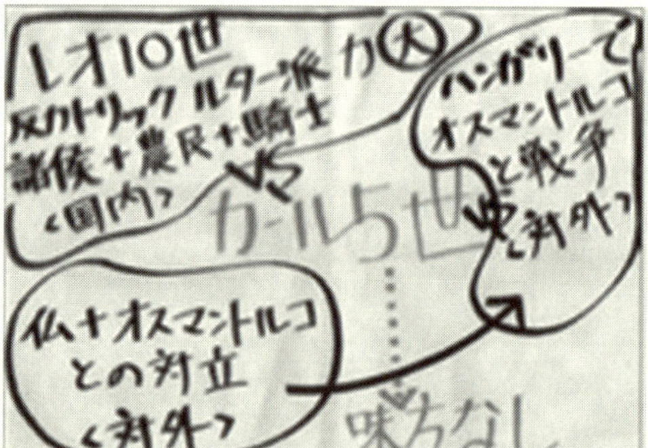

○図6.3　例にあげたグループが作成した情勢図

自分なりの答えをつくり出していく生徒もいます。このようにそれぞれ自分なりの表現の機会が保障されていると，歴史を立体的にとらえる枠組みや歴史の見方をより自分のわかり方になじむ形で多様に表現する21世紀型スキル育成にもつながっていくと考えられます。

新しい学びを広げていくためにできること

2つの授業実践・分析事例を紹介しました。これら授業に共通する点は，「教師が期待する解答の方向に向けて，生徒が協調的にそれぞれ自分なりの知識を構築していく活動」になっていることと，「それぞれ異なる考えや部品をもち寄って，考えながら今考えていることを表現し直しつつ対話する活動」になっていることです。そのような活動が自律的に行われるために，教師は，「生徒の知識構築活動を保障するために授業の流れ全体をマネジメントする役」を担っていました。そこにみられる共通点は，「学習者の理解は，学習者が自分でつくる」という視点です。生徒に身につけさせたい知識・学習目標は明確に設定したうえで「学習目標」からさらに先へ進む，「新しいコンピテンシーの創発（前向きに進む）方向」に授業をデザインしていくために重要な視点です。

こういう授業をつくるためには，教師による，子どもたちの学びについての見直しと，教材そのものの再構成が必要になります。前提となるのは，子どもはそれぞれ自分なりに生きてきた経験をふまえてわかっていることがあって，「これから教えたいこと」についてもすでにある程度は自分なりの答えを思いつくものだ，ということ。また，子どもたちは初めてふれる問いであっても，自分の知っていることと結びつけて自分なりの答えをその場でつくり上げていける能動的なものだということ。こういった見方をベースに，教材を見直して，子どもに自分で答えを出してほしいこと（つまりは教師が出してほしい答え）を選び出し，同じ単元や既習事項の中からその答えを出すのに必要な部品をいくつか選び，内容を「部品として必要な内容だけ」に厳選してエキスパート資料としてまとめます。授業全体の時間配分は課題の難易度やエキスパート資料の質と数などから決まります。

こういう作業は，これまでの教材づくりの中でも暗黙のうちに行われていたことだと思いますが，いざ子どもの反応や動きを意識しながら取り組んでみると，結構迷うところも出てきます。私たちの連携では，ここで先生方どうしが事前にコメントし合ったり，別の教材をつくって比較してみたり，似たような実践から言えそうなことを交換し合ったりする活動を支援しています。この活動に，指導主事や私たちのチームの研究者が様々な形で加わります。管理職の先生方が加わることもあります。この活動が，ネットワークなどを使っていつでも起こせるようにしておくことで，行政区を超えた，小さな町と少し大きな市の先生どうし，小さな複式学級の先生と大きな学校でいくつものクラスをもっている先生どうし，教科や時には学校種の異なる先生どうしの「異なる視点の提供による建設的相互作用」が起きます。そうやってつくり上げられ，実践された結果は，またネットワークやデータベースのうえで共有され，次の建設的相互作用の材料になるチャンスを待っています。

教材と実践デザインがしっかりでき上がっていてもそれだけで実践そのものが一人ひとりの学習者の知識構成を支援できるとは限りません。教師がその場でどうふるまうかも大きな決め手になってきます。教室で先生が無意識のうちにやってしまうことが，子どもたちの建設的相互作用を阻害する，などということも起きないとは言えません。「知識構築環境」を教室で実現するうえで弊害となりそうな教師の動きを以下にまとめてみました。

・**児童生徒自身でつくってほしい知識を「教授」してしまう**：最初に１人の意見をクラス全体に発表してしまう，資料に答えを載せてしまう，わかっていなそうなところに教師が回っていて過度な支援を行ってしまう，大事なポイントを全体に向けて解説してしまうなど
・**「対話の型」を優先してしまう**：司会役や一定のやり方で各自が発表するなど対話に過度なルールを設けてしまう，聞く態度や伝え方などを最初に固定してしまう，考えながら話すよりわかった結果の発表を優先してしまうなど
・**授業の「進行効率」を優先してしまう**：事前に計画した時間を優先してしまう，最後の発表を「期待する答えを出していたグループ」に限定してしまう，最初に全部の部品資料やワークシートを渡してしまうなど

１点目をやり過ぎると，クラスの中に「知識は結局権威である教師から教わるもの（私たちは答えを知らなくて当然）」という雰囲気が成り立って，子どもが学校に対して「提示された枠組みの中で先生が期待する解答をつくる場所」というメタ認知をつくってしまう可能性にもつながります。「エキスパート活動でグループごとに解説して歩くのは，その教科が苦手な子でも考えやすくするため必要」と説明する教師もいますが，そのためならば，与える資料の内容や課題をよ

り焦点化するなどの工夫をすべきです。

2点目にあげたように，対話の「型」を優先してしまうことが弊害を生むこともあります。やってほしいのは「考えながら何か言いたくなったらとにかく言う」，その役割を適度に引き受けながら「一人ひとりが自分の答えをつくっていく」ことなので，時間配分を担当する「司会役」や，誰かが発言したら「いいです」など全員がこたえるような応答話型の指導は，逆効果を生みかねません。「（相互に統合しにくい）調べてわかったことの効率のよい発表」「ディベイト」は，知識をみずから構築する際人が従事する社会的な対話とは本質的に違うものです。「発表」や「ディベイト」は，それらの特殊な活動用の特殊なスキルを育成したい時に使うのが本来の姿でしょう。

静岡県伊東市立東小学校で21世紀型スキル育成のための取り組みを行った際，次のような経緯が観察されました。2011年には従来の研修で普通の班活動を行い，各班の発話をICレコーダで記録し分析したところ，「悩みながら対話」していた班では，考え方の表現に樹形図，場面想定，計算式など多様性がありましたが，そうでない班には，多様性がみられず，それが効果的な対話につながらなかった原因の1つではという結論になりました。そこで，2012年度，同じ単元に知識構成型ジグソー法の仕組みを取り入れたところ，より多くの班が「悩みながら対話」するようになっていました。2013年度には同様の取り組みをさらに工夫して取り組みました。この3年間の取り組みについて，授業から1か月以上経ったところで「組み合わせはどう解くか」という質問への「ポイントをふまえた答え」をした子どもの割合を比較したところ，2011年度61％，2012年度88％，2013年度95％と上昇していました。同校では，この変化を共有することが知識構成型ジグソー法の背後にある21世紀型スキル等を育成するための考え方の理解共有につながって全員で知識構築環境を実現する学校づくりが進み，現在ではそこにICTを活用してさらに効果を上げる取り組みが検討されています。

3点目にあげたように，事前に想定した授業進行の効率を優先してしまうことによって弊害が起きるケースもあります。こういったことはすべて，教師や公開された授業を見にいく大人たちが，子どもたちの間に建設的相互作用が自発的に起きやすい雰囲気ができ上がっているかどうかを，その場で判断しようと意識することで，少なくなっていくでしょう。

私たちは今後，新しい学びの実践をスケール・アップしていくために，「学習しながら同時に行う状況に埋め込まれた変容的評価」に向けて，「多様性の実態」を明らかにしていく必要があると考えています（Miyake, 2013）。そのうえで，その学習科学の世界でわかってきていることを広く，例えば教員や教育行政に関わる人たちに加え，学習する児童生徒にも伝えることができれば，教育政策からの教育改革だけでなく，当事者自身が関わる「学びの質」を上げるための学びに活用でき，ボトムアップ的な学びの変容にもつながるでしょう。そのためには，様々な取り組み方が考えられますが，中でも，当面以下のような取り組みを提案したいと思います。

①学習のプロセスを，その起きている現場で，今までより詳しく分析する
②学習のプロセスを，複数の状況にわたってこれまでより長いスパンで追う
③学習者一人ひとりの学びの軌跡を多数集積し，そこからの演繹的な理論の抽出と，個別の学習履歴の抽出の両方を可能にする
④こういったデータとその分析を実践後すばやく，関係者多数で共有吟味できるシステムをつくり，そこから次の授業を展開する

学習活動として私たちが見て取ることのできる「行動」の背後にどんな認知過程が動いているのかを探るためには，とにかくいろいろなデータをとっておいたほうがよさそうだといえます。①では特に，学習プロセスの記録をその「起きている現場で同時に」収集することを提案します。問題を解いてしまった後からのアンケートやインタビュー，大人になってから学校時代の学びについて思い出して語られた「物語り」は，その場で起きていた「認知過程の反映」とは全く異なるものではなく，人が人について抱いている「モデル」に基づいて構成されることが多いからです。しかもそれらのモデルは真偽の確かめようがありません。どのようなモデルであってもそれが「人についてありそうなモデル」であれば，了解しやすいという意味で共感されやすいという落とし穴がありますし，そのモデルに基づいてなされた介入実践が実際効果があったとしても，そういうことはいつでもあり得ることですから，それでそのモデルの正しさが証明されたことにはならないのです。

②を提案したい理由は，最近増えてきているインフォーマルな場面での学習とフォーマルな場面での学習を１人の学習者を追ってつなげる研究の成果から，そういう全体像をもとにフォーマルな場面で見せる学習行動の意味が解釈しやすくなるなどのメリットが見えてきているからです。大変な作業ですが，やる価値はありますし，やらなければ見えてこない学習過程があるでしょう。

③と④は，①や②のような学習プロセスのデータが特定の個人の一生について集積されることを前提とした話です。その結果，人が様々な文化社会的背景の中

で，発達のそれぞれの時点でどのような学習環境に置かれどのような相互作用を経験し，その結果どのような学習を積み重ねて何がどの程度できるようになったか，についてのデータを得ることができます。これを多数の個人について集めると，「人はいかに学ぶか」についての巨大データベースができます。それら全体を分析対象にすることで，個々の研究結果から演繹するよりはずっと精度の高い学習の理論を引き出すことが可能になるでしょう。また，このデータベースから個別にケースを抜き出して検討できれば，ある学習状況に置かれた個人，ある学習目標を達成したいと考えている個人，それらの個別ケースを支援しようとする人々などが，ケースに基づいてその個人の学びの将来を推論することが可能になるでしょう。

今私たちがやらなくてはいけないのは，新たな学びの実現に向けて，考えられる最良の方略を使って，現実に起き得る環境の中で実践し，予測できる以上の結果を出し，そこで起きていたことをできるだけ緻密に分析して，起きたことの裏に潜む認知過程を推測することでしょう。少なくともそれが私たちの現在とり得る最も実効性の高い研究方略の１つです。現場の教師と一緒に取り組む実践研究を，21世紀型育成のための新たな Teaching and assessment（学習実践と評価）研究の出発点として提案します。

引用文献

第1章

Autor, D., Levy, F., & Murnane, R. (2003). The skill content of recent technological change: An empirical exploration. *The Quarterly Journal of Economics*, *118* (4), 1279–1333.

Becker, G. (1993). Nobel lecture: The economic way of looking at behavior. *The Journal of Political Economy*, *101* (3), 385–409.

Beller, M. (2011). *Technologies in large-scale assessments: New directions, challenges, and opportunities.* International Large Scale Assessment Conference, ETS, Princeton.

Black, P., & Wiliam, D. (1998). Inside the black box: Raising standards through classroom assessment. *Phi Delta Kappan*, *80*, 139–148.

Griffin, P., Murray, L., Care, E., Thomas, A., & Perri, P. (2010). Developmental assessment: Lifting literacy through professional learning teams. *Assessment in Education: Principles, Policy and Practice*, *17* (4), 383–397.

Pressley, M. (2002). Comprehension strategies instruction: A turn-of-the-century status report. In C. C. Block & M. Pressley (Eds.), *Comprehension instruction: Research-based best practices* (pp.11–27). New York: Guilford.

Snow, C. E., Burns, M. S., & Griffin, P. (Eds.). (1998). *Preventing reading difficulties in young children*. Washington, DC: National Academy Press.

Taylor, B. M., Pearson, P. D., Peterson, D. S., & Rodriguez, M. C. (2005). The CIERA school change framework: An evidenced-based approach to professional development and school reading improvement. *Reading Research Quarterly*, *40* (1), 40–69.

Thurstone, L. L. (1959). *The measurement of values*. Chicago: The University of Chicago Press.

Vygotsky, L. (1978). *Mind in society: The development of higher psychological processes*. Cambridge: Harvard University Press.

第2章

Ainley, J., Fraillon, J., & Freeman, C. (2005). *National Assessment Program: ICT literacy years 6 & 10 report.* Carlton South, Australia: The Ministerial Council on Education, Employment, Training and Youth Affairs (MCEETYA).

Ainley, J., Pratt, D., & Hansen, A. (2006). Connecting engagement and focus in pedagogic task design. *British Educational Research Journal*, *32* (1), 23–38.

Anderson, R. (2009, April). A plea for '21st Century Skills' white paper to include social and civic values. Memorandum to Assessment and Teaching of 21st Century Skills Conference, San Diego, CA.

Baker, E. L. (2007). The end(s) of testing. *Educational Researcher*, *36* (6), 309–317.

Baker, M. J., & Lund, K. (1997). Promoting reflective interactions in a computer-supported collaborative learning environment. *Journal of Computer Assisted Learning*, *13*, 175–193.

Banaji, S., & Burn, A. (2007). *Rhetorics of creativity*. Commissioned by Creative Partnerships. Retrieved November 30, 2009 www.creative-partnerships.com/literaturereviews

Bell, A., Burkhardt, H., & Swan, M. (1992). Balanced assessment of mathematical performance. In R. Lesh & S. Lamon (Eds.), *Assessment of authentic performance in school mathematics*. Washington, DC: AAAS.

Bennett, R. E. (2002). Inexorable and inevitable: The continuing story of technology and assessment. *Journal of Technology, Learning, and Assessment*, *1* (1), 14–15.

Bennett, R. E., & Gitomer, D. H. (2009). Transforming K–12 assessment. In C. Wyatt-Smith & J. Cumming (Eds.), *Assessment issues of the 21st Century*. New York: Springer Publishing Company.

Bennett, R. E., Jenkins, F., Persky, H., & Weiss, A.(2003). Assessing complex problem solving performances. *Assessment in Education: Principles, Policy & Practice*, *10*, 347–360.

Black, P., McCormick, R., James, M., & Pedder, D.(2006). Learning how to learn and assessment for learning: A theoretical inquiry. *Research Papers in Education*, *21*(2), 119–132.

Black, P., & Wiliam, D.(1998). Assessment and classroom learning. *Assessment in Education*, *5*(1), 7–71.

Boeijen, G., & Uijlings, P.(2004, July). *Exams of tomorrow: Use of computers in Dutch national science exams.* Paper presented at the GIREP Conference, Teaching and learning physics in new contexts, Ostrava, Czech Republic.

Buckingham, D., & Willett, R.(Eds.).(2006). *Digital generations: Children, young people, and new media*. Mahwah: Lawrence Erlbaum.

Burbules, N. C., & Silberman-Keller, D.(2006). *Learning in places: The informal education reader*. New York: Peter Lang.

Çakır, M. P., Zemel, A., & Stahl, G.(2009). The joint organization of interaction within a multimodal CSCL medium. *International Journal of Computer-Supported Collaborative Learning*, *4*(2), 115–149.

Cassell, J., Huffaker, D., Ferriman, K., & Tversky, D.(2006). The language of online leadership: Gender and youth engagement on the Internet. *Developmental Psychology*, *42*(3), 436–449.

Castells, M.(1996). *The rise of the network society* (The information age: Economy, society and culture, Vol. 1). Cambridge: Blackwell.

Cheng, L., Watanabe, Y., & Curtis, A.(Eds.).(2004). *Washback in language testing: Research contexts and methods*. Mahwah: Lawrence Erlbaum Associates.

Clift, S.(2002). *21st literacy summit white paper*. Retrieved from www.mail-archive.com/do-wire@tc.umn.edu/msg00434.html

Deakin Crick, R. D., Broadfoot, P., & Claxton, G.(2004). Developing an effective lifelong learning inventory: The ELLI project. *Assessment in Education: Principles, Policy & Practice*, *11*, 247–318.

Draper, S. W.(2009). Catalytic assessment: Understanding how MCQs and EVS can foster deep learning. *British Journal of Educational Technology*, *40*(2), 285–293.

Ericsson, K. A.(2002). Attaining excellence through deliberate practice: Insights from the study of expert performance. In M. Ferrari (Ed.), *The pursuit of excellence through education* (pp.21–55). Mahwah: Lawrence Erlbaum Associates.

Erstad, O.(2006). A new direction? Digital literacy, student participation and curriculum reform in Norway. *Education and Information Technologies*, *11* (3–4), 415–429.

Erstad, O.(2008). Trajectories of remixing: Digital literacies, media production and schooling. In C. Lankshear & M. Knobel (Eds.), *Digital literacies: Concepts, policies and practices* (pp.177–202). New York: Peter Lang.

Erstad, O.(2010). Conceptions of technology literacy and fluency. In *International encyclopedia of education* (3rd ed.). Oxford: Elsevier.

Facione, P.A.(1990). *Critical thinking: A statement of expert consensus for purposes of educational assessment and instruction* (The Delphi Report). Millbrae: California Academic Press.

Forster, M., & Masters, G.(2004). Bridging the conceptual gap between classroom assessment and system accountability. In M. Wilson (Ed.), *Towards coherence between classroom assessment and accountability: 103rd Yearbook of the National Society for the Study of Education*. Chicago: University of Chicago Press.

Friedman, T.(2007). *The world is flat.* New York: Farrar, Straus and Giroux. 伏見威蕃 (訳)(2010). フラット化する世界—経済の大転換と人間の未来— (上・中・下) 日本経済新聞社

Gardner, J.(Ed.).(2006). *Assessment & learning.* London: Sage Publications.

Gee, J. P.(2007). *What video games have to teach us about learning and literacy* (2nd ed.). New

York: Palgrave Macmillan.

Gick, M., & Holyoak, K.(1983). Scheme induction and analogical transfer. *Cognitive Psychology*, *15* (1), 1–38.

Gipps, C., & Stobart, G.(2003). Alternative assessment. In T. Kellaghan & D. Stufflebeam (Eds.), *International handbook of educational evaluation* (pp.549–576). Dordrecht: Kluwer Academic Publishers.

Hakkarainen, K., Palonen, T., Paavola, S., & Lehtinen, E.(2004). *Communities of networked expertise: Professional and educational perspectives*. Amsterdam: Elsevier.

Harlen, W.(2006). The role of assessment in developing motivation for learning. In J. Gardner (Ed.), *Assessment & learning* (pp.61–80). London: Sage Publications.

Harlen, W., & Deakin Crick, R.(2003). Testing and motivation for learning. *Assessment in Education: Principles, Policy & Practice*, *10*, 169–208.

Herman, J. L.(2008). Accountability and assessment in the service of learning: Is public interest in K–12 education being served? In L. Shepard & K. Ryan (Eds.), *The future of testbased accountability*. New York: Taylor & Francis.

Herman, J. L., & Baker, E. L.(2005). Making benchmark testing work. *Educational Leadership*, *63*(3), 48–55.

Herman, J. L., & Baker, E. L.(2009). Assessment policy: Making sense of the babel. In D. Plank, G. Sykes, & B. Schneider (Eds.), *AERA handbook on education policy*. Newbury Park: Sage Publications.

Hof, R. D.(2007, August 20). Facebook's new wrinkles: The 35–and-older crowd is discovering its potential as a business tool. *Business Week*. Retrieved from http://www.businessweek.com/magazine/content/07_34/b4047050.htm

Holyoak, K. J.(2005). Analogy. In K. J. Holyoak & R. G. Morrison (Eds.), *The Cambridge handbook of thinking and reasoning* (pp.117–142). Cambridge: Cambridge University Press.

Hull, G., & Schultz, K.(2002). *School's out! Bridging out-of-school literacies with classroom practice*. New York: Teachers College Columbia University.

International ICT Literacy Panel.(2002). *Digital transformation: A framework for ICT literacy*. Princeton: Educational Testing Service.

Jenkins, H.(2006). *Convergence culture: Where old and new media collide*. New York: New York University Press.

Johnson, M., & Green, S.(2004). *Online assessment: The impact of mode on student performance*. Paper presented at the British Educational Research Association Annual Conference, Manchester, UK.

Koretz, D., Broadfoot, P., & Wolf, A.(Eds.).(1998). *Assessment in Education: Principles, policy & practice*(Special issue: Portfolios and records of achievement). London: Taylor & Francis.

Kozma, R. B.(Ed.).(2003). *Technology, innovation, and educational change: A global perspective*. Eugene: International Society for the Evaluation of Educational Achievement.

Laurillard, D.(2009). The pedagogical challenges to collaborative technologies. *International Journal of Computer-Supported Collaborative Learning*, *4*(1), 5–20.

Lee, E. Y. C., Chan, C. K. K., & van Aalst, J.(2006). Students assessing their own collaborative knowledge building. *International Journal of Computer-Supported Collaborative Learning*, *1*(1).

Lessig, L.(2008). *Remix: Making art and commerce thrive in the hybrid economy*. New York: Penguin Press. 山形浩生（訳）(2010). REMIX―ハイブリッド経済で栄える文化と商業のあり方― 翔泳社

Lin, S. S. J., Liu, E. Z. F., & Yuan, S. M.(2001). Web-based peer assessment: Feedback for students with various thinking styles. *Journal of Computer Assisted Learning*, *17*, 420–432.

Loader, B.(Ed.).(2007). *Young citizens in the digital age: Political engagement, young people and new media*. London: Routledge.

Loveless, A.(2007). *Creativity, technology and learning.*(*Update.*) Retrieved December 10, 2013 http://archive.futurelab.org.uk/resources/documents/lit_reviews/Creativity_Review_update.pdf

McFarlane, A.(2001). Perspectives on the relationships between ICT and assessment. *Journal of Computer Assisted Learning*, *17*, 227–234.

McFarlane, A.(2003). Assessment for the digital age. *Assessment in Education: Principles, Policy & Practice*, *10*, 261–266.

Mercer, N., & Littleton, K.(2007). *Dialogue and the development of children's thinking*. London: Routledge.

National Center on Education and the Economy.(1998). New standards: Performance standards and assessments for the schools. Retrieved at http://www.ncee.org/publications/archived-publications/new-standards-2/

National Research Council (NRC).(1996). *National science education standards*. Washington, DC: National Academy Press. 長洲南海男（監訳）・熊野善介・丹沢哲郎・他（訳）(2003) 全米科学教育スタンダード―アメリカ科学教育の未来を展望する― 梓出版社

No Child Left Behind Act of 2001, United States Public Law 107–110.

Nunes, C. A. A., Nunes, M. M. R., & Davis, C.(2003). Assessing the inaccessible: Metacognition and attitudes. *Assessment in Education: Principles, Policy & Practice*, *10*, 375–388.

O'Neil, H. F., Chuang, S., & Chung, G. K. W. K.(2003). Issues in the computer-based assessment of collaborative problem solving. *Assessment in Education: Principles, Policy & Practice*, *10*, 361–374.

OECD.(2005). *Formative assessment: Improving learning in secondary classrooms*. Paris: OECD Publishing.

Pellegrino, J. W., Chudowsky, N., & Glaser, R.(Eds.).(2001). *Knowing what students know*. Washington, DC: National Academy Press.

Poggio, J., Glasnapp, D. R., Yang, X., & Poggio, A. J.(2005). A comparative evaluation of score results from computerized and paper and pencil mathematics testing in a large scale state assessment program. *Journal of Technology, Learning, and Assessment*, *3*(6). Available from. http://www.jtla.org, 4–30

Pommerich, M.(2004). Developing computerized versions of paper-and-pencil tests: Mode effects for passage-based tests. *Journal of Technology, Learning and Assessment*, *2*(6).

Quellmalz, E. S., & Kozma, R.(2003). Designing assessments of learning with technology. *Assessment in Education: Principles, Policy & Practice*, *10*, 389–408.

Quellmalz, E., Kreikemeier, P., DeBarger, A. H., & Haertel, G.(2007). A study of the alignment of the NAEP, TIMSS, and New Standards Science Assessments with the inquiry abilities in the National Science Education Standards. Presented at the Annual Meeting of the American Educational Research Association, April 9–13, Chicago, IL

Raikes, N., & Harding, R.(2003). The horseless carriage stage: Replacing conventional measures. *Assessment in Education: Principles, Policy & Practice*, *10*, 267–278.

Ridgway, J., & McCusker, S.(2003). Using computers to assess new educational goals. *Assessment in Education: Principles, Policy & Practice*, *10*(3), 309–328.

Ridgway, J., McCusker, S., & Pead, D.(2004). *Literature review of e-assessment*(*report10*). Bristol: Futurelab.

Ripley, M.(2007). *E-assessment: An update on research, policy and practice*. Bristol: Futurelab. Retrieved December 10, 2013 http://www.nfer.ac.uk/nfer/publications/FUTL64/FUTL64.pdf

Ripley, M.(2009). JISC case study: Automatic scoring of foreign language textual and spoken responses. Available at http://www.dur.ac.uk/smart.centre1/jiscdirectory/media/JISC%20Case%20Study%20-%20Languages%20-%20v2.0.pdf

Ripley, M., & Tafler, J.(2009). JISC case study: Short answer marking engines. Available at http://www.jisc.ac.uk/media/documents/projects/shorttext.pdf

Rumpagaporn, M. W., & Darmawan, I.N.(2007). Student's critical thinking skills in a Thai ICT schools pilot project. *International Education Journal*, *8*(2), 125–132. Retrieved December 10, 2013 http://digital.library.adelaide.edu.au/dspace/handle/2440/44551

Russell, M.(1999). Testing on computers: A follow-up study comparing performance on computer and on paper. *Education Policy Analysis Archives*, *7*(20). Retrieved from http://epaa.asu.edu/epaa/v7n20

Russell, M., & Haney, W.(2000). Bridging the gap between testing and technology in schools. *Education Policy Analysis Archives*, *8*(19). Retrieved from http://epaa.asu.edu/epaa/v8n19.html

Russell, M., Goldberg, A., & O'Connor, K.(2003). Computer-based testing and validity: A look into the future. *Assessment in Education: Principles, Policy & Practice*, *10*, 279–294.

Scardamalia, M., & Bereiter, C.(2006). Knowledge building: Theory, pedagogy and technology. In R. K. Sawyer (Ed.), *The Cambridge handbook of the learning sciences*. New York: Cambridge University Press. 河野麻沙美（訳）(2009) 知識構築―理論，教育学，そしてテクノロジー―　森　敏昭・秋田喜代美（監訳）学習科学ハンドブック　培風館

Schulz, W., Ainley, J., Fraillon, J., Kerr, D., & Losito, B.(2010). *Initial Findings from the IEA International Civic and Citizenship Education Study*. Amsterdam: IEA.

Sefton-Green, J., & Sinker, R.(Eds.).(2000). *Evaluating creativity: Making and learning by young people*. London: Routledge.

Shepard, L.(2007). Formative assessment: Caveat emptor. In C. Dwyer (Ed.), *The future of assessment: Shaping teaching and learning* (pp.279–304). Mahwah: Lawrence Erlbaum Associates.

Shepard, L., Hammerness, K., Darling-Hammond, D., & Rust, R.(2005). Assessment. In L. Darling-Hammond & J. Bransford (Eds.), *Preparing teachers for a changing world: What teachers should learn and be able to do*. Washington, DC: National Academy of Education.

Shephard, K.(2009). E is for exploration: Assessing hard-to-measure learning outcomes. *British Journal of Educational Technology*, *40*(2), 386–398.

Somekh, B., & Mavers, D.(2003). Mapping learning potential: Students' conceptions of ICT in their world. *Assessment in Education: Principles, Policy & Practice*, *10*, 409–420.

Sweller, J.(2003). Evolution of human cognitive architecture. In B. Ross (Ed.), *The psychology of learning and motivation* (Vol. 43, pp.215–266). San Diego: Academic.

Thurstone, L. L.(1927). A law of comparative judgment. *Psychological Review,* 34, 273–286.

Torney-Purta, J., Lehmann, R., Oswald, H., & Schulz, W.(2001). *Citizenship and education in twenty-eight countries: Civic knowledge and engagement at age fourteen*. Amsterdam: IEA.

Voogt, J., & Pelgrum, W. J.(2003). ICT and the curriculum. In R. B. Kozma (Ed.), *Technology, innovation, and educational change: A global perspective* (pp.81–124). Eugene: International Society for Technology in Education.

Wall, D.(2005). *The impact of high-stakes examinations on classroom teaching* (*Studies in Language Testing*, Vol. 22). Cambridge: Cambridge University Press.

Walton, S.(2005). *The eVIVA project: Using e-portfolios in the classroom*. BETT. Retrieved June 7, 2007, from www.qca.org.uk/downloads/10359_eviva_bett_2005.pdf（リンク切れ）

Wasson, B., Ludvigsen, S., & Hoppe, U.(Eds.).(2003). *Designing for change in networked learning environments: Proceedings of the International Conference on Computer Support for Collaborative Learning 2003* (Computer-Supported Collaborative Learning Series, Vol. 2). Dordrecht: Kluwer Academic Publishers.

Webb, N. L.(1999). *Alignment of science and mathematics standards and assessments in four states* (Research Monograph No. 18). Madison: National Institute for Science Education.

Wegerif, R., & Dawes, L.(2004). *Thinking and learning with ICT: Raising achievement in primary classrooms*. London: Routledge Falmer.

Whitelock, D., with contributions from Road, M., & Ripley, M.(2007). *Effective practice with e-Assessment*. The Joint Information Systems Committee (JISC), UK. Retrieved December 10, 2013

http://www.jisc.ac.uk/publications/documents/pub_eassesspracticeguide.aspx
Williams, J. B., & Wong, A.(2009). The efficacy of final examinations: A comparative study of closed-book, invigilated exams and open-book, open-web exams. *British Journal of Educational Technology*, *40*(2), 227–236.
Wilson, M., & Sloane, K.(2000). From principles to practice: an embedded assessment system. *Applied Measurement in Education*, *13*(2), 181–208.
Woodward, H., & Nanlohy, P.(2004). Digital portfolios in pre-service teacher education. *Assessment in Education: Principles, Policy & Practice*, *11*, 167–178.

第3章

Ackoff, R. L.(1974). The systems revolution. *Long Range Planning*, *7*, 2–20.
Alexopoulou, E., & Driver, R.(1996). Small group discussion in physics: Peer interaction modes in pairs and fours. *Journal of Research in Science Teaching*, *33*(10), 1099–1114.
American Educational Research Association, American Psychological Association, & National Council on Measurement in Education（AERA, APA, NCME）.(1999). *Standards for educational and psychological testing*. Washington, DC: AERA.
Anderson, C.(2006). *The long tail: Why the future of business is selling less of more*. New York: Hyperion. 篠森ゆりこ（訳）(2009) ロングテール―「売れない商品」を宝の山に変える新戦略―アップデート版　早川書房
Andrade, H.(2000). Using rubrics to promote thinking and learning. *Educational Leadership*, *57*(5), 13–18.
Arvanitis, S.(2005). Computerization, workplace organization, skilled labour and firm productivity: Evidence for the Swiss business sector. *Economics of Innovation and New Technology, Taylor and Francis Journals*, *14*(4), 225–249.
Askenazy, P., Caroli, E., & Marcus, V.(2001). *New organizational practices and working conditions: Evidence from France in the 1990's*. CEPREMAP Working Papers 0106. Downloaded on December 10, 2013, from http://econpapers.repec.org/paper/cpmcepmap/0106.htm
ATC21S-Assessment & Teaching of 21st century skills.(2009). *Transforming education: assessing and teaching 21st century skills*［Assessment Call to Action］Retrieve from http://atc21s.org/wp-content/uploads/2011/04/Cisco-Intel-Microsoft-Assessment-Call-to-Action.pdf
Autor, D., Levy, F., & Munane, R.(2003). The skill content of recent technological change: An empirical exploration. *Quarterly Journal of Economics*, *118*(4), 1279–1334.
Banks, J. A., Au, K. A., Ball, A. F., Bell, P., Gordon, E., Gutierrez, K. D., Brice Heath, S., Lee, C. D., Lee, Y., Mahiri, J., Suad Nasir, N., Valdes, G., & Zhou, M.(2007). *Learning in and out of school in diverse environments: Life-long, life-wide, and life-deep*. http://www.life-slc.org/
Barron, B. J.(2003). When smart groups fail. *The Journal of the Learning Sciences*, *12*(3), 307–35.
Barth, P.(2009). What do we mean by 21st century skills? *American School Board Journal*. Retrieved on December 10, 2013, from http://www.asbj.com/MainMenuCategory/Archive/2009/October/What-Do-We-Mean-by-21st-Century-Skills.aspx
Bateman, H. V., Goldman, S. R., Newbrough, J. R., & Bransford, J. D.(1998). Students' sense of community in constructivist/collaborative learning environments. *Proceedings of the Twentieth Annual Meeting of the Cognitive Science Society*（pp.126–131). Mahwah: Lawrence Erlbaum.
Bell, D.(1973). *The coming of post-industrial society: A venture in social forecasting*. New York: Basic Books. 内田忠夫ら（訳）(1975). 脱工業社会の到来―社会予測の一つの試み―（上・下）ダイヤモンド社
Bell, P., Lewenstein, B., Shouse, A. W., & Feder, M. A.(Eds.).(2009). *Learning science in informal environments: People, places, and pursuits*. Washington, DC: National Academies Press.
Bennett, R. E., Persky, H., Weiss, A., & Jenkins, F.(2007). Problem solving in technology rich

environments: A report from the NAEP technology-based assessment project, Research and Development Series（NCES 2007－466）. U.S. Department of Education, National Center for Educational Statistics. Washington, DC: U.S. Government Printing Office.

Bereiter, C.(1984). How to keep thinking skills from going the way of all frills. *Educational Leadership*, *42*(1), 75–77.

Bereiter, C.(2002). *Education and mind in the knowledge age*. Mahwah: Lawrence Erlbaum Associates.

Bereiter, C.(2009). Innovation in the absence of principled knowledge: The case of the Wright Brothers. *Creativity and Innovation Management*, *18*(3), 234–241.

Bereiter, C., & Scardamalia, M.(1989). Intentional learning as a goal of instruction. In L. B. Resnick（Ed.）, *Knowing, learning, and instruction: Essays in honor of Robert Glaser*（pp.361－392）. Hillsdale: Lawrence Erlbaum Associates.

Bereiter, C., & Scardamalia, M.(1993). *Surpassing ourselves: An inquiry into the nature and implications of expertise*. Chicago and La Salle: Open Court.

Bereiter, C., & Scardamalia, M.(2006). Education for the knowledge age: Design-centred models of teaching and instruction. In P. A. Alexander & P. H. Winne（Eds.）, *Handbook of educational psychology*（2nd ed., pp.695–713）. Mahwah: Lawrence Erlbaum Associates.

Bereiter, C., & Scardamalia, M.(2009). Teaching how science really works. *Education Canada*, *49*(1), 14–17.

Binkley, M., Erstad, O., Herman, J., Raizen, S., Ripley, M., & Rumble, M.(2009). *Developing 21st century skills and assessments*. White Paper from the Assessment and Learning of 21st Century Skills Project.

Black, S. E., & Lynch, L. M.(2003). What's driving the new economy: The benefits of workplace innovation. *The Economic Journal*, *114*, 97–116.

Bonk, C. J.(2009). *The world is open: How web technology is revolutionizing education*. San Francisco: Jossey-Bass.

Borghans, L., & ter Weel, B.(2001). *Computers, skills and wages*. Maastricht: MERIT.

Bransford, J. D., & Schwartz, D.(1999). Rethinking transfer: A simple proposal with multiple implications. In A. Iran-Nejad & P. D. Pearson（Eds.）, *Review of research in education*（Vol. 24, pp.61–100）. Washington, DC: American Educational Research Association.

Bransford, J. D., & Schwartz, D.(2009). It takes expertise to make expertise: Some thoughts about how and why. In K. A. Ericsson（Ed.）, *Development of professional expertise: Toward measurement of expert performance and design of optimal learning environments*（pp.432–448）. New York: Cambridge University Press.

Bransford, J. D., Brown, A. L., & Cocking, R. R.(2000). *How people learn: Brain, mind, experience, and school*. Washington, DC: National Academy Press. 森　敏昭・秋田喜代美（監訳）(2002). 授業を変える―認知心理学のさらなる挑戦―　北大路書房

Bransford, J., Mosborg, S., Copland, M. A., Honig, M. A., Nelson, H. G. Gawel, D., Phillips, R. S., & Vye, N.(2009). Adaptive people and adaptive systems: Issues of learning and design. In A. Hargreaves, A. Lieberman, M. Fullan, & D. Hopkins（Eds.）, *Second International Handbook of Educational Change. Springer International Handbooks of Education,*（Vol. 23, pp.825－856）. Dordrecht: Springer.

Brown, A. L.(1992). Design experiments: Theoretical and methodological challenges in creating complex interventions. *Journal of the Learning Sciences*, *2*(2), 141–178.

Brown, A. L., & Campione, J. C.(1996). Psychological theory and design of innovative learning environments: On procedures, principles, and systems. In L. Schauble & R. Glaser（Eds.）, *Innovations in learning: New environments for education*（pp.289–325）. Mahwah: Lawrence Erlbaum Associates.

Carey, S., & Smith, C.(1993). On understanding the nature of scientific knowledge. *Educational*

Psychologist, *28*(3), 235–251.

Carey, S., Evans, R., Honda, M., Jay, E., & Unger, C.(1989). An experiment is when You Try It and See if It works: A study of junior high school Students' understanding of the construction of scientific knowledge. *International Journal of Science Education*, *11*(5), 514–529.

Chase, W. G., & Simon, H. A.(1973). Perception in chess. *Cognitive Psychology*, *1*, 33–81.

Chi, M. T. H., Feltovich, P. J., & Glaser, R.(1981). Categorization and representation of physics problems by experts and novices. *Cognitive Science*, *5*, 121–152.

Chuy, M., Scardamalia, M., & Bereiter, C.(2009, August). *Knowledge building and writing development*. Paper presented at the Association for Teacher Education in Europe Conference (ATEE), Palma de Mallorca, Spain.

Collins, A., & Halverson, R.(2009). *Rethinking education in the age of technology: The digital revolution and schooling in America*. New York: Teachers College Press. 稲垣　忠(監訳)(2012). デジタル社会の学びのかたち―教育とテクノロジの再考―　北大路書房

Collins, A., Joseph, D., & Bielaczyc, K.(2004). Design research: Theoretical and methodological issues. *The Journal of the Learning Sciences*, *13*(1), 15–42.

Confrey, J.(1990). A review of research on student conceptions in mathematics, science programming. *Review of Research in Education 16*, 3–55, C.B. Cazden, ed. Washington, DC: American Educational Research Association.

Council, L.(2007). *Skills for the future*. Brussels: Lisbon Council.

Crawford, M. B.(2006). Shop class as soulcraft. *The New Atlantis*, 13, 7–24. Retrieved on December 10, 2013, from http://www.thenewatlantis.com/docLib/20090526_TNA13Crawford2009.pdf.

Crawford, V. M., & Toyama, Y.(2002). *WorldWatcher looking at the environment curriculum: Final external evaluation report*. Menlo Park: SRI International.

Crespi, F., & Pianta, M.(2008). Demand and innovation in productivity growth. *International Review of Applied Economics*, *22*(6), 655–672.

Csapó, B.(2007). Research into learning to learn through the assessment of quality and organization of learning outcomes. *The Curriculum Journal*, *18*(2), 195–210.

Darling-Hammond, L.(1997). *The right to learn: A blueprint for creating schools that work*. San Francisco: Jossey-Bass.

Darling-Hammond, L.(2000). Teacher quality and student achievement: A review of state policy evidence. *Education Policy Analysis Archives*, *8*(1).

Darling-Hammond, L., Barron, B., Pearson, P. D., Schoenfeld, A. H., Stage, E. K., Zimmerman, T. D., Cervetti, G. N., & Tilson, J. L.(2008). *Powerful learning: What we know about teaching for understanding*. San Francisco: Jossey-Bass.

David, P. A., & Foray, D.(2003). Economic fundamentals of the knowledge society. *Policy Futures in Education*, *1*(1), 20–49.

Dawkins, R.(1996). *The blind watchmaker* (Why the evidence of evolution reveals a universe without design). New York: W.W.Norton. 日高敏隆（監修）・中島康裕・遠藤　彰・遠藤知二・疋田　努（訳）(2004).　盲目の時計職人　早川書房

de Groot, A. D.(1965). *Thought and choice in chess*. New York: Basic Books.

Deci, E. L., & Ryan, R. M.(1985). *Intrinsic motivation and self-determination in human behaviour*. New York: Plenum.

Dickerson, A., & Green, F.(2004). The growth and valuation of generic skills. *Oxford Economic Papers*, *56*, 371–406.

Drucker, P. F.(1968). *The age of discontinuity: Guidelines to our changing society*. New York: Harper & Row. 上田惇生（訳）(1999). 断絶の時代―いま起こっていることの本質―　ダイヤモンド社

Drucker, P.(1985). *Innovation and entrepreneurship: Practice and principles*. New York: Harper and Row. 上田惇生（訳）(2007).　ドラッカー名著集　イノベーションと企業家精神　ダイヤモンド

社
Drucker, P. F.(1994, November). The age of social transformation. *Atlantic Monthly,* pp.53–80.
Drucker, P. F.(2003). *A functioning society: Selection from sixty-five years of writing on community, society, and polity*. New Brunswick: Transaction Publishers.
Dweck, C. S.(1986). Motivational processes affecting learning. *American Psychologist*, *41*, 1040–1048.
Earl, L. M.(2003). *Assessment as learning. Using classroom assessment to maximize student learning*. Thousand Oaks, CA: Corwin Press.
Earl, L. M., & Katz, S.(2006). *Leading schools in a data-rich world: Harnessing data for school improvement*. Thousand Oaks: Corwin Press.
Engle, R. A., & Conant, F. R.(2002). Guiding principles for fostering productive disciplinary engagement: Explaining an emergent argument in a community of learners classroom. *Cognition and Instruction*, *20*(4), 399–483.
Ericsson, K. A.(Ed.).(2009). *Development of professional expertise. Toward measurement of expert performance and design of optimal learning environments*. New York, NY: Cambridge University Press.
Erstad, O.(2008). Trajectories of remixing–Digital literacies, media production and schooling. In C. Lankshear & M. Knobel (Eds.), *Digital literacies. Concepts, policies and practices* (pp.177–202). New York: Peter Lang.
Fadel, C.(2008, Summer). Deep dives in 21st century curriculum (pp.3–5). Retrieved on June 10, 2010, from http://mascd.schoolwires.net/1731106417449990/lib/1731106417449990/Summer%202008/June%20Perspectives.Deep%20Dives.2008.pdf.(リンク切れ)
Fischer, K. W., & Bidell, T. R.(1997). Dynamic development of psychological structures in action and thought. In R. M. Lerner (Ed.) & W. Damon (Series Ed.), *Handbook of child psychology: Vol. 1. Theoretical models of human development* (5th ed., pp.467–561). New York: Wiley.
Frederiksen, J. R., & Collins, A.(1989). A system approach to educational testing. *Educational Researcher*, *18*(9), 27–32.
Fujimura, J.(1992). Crafting science: Standardized packages, boundary objects, and translation. In A. Pickering (Ed.), *Science as practice and culture*. Chicago: University of Chicago Press.
Gan, Y. C., Scardamalia, M., Hong, H.-Y., & Zhang, J.(2007). Making thinking visible: Growth in graphical literacy, Grades 3 and 4. In C. Chinn, G. Erkens, & S. Puntambekar (Eds.), *Proceedings of the International Conference on Computer Supported Collaborative Learning 2007* (pp.206–208). Rutgers, The State University of New Jersey, Newark.
Gaskin, I. W.(2005). *Success with struggling readers: The Benchmark School approach*. New York: Guilford.
Gates, D.(2005). Boeing 787: Parts from around world will be swiftly integrated. *The Seattle Times*, September 11, 2005.
Gera, S., & Gu, W.(2004). The effect of organizational innovation and information technology on firm performance. *International Productivity Monitor*, *9*, 37–51.
Gillmore, G. M.(1998, December). Importance of specific skills five and ten years after graduation. OEA Research Report 98–11. Seattle: University of Washington Office of Educational Assessment. Retrieved December 13, 2013, from http://www.washington.edu/oea/pdfs/reports/OEAReport9811.pdf.
Glaser, R.(1991). Expertise and assessment. In M. Wittrock & E. Baker (Eds.), *Testing and cognition* (pp.17–30). Englewood Cliffs, NJ: Prentice-Hall.
Gloor, P. A.(2006). *Swarm creativity: Competitive advantage through collaborative innovation networks*. Oxford: Oxford University Press.
Goodwin, C., & Goodwin, M. H.(1996). Seeing as a situated activity: Formulating planes. In Y. Engeström & D. Middleton (Eds.), *Cognition and communication at work* (pp.61–95). Cambridge: Cambridge University Press.

Greeno, J. G.(1991). Number sense as situated knowing in a conceptual domain. *Journal for Research in Mathematics Education*, *22*, 170–218.

Hall, R., & Stevens, R.(1995). Making space: A comparison of mathematical work in school and professional design practices. In S. L. Star (Ed.), *The cultures of computing* (pp.118–145). London: Basil Blackwell.

Hatano, G., & Inagaki, K.(1986). Two courses of expertise. In H. Stevenson, J. Azuma, & K. Hakuta (Eds.), *Child development and education in Japan* (pp.262–272). New York: W. H. Freeman.

Hatano, G., & Osuro, Y.(2003). Commentary: Reconceptualizing school learning using insight from expertise research. *Educational Researcher*, *32*, 26–29.

Hearn, G., & Rooney, D.(Eds.).(2008). *Knowledge policy. Challenges for the 21st century*. Northampton: Edward Elgar Publishing, Inc.

Herrenkohl, L. R., & Guerra, M. R.(1998). Participant structures, scientific discourse, and student engagement in fourth grade. *Cognition and Instruction*, *16*, 433–475.

Hestenes, D., Wells, M., & Swackhamer, G.(1992). Force concept inventory. *Physics Teacher*, *30*, 141–158.

Homer-Dixon, T.(2000). *The ingenuity gap*. New York: Knopf.

Honda, M.(1994). *Linguistic inquiry in the science classroom: "It is science, but it's not like a science problem in a book*." Cambridge: MIT Working Papers in Linguistics.

Johnson, P.(2009). The 21st century skills movement. *Educational Leadership*, *67*(1), 11–11.

Katz, S., Earl, L. M., & Jaafar, S. B.(2009). *Building and connecting learning communities: The power of networks for school improvement*. Thousand Oaks: Corwin Press.

Kozma, R. B.(2003). Material and social affordances of multiple representations for science understanding. *Learning Instruction*, *13*(2), 205–226.

Kozma, R. B., Chin, E., Russell, J., & Marx, N.(2000). The role of representations and tools in the chemistry laboratory and their implications for chemistry learning. *Journal of the Learning Sciences*, *9*(3), 105–144.

Kuhn, D., Schauble, L., & Garcia-Mila, M.(1992). Cross-domain development of scientific reasoning. *Cognition and Instruction*, *9*, 285–327.

Laferrière, T.(2001). Collaborative teaching and education reform in a networked world. In M. Moll (Ed.), *But it's only a tool! The politics of technology and education reform* (pp.65–88). Ottawa: Canadian Teachers Federation and Canadian Centre for Policy Alternative.

Laferrière, T., & Gervais, F.(2008). Communities of practice across learning institutions. In C. Kimble, P. Hildreth, & I. Bourdon (Eds.), *Communities of Practice: Creating Learning Environments for Educators*, Vol. 2 (pp.179–197). Charlotte: Information Age Publishing Inc.

Lai, M., & Law, N.(2006). Peer Scaffolding of Knowledge Building through Collaboration of Groups with Differential Learning Experiences. *Journal of Educational Computing Research*, *35*(2), 121–142.

Lamon, M., Secules, T., Petrosino, A. J., Hackett, R., Bransford, J. D., & Goldman, S. R.(1996). Schools for thought: Overview of the project and lessons learned from one of the sites. In L. Schauble & R. Glaser (Eds.), *Innovation in learning: New environments for education* (pp.243–288). Hillsdale: Lawrence Erlbaum.

Law, N.(2006). Leveraging technology for educational reform and pedagogical innovation: Policies and practices in Hong Kong and Singapore. *Research and Practice in Technology Education and Learning*, *1*(2), 163–170.

Law, N., & Wong, E.(2003). Developmental trajectory in knowledge building: An investigation. In B. Wasson, S. Ludvigsen & U. Hoppe (Eds.), *Designing for change in networked learning environments* (pp.57–66). Dordrecht: Kluwer Academic Publishers.

Law, N., Lee, Y., & Chow, A.(2002). Practice characteristics that lead to "21st century learning outcomes". *Journal of Computer Assisted Learning*, *18*(4), 415–426.

Lee, C. D.(1992). Literacy, cultural diversity, and instruction. *Education and Urban Society*, *24*, 279–291.

Lee, E. Y. C., Chan, C. K. K., & van Aalst, J.(2006). Students assessing their own collaborative knowledge building. *International Journal of Computer-Supported Collaborative Learning*, *1*, 277–307.

Lehrer, R., Carpenter, S., Schauble, L., & Putz, A.(2000). Designing classrooms that support inquiry. In R. Minstrell & E. Van Zee (Eds.), *Inquiring into inquiry learning and teaching in science* (pp.80–99). Reston: American Association for the Advancement of Science.

Leiponen, A.(2005). Organization of knowledge and innovation: The case of Finnish business services. *Industry and Innovation*, *12*(2), 185–203.

Leonard-Barton, D.(1995). *Wellsprings of knowledge: Building and sustaining the sources of innovation*. Boston : Harvard Business School Press. 阿部孝太郎・田畑暁生（訳)(2001). 知識の源泉―イノベーションの構築と持続― ダイヤモンド社

Maurin, E., & Thesmar, D.(2004). Changes in the functional structure of firms and the demand for skill. *Journal of Labor Economics*, *22*(3), 639–644.

Messick, S.(1994). The interplay of evidence and consequences in the validation of performance assessments. *Educational Researcher*, *32*, 13–23.

Messina, R., & Reeve, R.(2006). Knowledge building in elementary science. In K. Leithwood, P. McAdie, N. Bascia, & A. Rodrigue (Eds.), *Teaching for deep understanding: What every educator should know*(pp.110–115). Thousand Oaks: Corwin Press.

Mestre, J. P.(1994). Cognitive aspects of learning and teaching science. In S. J. Fitzsimmons, & L. C. Kerpelman (Eds.), *Teacher enhancement for elementary and secondary science and mathematics: Status, issues, and problems.*(pp.3–1～3–53). NSF 94–80, Arlington: National Science Foundation.

Minstrell, J.(1989). Teaching science for understanding. In L. Resnick & L. Klopfer(Eds.), *Toward the thinking curriculum: Current cognitive research. 1989 Yearbook of the Association for Supervision and Curriculum Development* (pp.129–149). Washington, DC: Association for Supervision and Curriculum Development.

Mislevy, R. J., & Haertel, G. D.(2006). Implications of evidence-centered design for educational testing. *Educational Measurement: Issues and Practice*, *25*(4), 6–20.

Mislevy, R. J., Chudowsky, N., Draney, K., Fried, R., Gaffney, T., Haertel, G., Hafter, A., Hamel, L., Kennedy, C., Long, K., Morrison, A. L., Murphy, R., Pena, P., Quellmalz, E., Rosenquist, A., Songer, N., Schank, P., Wenk, A., & Wilson, M.(2003). *Design patterns for assessing science inquiry* (PADI Technical Report 1). Menlo Park: SRI International, Center for Technology in Learning.

Moll, L. C.(1986a). *Creating strategic learning environments for students: A community-based approach*. Paper presented at the S.I.G. Language Development Invited Symposium Literacy and Schooling, Annual Meeting of the American Educational Research Association, San Francisco.

Moll, L. C.(1986b). Writing as a communication: Creating strategic learning environments for students. *Theory into Practice*, *25*, 102–108.

Moses, R. P.(1994). The struggle for citizenship and math/sciences literacy. *Journal of Mathematical Behaviour*, *13*, 107–111.

Moss, J.(2005). Pipes, tubes, and beakers: Teaching rational number. In J. Bransford & S. Donovan (Eds.), *How children learn: History, science and mathematics in the classroom* (pp.309–350). Washington, DC: National Academies Press.

Moss, J., & Beatty, R.(2006). Knowledge building in mathematics: Supporting collaborative learning in pattern problems. *International Journal of Computer Supported Collaborative Learning*, *1*(4), 441–465.

Murphy, M.(2002). *Organizational change and firm performance*. OECD Working Papers. Downloaded on December 10, 2013 from http://www.oecd-ilibrary.org/content/workingpaper/615168153531.

National Research Council (2000). *How people learn: Brain, mind, experience, and school*. Expanded version ; J. D. Bransford, A. L. Brown, & R. R. Cocking (Eds.). Washington, DC: National Academy Press. 森　敏昭・秋田喜代美 (監訳)(2002). 授業を変える―認知心理学のさらなる挑戦―　北大路書房

Newell, A., & Simon, H. A.(1972). *Human problem solving*. Englewood Cliffs: Prentice-Hall.

Nonaka, I., & Takeuchi, H.(1995). *The knowledge creating company: How Japanese companies create the dynamics of innovation*. New York: Oxford University Press.

Norman, D. A.(1993). *Things that make us smart*. Reading: Addison-Wesley Publishing Company. 佐伯　胖 (監訳)・八木大彦・嶋田敦夫・岡本　明・藤田克彦 (訳)(1996). 人を賢くする道具―ソフト・テクノロジーの心理学―　新曜社

Nunes, C. A. A., Nunes, M. M. R., & Davis, C.(2003). Assessing the inaccessible: Metacognition and attitudes. *Assessment in Education*, *10*(3), 375–388.

Ochs, E., Gonzales, P., & Jacoby, S.(1996). "When I come down I'm in the domain state": Grammar and graphic representation in the interpretive activity of physicists. In E. Ochs, E. A. Schegloff, & S. Thompson(Eds.), *Interaction and grammar*(pp.328–369). New York: Cambridge University Press.

Paavola, S., & Hakkarainen, K.(2005). The knowledge creation metaphor–An emergent epistemological approach to learning. *Science and Education*, *14*, 535–557.

Panel on Educational Technology of the President's Committee of Advisors on Science and Technology (1997, March). *Report to the President on the use of technology to strengthen K–12 education in the United States*. Retrieved on December 10, 2013, from http://clinton3.nara.gov/WH/EOP/OSTP/NSTC/PCAST/k–12ed.html.

Partnership for 21st Century Skills.(2009). Retrieved on December 10, 2013, from http:// www.21stcenturyskills.org/

Pellegrino, J., Chudowsky, N., & Glaser, R.(2001). *Knowing what students know: The science and design of educational assessment*. Washington, DC: National Academy Press.

Pilat, D.(2004). *The economic impact of ICT: A European perspective.* Paper presented at a conference on IT Innovation, Tokyo.

Quellmalz, E. S., & Haertel, G. D.(2008). Assessing new literacies in science and mathematics. In D. J. Leu Jr., J. Coiro, M. Knowbel, & C. Lankshear (Eds.), *Handbook of research on new literacies.* Mahwah: Erlbaum.

Quellmalz, E. S., & Kozma, R.(2003). Designing assessments of learning with technology. *Assessment in Education*, *10*(3), 389–407.

Quellmalz, E. S., & Pellegrino, J. W.(2009). Technology and testing. *Science*, *323*, 75–79.

Raizen, S. A.(1997). Making way for technology education. *Journal of Science Education and Technology*, *6*(1), 59–70.

Raizen, S. A., Sellwood, P., Todd, R. D., & Vickers, M.(1995). *Technology education in the classroom: Understanding the designed world*. San Francisco: Jossey-Bass.

Redish, E. F.(1996). *Discipline-specific science education and educational research: The case of physics.* Paper prepared for the Committee on Developments in the Science of Learning, for the Sciences of Science Learning: an Interdisciplinary Discussion.

Reich, R. B.(1991). *The work of nations: Preparing ourselves for 21st century capitalism*. New York: A.A. Knopf. 中谷　巌 (訳)(1991). ザ・ワーク・オブ・ネーションズ―21世紀資本主義のイメージ―　ダイヤモンド社

Robinson, A. G., & Stern, S.(1997). *Corporate creativity. How innovation and improvement actually happen*. San Francisco: Berrett-Koehler Publishers, Inc. アラン・G・ロビンソン, サム・スターン (2007). 企業創造力―組織の可能性を呼びさます6つの条件―　英治出版

Rotherham, A. J. (2008). *21st-century skills are not a new education trend but could be a fad*. Retrieve December 10, 2013, from http://www.usnews.com/articles/opinion/2008/12/15/21st-century-skills-are-not-a-new-education-trend-but-could-be-a-fad.html

Rotherham, A. J., & Willingham, D. (2009). 21st Century skills: The challenges ahead. *Educational Leadership*, *67* (1), 16–21.

Saving the rainforest: REDD or dead？ (2009). Retrieved on December 10, 2013, from http://edition.cnn.com/2009/WORLD/europe/12/18/un.redd.program.rainforests/index.html

Scardamalia, M. (2002). Collective cognitive responsibility for the advancement of knowledge. In B. Smith (Ed.), *Liberal education in a knowledge society* (pp.67–98). Chicago: Open Court.

Scardamalia, M., & Bereiter, C. (2003). Knowledge building. In *Encyclopedia of education* (2nd ed., pp.1370–1373). New York: Macmillan Reference.

Scardamalia, M., & Bereiter, C. (2006). Knowledge building: Theory, pedagogy, and technology. In K. Sawyer (Ed.), *Cambridge handbook of the learning sciences* (pp.97–118). New York: Cambridge University Press. 河野麻沙美（訳）(2009). 知識構築―理論，教育学，そしてテクノロジー―　森　敏昭・秋田喜代美（監訳）学習科学ハンドブック　培風館

Scardamalia, M., Bereiter, C., Brett, C., Burtis, P. J., Calhoun, C., & Smith Lea, N. (1992). Educational applications of a networked communal database. *Interactive Learning Environments*, *2* (1), 45–71.

Schauble, L., Glaser, R., Duschl, R. A., Shulze, S., & John, J. (1995). Students' understanding of the objectives and procedures of experimentation in the science classroom. *Journal of the Learning Sciences*, *4*, 131–166.

Schwartz, D. L., & Bransford, J. D. (1998). A time for telling. *Cognition and Instruction*, *16* (4), 475–522.

Senge, P. M. (1990). *The fifth discipline*. London: Century Business. 守部信之（訳）(1995). 最強組織の法則―新時代のチームワークとは何か―　徳間書店

Shutt, K., Phillips, R., Van Horne, K., Vye, N., & Bransford, J. B. (2009). *Developing science inquiry skills with challenge-based, student-directed learning*. Seattle: Presentation to the LIFE Center: Learning in Informal and Formal Environments, University of Washington.

Shutt, K., Vye, N., & Bransford, J. D. (2011, April). *The role of agency and authenticity in argumentation during science inquiry*. Paper presented at the annual meeting of the National Association for Research in Science Teaching, Orlando, FL.

Simonton, D. K. (1999). *Origins of genius: Darwinian perspectives on creativity*. New York: Oxford University Press.

Smith, C. L., & Wenk, L. (2006). Relations among three aspects of first-year college Students' epistemologies of science. *Journal of Research in Science Teaching*, *43* (8), 747–785.

Smith, C. L., Maclin, D., Houghton, C., & Hennessey, M. G. (2000). Sixth-grade Students' epistemologies of science: The impact of school science experiences on epistemological devel- opment. *Cognition and Instruction*, *18* (3), 349–422.

Spiro, R. J., Vispoel, W. L., Schmitz, J., Samarapungavan, A., & Boeger, A. (1987). Knowledge acquisition for application: Cognitive flexibility and transfer in complex content domains. In B. C. Britton & S. Glynn (Eds.), *Executive control processes in reading* (pp.177–199). Hillsdale: Lawrence Erlbaum Associates.

Spiro, R. J., Feltovich, P. L., Jackson, M. J., & Coulson, R. L. (1991). Cognitive flexibility, constructivism, and hypertext: Random access instruction for advanced knowledge acquisition in ill-structured domains. *Educational Technology*, *31* (5), 24–33.

Stahl, G. (2006). *Group cognition: Computer support for building collaborative knowledge*. Cambridge: MIT Press.

Stewart, I., & Golubitsky, M. (1992). *Fearful symmetry: Is God a geometer?* Oxford: Blackwell Publishers.

Stipek, D. (2002). *Motivation to learn: Integrating theory and practice* (4th ed.). Needham Heights: Allyn and Bacon.

Stiroh, K. J. (2003). Growth and innovation in the new economy. In D. Jones (Ed.), *New economy handbook* (pp.723–751). San Diego/London: Elsevier/Academic Press.

Suchman, L. A., & Trigg, R. H. (1993). Artificial intelligence as craftwork. In S. Chaiklin & J. Lave (Eds.), *Understanding practice: Perspectives on activity and context* (pp.144–178). New York: Cambridge University Press.

Sun, Y., Zhang, J., & Scardamalia, M. (2008). Knowledge building and vocabulary growth over two years, Grades 3 and 4. *Instructional Science*. doi: 10.1007/s11251-008-9082-5.

Sun, Y., Zhang, J., & Scardamalia, M. (2010). Developing deep understanding and literacy while addressing a gender-based literacy gap. *Canadian Journal of Learning and Technology 36* (1). Published online at http://www.cjlt.ca/index.php/cjlt/article/view/576

Svihla, V., Vye, N. J., Brown, M., Philips, R., Gawel, D., & Bransford, J. D. (2009). Interactive learning assessments for the 21st century. *Education Canada*, *49* (3), 44–47.

Tabak, I., & Baumgartner, E. (2004). The teacher as partner: Exploring participant structures, symmetry, and identity work in scaffolding. *Cognition and Instruction*, *22* (4), 393–429.

Teplovs, C. (2008). The knowledge space visualizer: A tool for visualizing online discourse. In G. Kanselaar, V. Jonker, P. A. Kirschner, & F. J. Prins (Eds.), *Proceedings of the International Conference of the Learning Sciences 2008: Cre8 a learning world*. Utrecht: International Society of the Learning.

The North American Council for Online Learning & the Partnership for 21st Century Skills. (2006). *Virtual Schools and 21st Century Skills*. Retrieved on December 10, 2013, from http://www.inacol.org/research/docs/NACOL_21CenturySkills.pdf

Toffler, A. (1990). *Power shift. Knowledge, wealth, and violence at the edge of the 21st century*. New York: Bantam Books. 徳山二郎（訳）(1991). パワーシフト―21世紀へと変容する知識と富と暴力― フジテレビ出版

Trevinarus, J. (1994). Virtual reality technologies and people with disabilities. *Presence: Teleoperators and Virtual Environments*, *3* (3), 201–207.

Trevinarus, J. (2002). Making yourself at home–Portable personal access preferences. In K. Miesenberger, J. Klaus, & W. Zagler (Eds.), *Proceedings of the 8th International Conference on Computers Helping People with Special Needs* (pp.643–648). London: Springer.

Trilling, B., & Fadel, C. (2009). *21st Century skills: Learning for life in our times*. San Francisco: Jossey-Bass.

Tucker, B. (2009). *The Next Generation of Testing*. Retrieved on December 10, 2013, from http://www.ascd.org/publications/educational_leadership/nov09/vol67/num03/The_Next_Generation_of_Testing.aspx.

Tzou, C., & Bell, P. (2010). *Micros and me: Leveraging students' cultural repertoires of practice around microbiology and health in the redesign of a commercially available science kit*. Paper presented at the meeting of the American Educational Research Association, Denver.

U.S. Department of Commerce, U.S. Department of Education, U.S. Department of Labour, National Institute of Literacy, and the Small Business Administration (1999). Report retrieved on December 10, 2013, from http://www.inpathways.net/_ACRNA/21stjobs.pdf

UNESCO. (2005). *Towards knowledge societies*. Paris: United Nations Educational, Scientific, and Cultural Organization.

Venezky, R. L., & Davis, C. (2002). "Quo Vademus? The Transformation of Schooling in a Networked World." Version 8c. OECD Centre for Educational Research and Innovation, Paris. http://akgul.bilkent.edu.tr/egitim/vademus-oecd-k12.pdf.

Vosniadou, S., & Brewer, W. F. (1989). *The concept of the Earth's shape: A study of conceptual change in childhood*. Unpublished paper. Center for the Study of Reading, University of Illinois,

Champaign.
Vygotsky, L. S.(1962). Thought and language.(E. Hanfmann & G. Vakar,Trans.). Cambridge, MA: MIT Press (Original work published in 1934). 柴田義松（訳）(2001). 新訳版　思考と言語　新読書社
Wertime, R.(1979). Students' problems and courage spans. In J. Lockhead & J. Clements (Eds.), *Cognitive process instruction*. Philadelphia: The Franklin Institute Press.
Wertsch, J.(1998). *Mind as action*. New York: Oxford University Press. 佐藤公治・黒須俊夫・上村佳世子・田島信元・石橋由美（訳）(2002). 行為としての心　北大路書房
Wiggins, G. P., & McTighe, J.(1997). *Understanding by Design*. Alexandria: Association for Supervision and Curriculum Development.
Wiggins, G. P., & McTighe, J.(2006). Examining the teaching life. *Educational Leadership*, *63*, 26–29.
Williams, S. M.(2009). The impact of collaborative, Scaffolded Learning in K-12 Schools: A Meta-Analysis. Report commissioned to The Metiri Group, by Cisco Systems.
Willingham, D.(2008, December 1). Education for the 21st century: Balancing content knowledge with skills. Message posted to http://www.britannica.com/blogs/2008/12/schooling-for-the-21st-century-balancing-content-knowledge-with-skills/
Wilson, B. G.(Ed.).(1996). Constructivist learning environments: Case studies in instructional design. Englewood Cliffs, New Jersey: Educational Technology Publications, Inc.
Wilson, E. O.(1999). *Consilience: The Unity of Knowledge*. London:Vintage Books. 山下篤子（訳）(2002). 知の挑戦―科学的知性と文化的知性の統合―　角川書店
Wilson, M., & Sloane, K.(2000). From principles to practice: An embedded assessment system. *Applied Measurement in Education*, *13*(2), 181–208.
Wiske, M. S.(1998). What is teaching for understanding? In M. S. Wiske (Ed.), *Teaching for understanding: Linking research with practice* (pp.61–86). San Francisco: Jossey-Bass Publishers.
Zhang, J., Scardamalia, M., Lamon, M., Messina, R., & Reeve, R.(2007). Socio-cognitive dynamics of knowledge building in the work of nine- and ten-year-olds. *Educational Technology Research and Development*, *55*(2), 117–145.
Zhang, J., Scardamalia, M., Reeve, R., & Messina, R.(2009). Designs for collective cognitive responsibility in knowledge building communities. *The Journal of the Learning Sciences*, *18*, 7–44.
Zohgi, C., Mohr, R., & Meyer, P.(2007). *Workplace organization and innovation* (*Working Paper 405*). Washington, DC: Bureau of Labour Statistics.

第4章

Archer, J.(December 19th, 2006). Wales eliminates National Exams for many students. *Education Week*. Retrieved on December 10th, 2013, from http://www.edweek.org/ew/articles/2006/12/20/16wales.h26.html?qs=Wales.
Buchberger, F., & Buchberger, I.(2004). Problem solving capacity of a teacher education system as a condition of success? An analysis of the "Finnish case. In F. Buchberger & S. Berghammer (Eds.), *Education policy analysis in a comparative perspective* (pp.222–237). Linz: Trauner.
Chan, J. K., Kennedy, K. J., Yu, F. W., & Fok, P.(2008). Assessment policy in Hong Kong: Implementation issues for new forms of assessment. *The Hong Kong Institute of Education*. Retrieved on December 10th, 2013, from http://www.iaea.info/papers.aspx?id=68
Council for Curriculum Examinations and Assessment.(2008a). *Curriculum, key stage 3, post- primary assessment*. Retrieved on December 10th, 2013, from http://www.ccea.org.uk/
Council for Curriculum Examinations and Assessment.(2008b). *Qualifications*. Retrieved on December 10th, 2013, from http://www.ccea.org.uk/
Dixon, Q. L.(2005). Bilingual Education Policy in Singapore: An analysis of its sociohistorical roots and current academic outcomes. *International Journal of Bilingual Education and Bilingualism*, *8*(1), 25–47.

Education Bureau.(2001). Domain on learing and teaching. Hong Kong: Education Department.
European Commission.(2007/2008). Eurybase, The Information Database on Education Systems in Europe, The Education System in Finland.

Finnish National Board of Education.(2007, November 12). *Background for Finnish PISA success*. Retrieved on December 10th, 2013, from http://www.minedu.fi/pisa/taustaa.html?lang=en.

Finnish National Board of Education.(2008a, April 30). *Teachers*. Retrieved on December 10th, 2013, from http://www.oph.fi/english/education_system/teacher_education.

Finnish National Board of Education.(2008b, June 10). *Basic education*. Retrieved on December 10th, 2013, from http://www.oph.fi/english/curricula_and_qualifications/basic_education.

Hautamäki, J., & Kupiainen, S.(2002, May 14). The Finnish Learning to Learn Assessment Project: A concise report with key results. Prepared for the Workshop on Learning-to-Learn Assessment, Brussels. Helsinki: Centre for Educational Assessment, Helsinki University.

Hautamäki, J., Arinen, P., Eronen, S., Hautamäki, A., Kupiainen, S., Lindblom, B., Niemivirta, M., Pakaslahti, L., Rantanen, P., & Scheinin, P.(2002). *Assessing learning-to-learn: A framework*. Helsinki: Centre for Educational Assessment, Helsinki University, and the National Board of Education in Finland.

HKEAA.(2009). School-based Assessment(SBA). Retrieved on December 10th, 2013, from http:// www.hkeaa.edu.hk/en/sba

Kaftandjieva, F., & Takala S.(2002). *Relating the Finnish Matriculation Examination English Test Results to the CEF Scales*. Paper presented at Helsinki Seminar on Linking Language Examinations to common European Framework of reference for Languages: Learning, Teaching Assessment.

Kaur, B.(2005). *Assessment of mathematics in Singapore schools–The present and future*. Singapore: National Institute of Education.

Korpela, S.(2004, December). *The Finnish school–A source of skills and well-being: A day at Stromberg Lower Comprehensive School*. Retrieved on December 10th, 2013, from http://1426.blogspot.jp/2008/10/finnish-school-source-of-skills-and.html

Laukkanen, R.(2008). Finnish Strategy for High-Level Education for All. In N. C. Soguel, & P. Jaccard (Eds.), *Governance and performance of education systems*. Dordrecht: Springer.

Lavonen, J.(2008). *Reasons behind Finnish Students' Success in the PISA Scientific Literacy Assessment*. University of Helsinki, Finland. Retrieved on December 10th, 2013, from http://www.friends-partners.org/GLOSAS/Global_University/Global%20University%20System/List%20Distributions/2008/MTI1980_09-18-08/Finland%20Education/ReasonsBehindPisaSuccess.pdf.

Ng, P. T.(2008). Educational reform in Singapore: from quantity to quality. *Education Research on Policy and Practice*, 7, 5-15.

Qualifications and Curriculum Authority (2009). Assessing pupils' progress: *Assessment at the heart of learning*. December 10th, 2013, from https://orderline.education.gov.uk/gempdf/184721746X.PDF.

Queensland Government.(2001). *New basics: The why, what, how and when of rich tasks*. Retrieved on December 10th, 2013, from http://216.78.200.159/RandD/New%20Basics%20Project/NewBasicsrichtasksbklet.pdf.

Scottish Qualifications Authority.(2004, March). *Scotland's national qualifications: Quick guide*. Retrieved on December 10th, 2013, from http://www.sqa.org.uk/files_ccc/NQQuickGuide.pdf.

Singapore Examinations and Assessment Board.(2006). *2006 A-Level Examination*. Singapore: Author.

Stage, E. K.(2005, Winter). Why do we need these assessments? *Natural Selection: Journal of the BSCS,* 11-13.

The Finnish Matriculation Examination.(2008). Retrieved on December 10th, 2013, from http://www.ylioppilastutkinto.fi/en/index.html

The Scottish Government.(2008). *Schools: Attainment*. Retrieved on December 10th, 2013, from http://

www.scotland.gov.uk/Topics/Education/Schools/curriculum/Attainment.

Victoria Curriculum and Assessment Authority.（2009）. Planning for Assessment. http://vels.vcaa.vic.edu.au/support/tla/assess_planning.html.

Welsh Assembly Government.（2008a）. *Primary*（*3−11*）. Retrieved on September 12th, 2008, from http://old.accac.org.uk/eng/content.php?cID＝5.（リンク切れ）

Welsh Assembly Government.（2008b）. *Secondary*（*11−16*）. Retrieved on September 12th, 2008, from http://old.accac.org.uk/eng/content.php?cID＝6.（リンク切れ）

第5章

Bransford, J. D., Brown, A. L., & Cocking, R. R.（Eds.）.（2000）. *How people learn: Brain, mind, experience, and school.* Washington, DC: National Academy Press. 森　敏昭・秋田喜代美（監訳）（2002）. 授業を変える―認知心理学のさらなる挑戦―　北大路書房

Bruner, J.（1996）. *The Culture of Education.* Harvard University Press. 岡本夏木・池上貴美子・岡本佳子（訳）（2004）. 教育という文化　岩波書店

稲垣加世子・波多野誼余夫（1989）. 人はいかに学ぶか　中央公論社

国立教育政策研究所（2013）.「教育課程編成に関する基礎的研究研究成果報告書5　社会の変化に対応する資質や能力を育成する教育課程編成の基本原理」

Looi, C-K., & Dillenbourg, P.（2013）. How will Collaborative Problem Solving be assessed at international scale? *Workshop at CSCL2013*, Madison, USA.

OECD（2013）. *Draft Collaborative Problem Solving Framework.* http://www.oecd.org/pisa/pisaproducts/pisa2015draftframeworks.htm

Reich, R. B.（1991）. *The work of nations: Preparing ourselves for 21st century capitalism.* Alfred A. Knopf.

Rychen, D. S., & Salganik, L. H.（Eds.）.（2003）. *Key competencies for a successful life and a well-functioning society.* Göttingen, Germany: Hogrefe and Huber.

Scardamalia, M., & Bereiter, C.（2013）. *Beyond 21st century skills: Building cultural capacity for innovation*. Talk presented at 人ロボット共生学　国際シンポジウム「学び続ける力を育てる教育と評価のネットワーク構築に向けて」東京

Shirouzu, H.（2013）. Focus-based constructive interaction. In D. D. Suthers, K. Lund, C. P. Rose, C. Teplovs, & N. Law（Eds.）, *Productive multivocality in the analysis of group interactions*（Computer-Supported Collaborative Learning Series 16）. New York: Springer. pp.103−122.

スカーダマリア・M, ベライター・C, 大島　純（2010）. 知識創造実践のための「知識構築共同体」学習環境　日本教育工学会論文誌, *33*（3）, 197−208.

Trilling, B., & Charles, F.（2009）. *21st century skills: Learning for life in our times.* San Francisco: Jossey-Bass.

第6章

Hatano, G., & Inagaki, K.（1986）. Two courses of expertise. *Child development and education in Japan.* pp.262−272.

板倉聖宣（1971）. 科学と仮説―仮説実験授業への道―　野火書房（のち季節社）

益川弘如・村山　功・酒井宣幸・石上靖芳（2009）. 授業改善力を高める協調的授業観察分析法の提案と実践　静岡大学教育学部附属教育実践総合センター紀要, No.17, pp.51−58.

三宅なほみ（1985）. 理解におけるインターラクションとは何か　佐伯　胖（編）　認知科学選書4　理解とは何か　東京大学出版会　pp.69−98.

Miyake, N.（1986）. Constructive interaction and the iterative process of understanding. *Cognitive Science*, *10*, 151−177.

三宅なほみ（2011）. 概念変化のための協調過程―教室で学習者同士が話し合うことの意味―　心理学評論, *54*（3）, 328−341.

三宅なほみ（2012）．概念の発達，評価　他９章　三宅芳雄　教育心理学特論　pp.87–239. 放送大学教育振興会

Miyake, N.（2013）. Case report 5: Knowledge construction with technology in Japnaese classrooms（CoREF）. In P. Kampylis, N. Law, & Y. Punie（Eds.）, ICT-enabled innovation for learning in Europe and Asia: Exploring conditions for sustainability, scalability and impact at system level. *JRC Scientific and Policy Reports*, pp.78–90. http://ipts.jrc.ec.europa.eu/publications/pub.cfm?id＝6362

Miyake, N., & R. Pea, R.（2007）. Redefining learning goals of very long-term learning across different fields of activity. In *Proceedings of CSCL–2007*.（Computer-Supported Collaborative Learning）. Mahwah, NJ: Erlbaum Associates., 96–103.

三宅なほみ・齊藤萌木・飯窪真也・利根川太郎（2012）．学習者中心型授業へのアプローチ―知識構成型ジグソー法を軸に―　東京大学大学院教育学研究科紀要, No. 51, pp.441–458.

三宅芳雄・三宅なほみ（2014）．教育心理学概論　放送大学教育振興会

村山　功（2010）．協調学習に対するデザイン実験アプローチ―小学校における長期的な実践研究からの知見―　科学教育研究, *34*（2）, pp.61–70.

大島　純（2004）．学習環境を総合的にデザインする　波多野誼余夫・大浦容子・大島　純（編著）学習科学　放送大学教育振興会

Saito, M., & Miyake, N.（2011）. Socially constructive interaction for fostering conceptual change. *Proceedings of CSCL2011* pp.96–103.

東京大学大学発教育支援コンソーシアム推進機構（2011）．平成22年度活動報告書

東京大学大学発教育支援コンソーシアム推進機構（2012）．平成23年度活動報告書

東京大学大学発教育支援コンソーシアム推進機構（2013）．平成24年度活動報告書

Vosniadou, S.（Ed.）.（2013）. *International Handbook of Research on Conceptual Change*（2nd ed.）. New York: Routledge.

索 引

編訳者あとがき

2010年3月23, 24日，研究者，教育・IT企業関係者，教育行政関係者…総勢20名を超える人が，東京大学の福武ラーニングスタジオに集いました。本書の監訳者でもある三宅なほみ氏の呼びかけにより，ATC21Sプロジェクトから提出された5冊のドラフト版白書を2日間かけてジグソー法で分担紹介し合うことで情報共有したのです。編訳者2人も参加し，21世紀型スキルの実態について詳しく知る機会となりました。その時の様子は，CRET（教育テスト研究センター）のページで報告されています（http://www.cret.or.jp/foreign/13/）。

徐々に21世紀型スキルの国内認知度は上がり，2011年10月編訳者2人は東京大学の山内祐平氏と一緒に，豊島区立千川中学校にて東京大学，日本マイクロソフト，レノボジャパンの「21世紀型スキルを育成するための実証研究」に深く関わることになります。2012年6月には，内田洋行主催のNew Education Expo 2012のマイクロソフトセッションにて「21世紀型スキル育成を目指したICT活用による協調学習の授業づくりワークショップ」を開催する活動なども行いました。

国内では「21世紀型スキル」をキーワードにした授業実践の取り組みが各地で行われています。例えば第6章で紹介した取り組みは，埼玉県の「21世紀型スキル育成研修」でも取り扱われています。またダイワボウ情報システムは，インテル・東芝をはじめとしたアライアンスパートナーとともに「DIS School Innovation Project」として21世紀型スキルを育成するための普通教室におけるICT活用実証研究を2013年度から全国33校で実施しており，編訳者の一人も関わっています。他にも，日本マイクロソフトは，複数の国内企業と共に，「Windowsクラスルーム協議会」を立ち上げたり，インテルは「Intel Teachプログラム」を日本国内に展開していくなど，それぞれ21世紀型スキルを育成するために取り組みを具体化しています。このような背景もあり，国内で21世紀型スキルとその10個のキーワードは認知され広がっていますが，プロジェクトの実態や詳細に関する日本語資料は乏しい状態でした。そこで，2012年に白書が書籍として出版されたのを契機に，その内容を日本国内で共有し，具体像を知ったうえで様々な立場の人たちが手を取り合っていくために，日本の現状と取り組みの書き下ろしも加えた翻訳書を出版することを決めました。

翻訳は，編訳者らが主催している「学習科学ワカモノ勉強会」に参加していたメンバーを中心に，21世紀型スキルに関心の高い研究者や企業の方に協力をいただきました。翻訳は極めて短期間に行う必要があったため，分担しつつ進めることなりました。特に各章のとりまとめをしてくださった山口悦司氏，河﨑美保氏，北澤武氏には多大なご協力をいただきました。また，各章の訳者の皆さんにも，限られた時間の中で相互にレビューいただくなど，翻訳の品質向上のためにご協力いただきました。加えて，第5章著者の白水始氏と，静岡大学の大島純氏，大島律子氏，村山功氏，長崎榮三氏からは翻訳内容に関して有用なコメントをいただきました。心から御礼申し上げます。

本書は，専門的知識をもたない一般の方々にもスムーズに読んでいただけるように，翻訳の正確性ばかりでなく，読みやすさにも十分配慮しながら，編訳作業を進めてきましたが，力の至らぬ点があるかもしれません。その責任はひとえに編訳者の2人にありますが，なにとぞご寛恕いただければと存じます。

そして本書の刊行にあたって，北大路書房の奥野浩之氏と安井理紗氏に多大なご尽力をいただきました。心から御礼申し上げます。

日本国内の「新たな授業」の試みを見てみると，「問題解決型授業」「学び合い・教え合い授業」「反転授業」「電子黒板やタブレット端末を活用したICT活用型授業」など，方法は，いろいろあふれています。また，国内の「評価の場面」を見ると，「教室単位で使う業者テスト」「県市単位の学力テスト」「全国学力学習状況調査」そして高校大学受験をはじめとした「受験システム」，新たに導入される予定の「達成度テスト」（仮称）など，多くの評価機会が存在しています。高等教育では，まさに社会との接続という観点から，就職を前にした学生が身につけるべき能力や資質の開発と評価について産学官で模索され，「アクティブラーニング」「プロジェクト型学習」「サービスラーニング」などの新たな授業の取り組みや，「ラーニングコモンズ」などの新たな学習環境の整備が行われています。それら国内の取り組みの中身が，21世紀型スキルを育成し，知識基盤社会に出て役立つ知識獲得につながっているかどうか，本書の第5章，第6章で取り上げたような内容をもとに，再考していく必要があるでしょう。

日本の教育を未来に進めていくために，教育現場にいる教職員一人ひとり，教育政策関係者，教員養成大学や教職大学院，教員研修機関，教育機関に勤める職員の方々，さらには教育に関わる様々な領域の研究者が一緒になって解決していかなければなりません。時間と労力のかかる活動かもしれませんが，それに向かって，本書の出版は，わが国の未来のために重要なステップだと考えています。

2014年2月

益川弘如
望月俊男

訳者・執筆者一覧

三宅なほみ	元東京大学大学総合教育研究センター	監訳，第6章
益川　弘如	静岡大学大学院教育学研究科	編訳，第1章，第6章
望月　俊男	専修大学ネットワーク情報学部	編訳，第1章
山口　悦司	神戸大学大学院人間発達環境学研究科	第2章
林　　一雅	東京農工大学総合情報メディアセンター	第2章
池尻　良平	東京大学大学院情報学環	第2章
河﨑　美保	追手門学院大学心理学部	第3章
齊藤　萌木	東京大学大学総合教育研究センター	第3章
大浦　弘樹	早稲田大学大学総合研究センター	第3章
舘野　泰一	立教大学経営学部	第3章
北澤　武	東京学芸大学自然科学系	第4章
深見　俊崇	島根大学教育学部	第4章
脇本　健弘	横浜国立大学教育人間科学部附属教育デザインセンター	第4章
井手　幸史	株式会社 FUJITSU ユニバーシティ	第4章
白水　始	東京大学大学総合教育研究センター	第5章

●監訳者紹介●

三宅なほみ（みやけ・なほみ）

1982年　カリフォルニア大学サンディエゴ校心理学部 Ph.D.取得

元東京大学大学総合教育研究センター　教授

2015年　他界

〈主著・論文〉　教育心理学概論（共著）　放送大学教育振興会　2014年

Case report 5 : Knowledge construction with technology in Japanese classrooms (CoREF), in P. Kampylis, N. Law, Y. Punie, (Eds.). *ICT-enabled innovation for learning in Europe and Asia : Exploring conditions for sustainability, scalability and impact at system level, JRC Scientific and Policy Reports*, 78–90, 2013

Collaborative learning for conceptual change, in Vosniadou, S., (Ed.), *International Handbook of Research on Conceptual Change*. 2nd Ed. New York : Routledge, pp.466–483, 2013

教育心理学特論（共著）　放送大学教育振興会　2012年

概念変化のための協調過程―教室で学習者同士が話し合うことの意味　心理学評論，54（3），328-341. 2011年

●編訳者紹介●

益川弘如（ますかわ・ひろゆき）

2003年　中京大学大学院情報科学研究科情報認知科学専攻博士課程単位取得満了

博士（認知科学）

現　在　静岡大学大学院教育学研究科　准教授

〈主著・論文〉　教育工学選書 3　教育工学研究の方法（共著）　ミネルヴァ書房　2012年

デジタル社会の学びのかたち―教育とテクノロジの再考（共訳）　北大路書房　2012年

授業改善力を高める協調的授業観察分析法の提案と実践（共著）　静岡大学教育学部附属教育実践総合センター紀要，17，51-58. 2009年

ノート共有吟味システム ReCoNote を利用した大学生のための知識構成型協調学習活動支援　教育心理学研究，52-3，331-343. 2004年

望月俊男（もちづき・としお）

2004年　総合研究大学院大学文化科学研究科メディア社会文化専攻博士後期課程修了

博士（学術）

現　在　専修大学ネットワーク情報学部　准教授

〈主著・論文〉　学びの空間が大学を変える―ラーニングスタジオ・ラーニングコモンズ・コミュニケーションスペースの展開―（共著）　ボイックス　2011年

デジタル教材の教育学（共著）　東京大学出版会　2010年

ProBoPortable : Development and Evaluation of Cellular Phone Software to Prompt Learners to Monitor and Reorganize Division of Labor in Project-Based Learning（共著）, in Daniel, B. (Ed.) *Handbook Research on Methods and Techniques for Studying Virtual Communities : Paradigms and Phenomena*. Hershey, PA : Information Science, pp.381–393, 2011

Promotion of Self-Assessment for Learners in Online Discussion Using the Visualization Software（共著）, in Lambropoulos, N. & Zaphiris, P. (Eds.) *User-Centered Design of Online Learning Communities*. London : Idea Publishing, Co, pp.365–386, 2006

電子会議室の発言内容分析による協調学習の評価方法の提案　日本教育工学会論文誌，28（1），15-27，2004年

21世紀型スキル
学びと評価の新たなかたち

2014年 4 月20日　初版第 1 刷発行
2016年 6 月20日　初版第 6 刷発行

定価はカバーに表示してあります。

編　　者　P．グリフィン
　　　　　B．マクゴー
　　　　　E．ケア
監訳者　三宅なほみ
編訳者　益川弘如
　　　　　望月俊男
発行所　㈱北大路書房
〒603-8303　京都市北区紫野十二坊町12-8
電　話　(075) 431-0361㈹
FAX　(075) 431-9393
振　替　01050-4-2083

印刷・製本／亜細亜印刷㈱

ISBN978-4-7628-2857-7　Printed in Japan